“十三五”国家重点出版物出版规划项目
国家自然科学基金重大项目

国家出版基金项目
NATIONAL PUBLICATION FOUNDATION

应对老龄社会的基础科学问题研究丛书
主编 彭希哲

应对老龄社会的基础科学问题

彭希哲 等/著

科学出版社
龍門書局
北京

内 容 简 介

本书是国家自然科学基金重大项目“应对老龄社会的基础科学问题研究”的集体研究成果。人口老龄化正在成为中国社会的常态，其影响已经渗透到中国社会的方方面面，并与各种历史的、当前的和未来的社会发展要素不断地相互影响，形成一个超复杂的经济社会系统问题。本书尝试从老龄社会的人口学基础研究、老年人口健康影响因素及有效干预的基础科学问题研究、老龄社会的社会支持体系研究、老龄社会的经济支持体系研究、应对老龄社会的公共政策和公共管理体系研究共五个主要领域出发对整个老龄社会的组织和运行进行再认识和再设计，以充实和夯实中国老龄社会应对的理论和实践基础。

本书适合中国老龄社会研究领域的学者、大专院校师生、政府官员和社会公众阅读参考。

图书在版编目（CIP）数据

应对老龄社会的基础科学问题 / 彭希哲等著. —北京：龙门书局，2021.8

（应对老龄社会的基础科学问题研究丛书 / 彭希哲主编）

“十三五”国家重点出版物出版规划项目　国家出版基金项目　国家自然科学基金重大项目

ISBN 978-7-5088-5873-9

I. ①应…II. ①彭…　III. ①人口老龄化-研究-中国　IV. ①C924.24

中国版本图书馆 CIP 数据核字（2020）第 228877 号

责任编辑：魏如萍　陈会迎 / 责任校对：王晓茜

责任印制：霍　兵 / 封面设计：无极书装

科学出版社
龍門書局　出版

北京东黄城根北街 16 号

邮政编码：100717

http://www.sciencep.com

三河市春园印刷有限公司 印刷

科学出版社发行　各地新华书店经销

*

2021 年 8 月第　一　版　开本：720×1000　1/16

2021 年 8 月第一次印刷　印张：13 1/4

字数：280 000

定价：135.00 元

（如有印装质量问题，我社负责调换）

丛书编委会

作 者 名 单

彭希哲	复旦大学人口与发展政策研究中心	教授
翟振武	中国人民大学社会与人口学院	教授
曾　毅	北京大学国家发展研究院	教授
何文炯	浙江大学公共管理学院	教授
左学金	上海社会科学院	研究员

作 者 简 介

彭希哲，英国伦敦政治经济学院人口学博士、复旦大学文科资深教授。复旦大学人口与发展政策研究中心主任、复旦发展研究院常务副院长、复旦大学社会发展与公共政策学院首任院长。曾任中国人口学会副会长、上海市社会科学界联合会副主席、上海人口学会会长、原国家卫生和计划生育委员会公共政策专家咨询委员会委员等。长期在中国人口动态与老龄化、人口与可持续发展、社会性别平等与反贫困、户籍制度改革、人口流动与劳动就业等相关领域从事教学科研和决策咨询工作。1992 年开始享受国务院政府特殊津贴，荣获中华人口奖科学技术奖、中国老年学和老年医学学会杰出贡献奖、复旦管理学杰出贡献奖等。多次主持国家自然科学基金、国家社会科学基金、教育部人文社会科学重大攻关项目等，并获得国家部委及省市级科研成果奖励。在《中国社会科学》、《中国人口科学》、《社会学研究》、《公共管理学报》、*Science*、*Population and Development Review*、*Public Administration Review*、*Journal of Policy Analysis and Management* 等国内外期刊上发表多篇学术论文。

翟振武，中国人民大学教授，博士生导师。现任中国人民大学人口与发展研究中心（教育部人文社会科学百所重点研究基地之一）主任。1982 年获中国人民大学经济学学士学位，1984 年获美国宾夕法尼亚大学社会学硕士学位，1989 年获中国人民大学人口学博士学位。兼任中国人口学会会长、中国计划生育协会副会长、国务院学位委员会学科评议组（社会学组）成员、原国家卫生和计划生育委员会专家委员会委员、全国社会工作硕士专业学位教育指导委员会副主任。长期从事人口经济、人口社会方面的研究与教学，主持多项国家社会科学基金、国家自然科学基金、教育部人文社会科学重大攻关项目等，著有《现代人口分析技术》《从人口变迁看民生发展》《城镇化发展中的经济与人口》等著作 20 余部，发表论文 100 多篇。多次获得中国人口科学优秀成果奖一等奖、中华人口奖科学技术奖、中国政府出版奖、北京市哲学社会科学优秀成果奖一等奖等省部级科研奖项。

曾毅，北京大学国家发展研究院教授，北京大学健康老龄与发展研究中心荣誉主任，杜克大学医学院老龄与人类发展研究中心教授，发展中国家科学院院士，荷兰皇家艺术与科学院外籍院士和德国 Max Planck Institute 杰出研究学者。曾荣获中共中央、国务院、中央军委颁发的“庆祝中华人民共和国成立 70 周年”纪念章，荣获国家科学技术进步奖二等奖、国家教委科技进步奖一等奖、中国高校人文社会科学研究优秀成果奖一等奖、中华人口奖科学技术奖、中华医学科技奖二等奖、北京大学人文社会科学突出贡献奖和复旦管理学杰出贡献奖等 23 项全国及省部级学术奖。曾荣获美国人口学会授予的 Dorothy Thomas 学术奖，北美“政策科学”学术刊物与 Kluwer 学术出版社授予的 Harold D. Lasswell 最优政策科学论文奖，美国公共卫生学会学术刊物“美国公共卫生学刊”最优论文奖，每年授予 1 人的国际人口科学联盟奖。出版著作 30 本，发表 SSCI 和 SCI 英文国际期刊论文 134 篇，发表国家级中文核心期刊论文 109 篇。根据杜克大学图书馆 2020 年 3 月上旬基于 Google Scholar 的检索报告，曾毅发表出版的论著被其他学者引用 14 354 次。2019 年入选“Elsevier（爱思唯尔）2018 年中国高被引学者”榜单。

何文炯，数学博士，浙江大学公共管理学院教授。主要从事社会保障、风险管理、保险与精算、基本公共服务等方面的教学和科学研究，发表学术论文 100 余篇，科研成果获得省部级一等奖 3 项，若干研究成果直接服务于国家立法、中央文件制定、国家规划编制和行业标准制定。现任浙江大学社会科学学部副主任、浙江大学民生保障与公共治理研究中心主任、浙江大学老龄和健康研究中心主任、浙江大学风险管理与劳动保障研究所所长、中国社会保障学会副会长兼养老金分会会长、中国残疾人事业发展研究会副会长兼社会保障专业委员会主任，曾任中国保险学会第八届和第九届副会长。受聘担任民政部专家咨询委员会委员、农业农村部农村社会事业专家咨询委员会委员、中国残疾人联合会专家咨询委员会委员、全国老龄工作委员会专家委员会委员、浙江省人民政府咨询委员会委员和浙江省人大常委会立法专家咨询委员会成员。

左学金，经济学博士，上海社会科学院研究员，原常务副院长兼经济研究所所长。主要从事宏观经济模型、人口经济、人口老龄化和社会保障、人口迁移与城市区域发展等领域的研究。曾在国内学术期刊上发表多篇研究论文，出版专著多部。多次主持省部级及以上社会科学研究项目和上海市政府决策咨询研究课题。曾获上海市哲学社会科学优秀成果奖一等奖、上海市决策咨询研究成果奖一等奖等奖励。享受国务院政府特殊津贴。现任上海市老年学学会会长、中国老年学和老年医学学会常务理事、中国医疗保险研究会常务理事等职务。曾任中国人口学会副会长、上海数量经济学会理事长、上海市人民政府参事、上海市人民政府特聘决策咨询专家，以及《经济学（季刊）》《人口与经济》《社会科学》《上海经济研究》等国内权威杂志的编委。

“应对老龄社会的基础科学问题研究丛书”序

人口老龄化是一个世界性议题，它是人口再生产模式从传统型向现代型转变的必然结果，也是当今社会经济发展和社会现代化的一个重要趋势，并已成为中国社会的常态。在目前的社会经济制度安排下，我们仍对这种前所未有的人口学变化及其所带来的影响缺乏必要和及时的反应、适应和调整，中国人口老龄化的特殊进程亦使得这种挑战更显严峻。

人口老龄化首先表现为人口问题，我们不仅要对人口进行更深入的研究与调控，更要考虑到社会、经济、环境等多元要素对老龄化进程的制约。老龄化的影响已经逐渐渗透到中国社会的各个方面，并与各种历史的、当前的和未来的社会发展要素不断地相互影响，形成一个超复杂的经济社会系统问题。因此，应对老龄社会需要统筹中国社会的各种资源以形成合力，对整个社会的组织和运行进行改革和再设计，以使中国社会在老龄化的背景下继续健康、协调地运行和发展。

为此，国家自然科学基金委员会经过两年的论证，于 2014 年启动了重大项目“应对老龄社会的基础科学问题研究”（71490730）的招标工作。其主要目标有两方面。

其一，立足中国经济、社会和环境的现实，针对中国老龄社会的自身特征，在全球化、市场化、信息化的时代背景下，充分考虑中国人口转变和社会转型的进程，响应城乡统筹、代际和谐发展的时代要求，深入研究面向社会整合和可持续发展的应对中国老龄社会的重大基础科学问题，进行理论创新和前瞻性研究，提出符合中国实践的新理论和新方法。

其二，根据我国转变经济发展方式、保障和改善民生的重大需求，针对老龄化的发生发展规律、现在及未来老年人群体的新特征、老龄社会的社会支持系统与经济形态，以及相关制度安排和政策重构等科学问题展开系统研究，支撑国家宏观决策和治理实践需求，并造就一支在国内外有影响的跨学科研究队伍。

最终，经过选拔和评审，以复旦大学作为牵头单位并联合中国人民大学、北京大学、浙江大学、上海社会科学院所组成的跨学科研究团队承担了这一重大项目，首席科学家为复旦大学的彭希哲教授，经费量 1800 万元，执行期自 2015 年起至 2019 年止。项目涵括 5 个相互独立却又紧密关联的专项课题：

课题一“特征、规律与前景——老龄社会的人口学基础研究”（71490731）由中国人民大学承担，负责人为翟振武教授；课题二“健康老龄化——老年人口健康影响因素及有效干预的基础科学问题研究”（71490732）由北京大学承担，负责人为曾毅教授；课题三“代际均衡与多元共治——老龄社会的社会支持体系研究”（71490733）由浙江大学承担，负责人为何文炯教授；课题四“公平、活力与可持续——老龄社会的经济特征及支持体系研究”（71490734）由上海社会科学院承担，负责人为左学金研究员；课题五“整体性治理——应对老龄社会的公共政策和公共管理体系重构研究”（71490735）由复旦大学承担，负责人为彭希哲教授。整个项目的核心团队成员超过 50 人，聚集了一批人口学、管理学、经济学、社会学、心理学、医学、生物学、数学、环境科学、信息科学、政治学等领域的一流专家学者，其中不乏教育部长江学者、新世纪百千万人才工程专家等顶尖人才。经过团队成员五年多的鼎力合作，产生了一大批高质量的科研成果，在《中国社会科学》、*The Lancet*、*Demography*、*Governance* 等国内外重要学术期刊发表论文近 400 篇，由其形成的决策咨询报告多次得到国家领导人批示，获得第八届中华人口奖、第七届高等学校科学研究优秀成果奖（人文社会科学）、第八届高等学校科学研究优秀成果奖（人文社会科学）、第七届中国人口科学优秀成果奖、第三届中国老年学奖、第七届钱学森城市学金奖等各类国家及省部级奖项近 60 种，并参与资助了两项大型老龄社会追踪调查：CLASS（China Longitudinal Aging Social Survey，中国老年社会追踪调查）和 CLHLS（Chinese Longitudinal Healthy Longevity Survey，中国老年健康影响因素跟踪调查）。

为了推动这些成果在更大的范围内共享，促进相关学科领域的发展和高水平研究队伍的建设，为老龄社会相关的制度、政策与法规的设计、制定和运行提供理论指导与方法支撑，项目组和科学出版社合作，论证设计了“应对老龄社会的基础科学问题研究丛书”出版计划，并于 2018 年入选“十三五”国家重点出版物出版规划项目，2020 年获得国家出版基金支持。丛书计划持续出版系列老龄科学研究领域的学术专著，并于 2021～2022 年推出第一批 17 部。

作为国家自然科学基金重大项目“应对老龄社会的基础科学问题研究”的重要研究成果集群，本丛书的出版是多方通力合作、协同努力的结果。我们首先衷心感谢国家自然科学基金委员会的大力支持，感谢吴启迪、何鸣鸿、李一军、高自友、杨列勋、刘作仪等基金委时任领导的鼓励与指导，感谢于景元、辜胜阻、汪寿阳、李善同、李树茁、杨泽等学术领导小组专家的指点与建议，感谢吴刚、霍红、方德斌、卢启程、杜少甫、张江华等基金委工作人员的细致工作和周到服务，感谢原新、丁金宏、李娟、林义、黄鲁成、凌

六、冯帅章等专家学者的帮助，感谢复旦大学、中国人民大学、北京大学、浙江大学、上海社会科学院的支持及在管理上提供的便利，感谢复旦大学公共管理与公共政策研究国家哲学社会科学创新基地、复旦大学人口与发展政策研究中心、中国人民大学人口与发展研究中心、北京大学国家发展研究院、浙江大学老龄和健康研究中心、上海社会科学院经济研究所的团队支持，感谢全国老龄工作委员会、中国老龄协会、国家卫生健康委员会、民政部、人力资源和社会保障部、国家统计局及各级政府部门的帮助，感谢兄弟院校和合作科研机构及团队的帮助，感谢项目组全体成员和参与项目工作的博士后及研究生们的辛勤劳动。此外还要感谢科学出版社的认可及支持，尤其是马跃和魏如萍老师对于我们申报“十三五”国家重点出版物出版规划项目和国家出版基金的鼎力协助。我们将再接再厉，为推动建设一个“不分年龄人人共建共治共享”的社会而奋斗。

“应对老龄社会的基础科学问题研究”项目组

2020 年 12 月

目　录

第1章　导　　论

在人口寿命普遍延长和生育率迅速下降的双重作用下，中国人口的老龄化水平不断提高。60 岁及以上老年人占中国人口的比例在 2000 年首次突破 10%，并在 2010 年达到 13.3%，规模近 1.8 亿。2010 年第六次人口普查资料显示，在中国的 31 个省区市（不包括香港、澳门、台湾）中，已有 26 个地区的老年人（60+）比例超过 10%。从长远看来，中国老年人口的数量在未来的 40 年间将持续快速增长，并预计在 2055～2060 年达到峰值（逾 4 亿），即使以后的人口老龄化速度会有所放慢，但总的趋势是到 2100 年中国人口中老年人口比例将维持在 34%的水平（图 1-1）。在一个相当长的时期内，中国人口老龄化的趋势在总体上是不可逆转的，老龄化现象将在整个 21 世纪持续存在。而随着经济社会的进一步发展，现代医学及生命科学有望得到新的突破，人类寿命进一步延长的可能性将会不断增大，且恢复到传统社会的高生育率和大家庭模式的概率极小，因此至少现在还难以想象中国社会能否再次年轻。

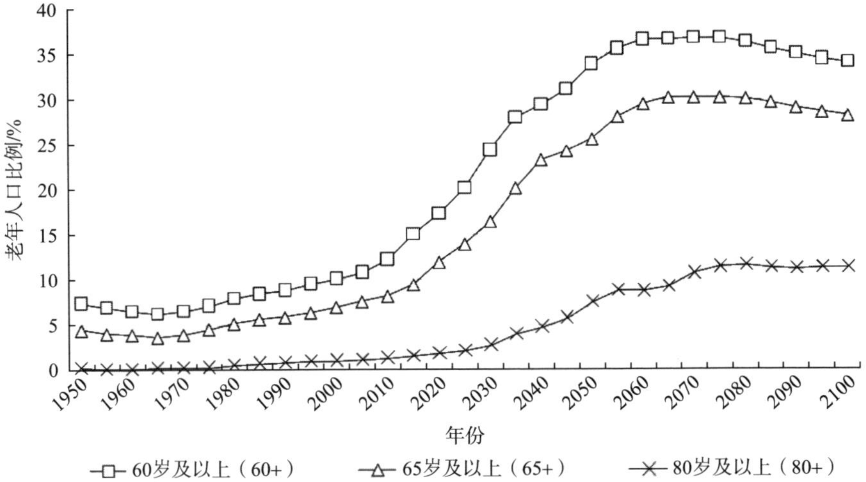

图 1-1　中国人口老龄化的发展趋势（1950～2100 年）

资料来源：根据联合国开发计划署、国家统计局的相关数据整理及计算

人口老龄化正在成为中国乃至人类社会的常态。它不仅是社会经济发展的必然趋势，也是人口再生产模式从传统型向现代型转变的必然结果，甚至

可以说是社会现代化的一个重要标志。从本质上讲，老龄化并没有好坏之分。但在目前的社会经济制度安排下，人们仍对这种前所未有的人口及社会变化缺乏必要和及时的反应、适应和调整，从而使得老龄化在今天仍然更多地被视为一种挑战，并涉及社会经济发展的方方面面。在经济领域，老龄化不仅会对社会保障体制、劳动力市场、储蓄、税收、投资消费和产业结构等形成冲击，而且从长远来看，老龄化使中国人口结构优势趋于减弱，将直接影响到中国未来经济增长的可持续性。在社会层面，老龄化将影响代际关系、城乡与区域结构、家庭模式、住房与迁徙等，并对卫生与医疗保健体系提出新的要求。在文化与政治上，老龄化不仅会改变人们的传统观念和生活方式，而且将直接或间接地影响不同社会群体之间的关系，包括政治力量格局，甚至会对国家职能、政党制度、政治环境的稳定等重要政治结构产生影响。尤其在中国，庞大的老年人口规模、“未备先老”“未富先老”等基本国情以及“敬老尊老”的传统道德行为准则等因素，还不同程度地放大了老龄化对经济、社会和文化发展的影响。不难看出，尽管老龄化首先是一种人口现象，但它并不外在于社会稳定、经济繁荣与文化发展，也不是一种与全球化、城市化、家庭核心化、贫富两极分化等无关的问题，它正与越来越多的社会、经济、文化问题及趋势联系在一起，并在与它们的相互作用中产生越来越大的影响。因而在很大程度上，应对老龄社会已不仅是一个技术性问题，更需要协调均衡各种不同系统的作用，并重构整个社会的组织和运行。

然而在现实中，仍有不少研究者把老龄化当作一种不正常的社会态势，并将其视为沉重的负担；不少研究也都是在传统的逻辑框架内探讨防止或延缓老龄化的种种途径，在很大程度上这是用 20 世纪的思路和方法来应对 21 世纪的挑战，难以真正地解决问题。在我国全面深化改革的历史背景下，围绕当前国家战略需求、基于我国快速老龄化的现实，开展应对老龄社会的整合性、创新性和前瞻性研究，深入探索全面应对老龄化的若干重大基础科学问题，为老龄社会的健康持续发展和整体性治理提供理论指导与方法支撑，已迫在眉睫。这对正处于人口老龄化加速期和社会转型关键时期的中国，不仅具有重要的战略意义，更兼具重要的学术意义和实践价值。

1.1 研究现状与发展前景

近年来，有关老龄化的研究在国际顶尖期刊（如 *Nature*、*Science*、*Proceedings of the National Academy of Sciences*、*American Economic Review*、*Population and Development Review* 等）上的发表数量有显著增长。*Nature* 杂

志曾于2010年3月推出老龄化专栏，提出“老龄生物人口学”（Biodemography of Aging）和“老化的遗传”（The Genetics of Aging）等重要议题；*Science* 杂志于2011年6月组织人口专刊探讨全球人口问题，并特别将人口老龄化作为一个重点；美国国家老年研究所（National Institute on Aging，NIA）和美国国家卫生研究所（National Institutes of Health，NIH）自1990年起资助“高龄老人死亡率的人口模型和分析”（Oldest Old Mortality: Demographic Models and Analysis）的重大研究项目；欧盟近年来分别启动了包含12个国家的“欧洲老龄研究领域网络”（European Research Area in Ageing，ERA-NET）项目和包含11个国家的“基因与健康老龄”（Genetics of Healthy Aging，GEHA）跨学科研究项目；世界经济论坛（World Economic Forum，WEF）还成立了专门的老龄化全球议程委员会（Global Agenda Council on Ageing Society），并就此推出大型研究报告。这些基于发达国家经验而开展的大规模的研究项目为我们深入理解老龄社会提供了非常有益的理论和实践参考。但由于基本国情、社会制度、发展阶段和文化特征等方面的差异，中西老龄化研究目前存有相当大的差异。

以应对老龄社会的政策研究为例，发达国家的研究者极为关注西方社会日益沉重的养老压力及其所引发的一系列发展困境（National Research Council，2012；Lee and Mason，2011；Pifer and Bronte，1986；Schulz，2001），而由于福利刚性和制度结构，这些研究往往聚焦于制度安排中市场与国家的二分。实践表明，市场追求效率，那种经济发展自动惠及所有社会成员的现象并没有出现；福利国家虽由政府提供完善的社会养老保障，却将家庭养老功能弱化殆尽，并招致财政危机与代际冲突，“找回家庭”反而成了重要的制度安排。制度安排有着鲜明的国家特征，虽然这些较早进入老龄社会的发达国家为后进者提供了丰富的“前车之鉴”，但对于中国这样的人口大国，国情的不同使我们无法生搬硬套其制度模式，何况西方国家自己也正因此陷入债务泥潭而至今不拔。如何在尚未实现现代化的条件下应对老龄社会的诸多挑战，中国目前尚无成功的他国经验可以借鉴。

与发达国家不同，中国是在经济欠发达、就业未充分和社会保障未完善的情况下进入老龄社会，这要求中国应寻求一种更加多元的应对老龄化的政策体系。近年来我国政府和学界开展了多项大型的老龄化研究，形成了《国家人口发展战略研究报告》（国家人口发展战略研究课题组，2007）和《国家应对人口老龄化战略研究总报告》（国家应对人口老龄化战略研究总课题组，2014）等重要的研究成果，并开展了一些不同主题的大型跟踪调查，如中国健康与养老追踪调查（China Health and Retirement Longitudinal Study，CHARLS）、中国老年社会追踪调查和中国老年健康影响因素跟踪调查等。目前，不同领域的学者分别从人口学、经济学、社会学、公共管理、医学等不同学科出发对中国老龄化问题进行了较为系统的探索，主要集中在五个方面：①从人口发展规律的角度，预测不同生育水平、死亡水平下的老龄化程度，为正确判断老龄化发展趋势、制定老龄社会的发展对策奠定了坚实的基础（郭志刚等，2014； UNPD，2013；Chunn et al.，2010；杜鹏等，2005）。②老龄化社会的社会保障制度建设问题，从养老保险、医疗保险及老年救助等方面论述了社会保障制度的内涵及发展模式等（白重恩等，2012；Tyers and Golley，2010；Jackson and Howe，2008；Jackson et al.，2009；Mason and Lee，2004；蔡昉和孟昕，2004；United Nations，1956）。③养老模式，主要涉及政府、社区、家庭在建立养老服务体系中的作用及地位问题，提出了以“家庭养老为基础，机构养老为补充，社区服务为依托”的新型养老模式（胡湛和彭希哲，2012；李建新，2007；姚远，2003；张友琴，2002）。④老年健康，主要是从健康影响因素、健康改善与经济社会发展水平间的关系进行论述；并进行了多次的全国范围的抽样调查，如北京大学的中国老年健康影响因素跟踪调查和中国健康与养老追踪调查等，为深入研究老龄健康问题奠定了翔实的数据基础（曾毅等，2014；覃健等，2011；曾毅，2010）。⑤老龄化对经济发展的影响以及各类相关经济和社会政策问题等，如劳动力的结构性短缺、社会总抚养比的长期上升、推动科技进步的能力相对下降等，由此也引发出诸如社会经济结构调整、老年产业及老年人力资源开发等系列应对型研究（张川川和赵耀辉，2014；Tyers and Golley，2010；田雪原等，2006；Cox and Jakubson，1995）。

这些已有的研究取得了较为丰富的成果，但在如下四个方面仍有进一步深化研究的空间。其一，研究视角较多囿于单一学科，亟须跨学科交叉研究。其二，对老龄化的描述性研究过多，而且不同程度地存在着将老龄化视为“问题”或“挑战”的倾向，而对“人口老龄化已经成为中国社会的常态”这一重要前提的认识略显不足，同时对于老龄社会带来的一系列新的基础性科学问题关注较少。其三，单项或局部的政策研究较多，而鲜见对整个老龄社会基本规律的系统研究和对相关政策体系的整合性研究。其四，当前老年人群体特殊性的微观资料较少，其行为与认知新特征的研究资料匮乏，尤其是自然科学和行为科学的视角，致使具体政策制定的微观决策基础相对薄弱。

事实上，人口年龄结构是社会结构中最基本的结构形式，当其发生重大改变时，必然要求对基于社会结构的相关制度或政策做出相应调整。而人们的观念转变和社会形态的演变都需要一个过程，这使得这种调整往往滞后于人口年龄结构的改变。从这个意义上讲，老龄社会所带来的挑战和问题并不完全来自老年人或者老龄化本身，而更多地源于人们的观念意识和现有的社会制度或政策体系不能满足老龄社会的发展需求，这使得对社会及社会制度的整体调节成为应对老龄化的必要手段。从现有的研究来看，单单针对人口老龄化或者它的某一方面进行论证的研究取向相当普遍，而与老龄化密切相连的其他问题或者同一问题的其他方面则经常被忽视，有着明显的工具理性特征，难以反映老龄问题的多样性和复杂性，因而不足以全面应对老龄社会所带来的冲击。目前随着老龄化研究的不断深化和拓展，研究者在研究路径和研究框架上正趋于达成共识。

1. 全面应对老龄社会应重视多学科整合

老龄化首先表现为人口问题，因而不仅要从人口角度入手进行调控，更要考虑社会、经济、环境等多种因素对老龄化进程的制约，以进行整体性应对。现有研究大多分别从人口学、社会学、经济学、管理学以及生物学和医学角度进行探索，尽管形成了大量卓有成效的研究成果，但对老龄社会的整个社会经济形态仍缺乏整体性把握、对全面应对老龄社会的治理方案仍缺乏全局设计。目前已有不少学者意识到这一问题，尝试从跨学科、多学科的视角重新审视中国老龄社会面临的若干问题，但系统、深入、整合性强的规模研究仍鲜见于报道，这一缺陷必将在未来得以补充（郭重庆，2013；WHO，2002，2012a；National Research Council，2012）。

2. 全面应对老龄社会应重视政策整合

由于人口生育政策的实施在规范中国人口生育行为乃至推动中国人口转变的过程中发挥着巨大作用，许多研究者也自然而然地将应对老龄化的希望寄托于人口政策的改革与完善。现行的人口生育政策已在中国实施30多年，并实现了政策制定之初的人口控制目标，而与此同时，计划生育政策的继续实施对人口年龄结构等方面的负面影响却正在不断集聚，已经到了必须根据现有人口发展态势而尽快调整并加以完善的时候。通过人口政策及其相关福利政策的适度调整的确能够在一定程度上改变人们的生育行为，并借此延缓老龄化的速度，为未来世代赢得应对老龄化问题的时间。然而，人口老龄化是人类寿命延长与生育水平下降共同作用的结果，其进程不可能因生育政策的调整而得到根本性逆转。人们可能更需要做的是适应这一人口变化趋势，通过调整或重构制度安排和整合公共政策来协调这种老化的人口年龄结构与现有政策体系之间的矛盾（彭希哲和胡湛，2011；Perri et al.，2002）。

3. 全面应对老龄社会应重视全民参与

老龄化问题常常被看作只是老年人的问题，即如何为老年人提供经济赡养和公共服务的问题。如果人们能够认识到老龄化将成为未来社会的常态，是一种正常的社会形式，便不难理解仅仅调整对老年人的公共政策无法应对老龄社会的众多挑战。事实上，人生的不同年龄阶段是一个相互关联、彼此重叠的过程，只有将个体发展的各个阶段和人口结构的各个层次联系起来考虑，才能够夯实老龄社会政策设计的基础。世界卫生组织（World Health Organization，WHO）于1990年和2002年相继将"健康老龄化"（Healthy Ageing）和"积极老龄化"（Active Ageing）作为应对老龄社会的战略性目标。"健康老龄化"侧重成长的延续性，强调晚年的生活能力取决于早年生活的积累；"积极老龄化"则重视参与，它使老龄化问题不再局限于老年人，而成为全民参与的主题。这些目标显然无法通过仅仅关注老年人的社会经济政策来实现。未来老年人的健康问题和医疗保健支出问题往往可以通过对现在年轻人的健康投资和行为转变来改善；老年人的养老金问题也需要通过提高年轻人的劳动生产率和推动老年劳动力的经济参与来缓解（王钦池，2014；Midgley and Tang，2001；WHO，2012a；彭希哲和胡湛，2011）。

4. 全面应对老龄社会应将社会视为一个整体

OECD[①]（2002）指出，国家的大量实践表明，以某一部门为基础制定的公共政策项目在实施过程中，必须有其他部门的配合与支持，才能够达到该政策所要实现的目标。人的需要是通过多种渠道或系统来满足的，公共政策要想发挥持久有效的作用，就必须促进和协调各种不同系统共同发挥作用，而不是仅仅依靠某一项目、某一部门或某一社会系统来承担责任。考虑到老龄化对经济社会的全方位的影响，只有将社会视为一个整体，才能形成促进不同社会系统共同发挥作用的应对老龄社会的公共政策框架体系（张秀兰等，2007）。需要指出，"将社会视为一个整体"并不是简单地化零为整，而是要使不同的社会系统及其相关政策之间能够真正协同起来。但在现实中，由于缺乏整合，出现政策冲突或政策衍生问题的例子并不少见。例如，根据中国的国情与发展现状，家庭养老在相当长的时间内仍是多支柱养老模式中的一种重要形式。尽管政府部门也在采取措施帮助家庭提高其参与养老服务的能力和积极性，但从整体上讲，近年来的不少社会政策却有意或无意地加速了中国家庭居住模式的核心化，进一步削弱了家庭的养老功能，以个人劳动为基础的收入所得税制度、为控制房价增长过快而出台的住房新政等均属此列。又如，老龄化对医疗卫生体系形成巨大压力，也是我国目前"看病难、看病贵"的重要原因之一。若要扭转这一状况，除了卫生部门自身的改革之外，更需要通过有效的制度安排和政策工具来改变传统的医疗卫生模式。然而，我们现有的医学教育体系（包括教学内容）却远没有对人口老龄化趋势做出

① Organization for Economic Co-operation and Development，经济合作与发展组织。

积极的回应；我们的公共卫生服务体系也未能为应对老龄社会而进行有效的调整。

不难看出，老龄化是现代社会发展的自然过程，所谓的老龄化“问题”源于现有的社会制度安排阻碍了我们采取及时有效的行动来应对其所带来的挑战，它反映出老龄化的人口年龄结构与现有社会架构及公共政策之间的相互不适应，而不适应的程度则反映为老龄化问题的严重程度。目前，老龄化的影响已经渗透到中国社会的各个领域，它与各种社会要素不断地相互作用，并由此形成一个复杂的系统挑战。因此，应对老龄社会并不是一个局部的、静态的技术性问题，我们更应该在全面掌握老年人和老龄化发展规律的基础上，从社会整合和长期发展的战略角度，重新思考目前为解决老龄问题而实施和运作的制度安排及政策体系。

1.2　基础科学问题的凝练

为了在已有研究的基础上进一步开展理论性和前瞻性研究，国家自然科学基金委员会于2014年启动了重大项目“应对老龄社会的基础科学问题研究”（71490730）的招标工作，经过选拔和评审，最终由复旦大学作为牵头单位并联合中国人民大学、北京大学、浙江大学、上海社会科学院所组成的跨学科研究团队承担。

事实上，如何在尚未实现现代化的条件下应对老龄社会的诸多挑战，中国目前尚无成功的他国经验可直接借鉴，因而必须在综合西方经验教训和中国特点的基础上进行整合性、创新性和前瞻性研究。有鉴于此，我们将研究思路聚焦于“统筹”之上，以可持续发展的视角重新识别应对老龄社会的基础科学问题。“统筹”即要统一筹划，既要进行时间意义上的统筹，也要进行空间意义上的统筹。具体而言：①从“时间”的维度上来讲，应统筹短期目标与中长期发展战略。应对老龄社会不应是一种应急策略，而是与经济社会长期可持续发展能否协调的问题。尤其中国所面临的是在经济欠发达、就业未充分和社会保障未完善情况下出现的老龄化问题，因而必须寻求能将经济发展和社会发展内在整合的应对模式，通过这一模式将老年人的现实问题与老龄社会的可持续发展统一起来，从而降低中国经济与社会发展的总成本。②从“空间”的维度上来讲，不仅需要统筹政府、市场、社会、家庭等不同行动主体的功能与资源以形成合力，还应统筹区域及城乡之间的关系以规范与引导资源有序流动。对于正处在人口老龄化加速期和社会转型关键时期的中国，构建一个协调多系统相互补充合作、平衡资源分布和空间布局差异的老龄社会治理体系，不仅是为全面应对老龄社会而进行政策统筹的关键，而且能有效降低系统运行风险。

在这一研究思路的指导下，团队联系中国实际进行了大量论证，认为以下五个领域蕴含中国应对老龄社会的基础科学问题，它们分别是：①老龄社会的人口基础研究，即中国人口老龄化发展的变化、规律及其前景；②老龄社会的健康基础研究，即现在及未来老年人口的健康影响因素及有效干预；③老龄社会的社会支持研究，即不同代际群体在老龄社会中的交互作用及影响、不同社会系统在老龄服务供给方面的组合安排、家庭和家庭政策的特殊作用机制等；④老龄社会的经济支持研究，即经济增长模式和产业及区域特征、收入分配与公共财政、就业与消费等；⑤老龄社会的制度和政策体系研究，即中国老龄社会的整体性治理模式、政策整合机制和管理实现等。其逻辑关系如图 1-2 所示。五个领域形成了一张统筹性较强的逻辑网络，既有基础性支持研究，也有对重大问题做出回应的操作性研究，并从制度安排和社会管理的角度进行了政策整合，具有相对较好的全局观和联动性。

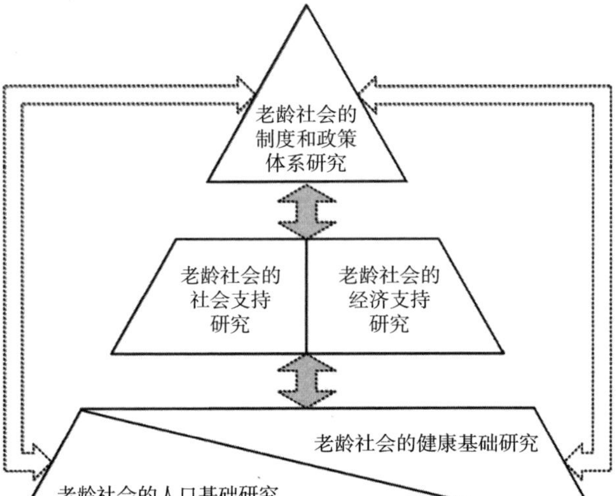

图 1-2　研究内容的逻辑框架

具体而言，根据每个领域的问题导向和研究诉求，我们将研究安排聚焦于五个主题（即五项专题课题）。

1. 特征、规律与前景——老龄社会的人口学基础研究

在人类社会走向持续普遍老龄化的过程中，中国的老龄化有着举足轻重

的作用和特殊的发展进程。中国是人口规模和老年人口规模最大的国家，也将是人口老龄化速度最快的国家之一。中国持续而快速的老龄化，将使我国人口迅速转向重度老龄化和高龄化。细致描绘和科学把握未来老龄社会的人口学基础是应对老龄社会的基本前提。

由此，该专题由中国人民大学课题组承担，着力探讨中国人口老龄化的发生发展过程、特征和规律，在时间和空间上的演进、分布和差异，进而实现对未来老龄社会的人口学形态和特征的描绘和把握。主要研究内容包括：关键人口预测指标修订，以及生命表编制与健康期望寿命估算；中国人口老龄化的阶段性特征和长期趋势；2015～2100年中国人口的老龄化的发展趋势；生育政策调整对于人口老龄化发展趋势的影响；中国人口健康状况的时空差异；中国老年人口的异质性及其变化趋势等。

2. 健康老龄化——老年人口健康影响因素及有效干预的基础科学问题研究

在老年人余寿不断增长的同时，往往伴随着带病期和失能期的延长。规模庞大且在快速增长的中国老年人口（尤其是高龄老人）所带来的老龄健康问题也不只限于老年人自身，而是浸透到社会生活的诸多方面，进而对国家社会经济和民生大计构成严峻挑战。因此，深入研究饮食营养、健康行为、心理、社会参与、社会经济等个人层面因素和社区层面的社会经济发展水平、环境因素对老龄健康的影响，以及环境外因和遗传（内因）交互作用对老龄健康的影响，不仅有利于提出针对性的有效干预措施，提高老年人健康水平，而且也为积极应对老龄化的实践提供科学依据。

该专题由北京大学课题组承担，主要就老年生理、心理健康，社会参与的特征、时空演变及其影响因素，以及环境因素与基因类型的交互作用对老龄健康的影响进行深入分析与规律探寻，并探索促进健康老龄化的有效干预机制与途径的科学基础。主要研究内容包括：老年健康特征、时空动态变化及其影响因素；老年认知功能、心理健康特征及其影响因素，以及心理健康和生理健康的相互关系；老年社会参与、生活满意度、生命历程和代际关系，及其对生理心理健康的影响；老年人临终关怀；中国健康长寿全基因组关联分析（genome-wide association study，GWAS）、全基因组测序和环境-遗传交互作用跨学科分析；老龄健康生物医学指标与跟踪调查数据综合分析等。

3. 代际均衡与多元共治——老龄社会的社会支持体系研究

随着人口老龄化程度的加深，社会形态也在不断发生着变化，社会矛盾与冲突发生的可能性进一步加大。虽然各主体的行为会随着社会变迁而调整，但仅有这种自行调整不足以有效应对老龄社会的变化，这就需要调整社会政策，建立健全社会支持体系。过去的研究往往强调为老年人提供更多的社会支持，而今将人口老龄化作为社会的常态，就必须跳出这一思维定式，充分考虑代际关系的协调问题，有效发挥家庭、政府、社区、社会组织和企业等各主体的作用。

该专题由浙江大学课题组承担，尝试在充分把握未来老龄社会的社会特征基础上，构建我国老龄社会的社会支持体系框架，该体系以“代际均衡”为目标，研究面向全人口全生命周期的社会支持需求；以“多元共治”为手段，研究家庭、政府、社区、社会组织和企业等主体的职责定位和分工协作。主要研究内容包括：老龄社会的社会情境分析，如老龄社会的社会特征、老年人群体的亚文化特征、老年人性别观念与自我效能感等；养老保障的代际均衡问题，如代内穷富群体寿命差异与养老保险再分配效应、养老保险制度的互助共济与同代自养模式、延迟退休与养老保险基金平衡的关系、养老保险“参而不缴”及其基金效应等；医疗保障、照护保障的代际均衡，如职工基本医疗保险退休人员缴费与最低缴费年限政策、长期照护保障制度的筹资机制、人口老龄化与医疗服务利用模式等；养老服务与失能老人的社会支持，如居住方式与代际支持变化及其对家庭照料的影响、养老服务制度改革与机制创新、养老机构价格管理改革；老龄社会的多元共治机制等。

4. 公平、活力与可持续——老龄社会的经济特征及支持体系研究

老龄社会的人口变动对未来我国宏观经济增长与经济结构，以及老龄社会的支持体系将产生长期和深远的影响。对于这种影响，需要进行前瞻性研究，并通过有效的政策干预来促进老龄社会的公平、活力和可持续发展。

该专题由上海社会科学院课题组承担，主要研究内容包括老龄社会的宏观经济增长、老龄社会的消费与产业结构、老龄社会人口与经济活动的空间（城乡和区域）经济特征、老龄社会的收入分配与代际福利、老龄社会的社会保障资金筹集与使用问题、老龄社会的公共财政和公共品支持体系等。理论目标包括：构建一个能够合理描述我国老龄社会经济特征和支持体系的拓展可计算一般均衡（computable general equilibrium，CGE）模型，从供给侧与需求侧的不同视角研究老龄社会人口变动的经济影响；构建一个系统动力学模型，结合空间经济学理论分析我国老龄社会未来人口与经济活动的空间（城乡与区域）分布演变趋势；发展和完善国民转移账户（national transfer account，NTA）方法在我国老龄社会代际福利问题研究中的应用，特别关注了老龄社会中教育、医疗、劳动收入等方面的代际福利不平等问题；运用动态死亡率最优分层模型系统量化长寿风险对我国商业保险产品定价及责任准备金评估的影响。应用性目标包括：利用构建的老龄社会 CGE 模型，模拟和揭示老龄

社会人口变动对宏观经济增长、产业结构变动、就业结构变动、消费需求结构、公共财政支出的影响机理；利用系统动力学模型和空间经济学理论，研究分析老龄化对我国人口和经济活动的城乡与区域分布的影响及其作用机理，并对未来老龄社会的城乡和区域经济特征进行了描述分析；通过对生命周期赤字的测算和模拟的人口变化，测算到21世纪中叶人口变化对教育、医疗卫生和养老公共财政支出的影响程度；运用动态死亡率最优分层模型系统量化长寿风险对我国商业保险产品定价及责任准备金评估的影响。

5. 整体性治理——应对老龄社会的公共政策和公共管理体系重构研究

老龄化已成为中国社会的常态，这使公共政策的干预成为必须。然而由于老龄化的影响已经渗透到中国社会的各个领域，并由此形成一个超复杂系统问题，所以其政策干预绝不仅仅是局部的、静态的政策调节或调整，而必须重新梳理目前为解决局部老龄问题而实施和运作的制度和政策体系。

该专题由复旦大学课题组承担，主要研究内容包括：中国老龄社会治理的一般性理论研究，如老龄化背景下的政府治理模式与公共服务创新模式、老龄社会治理中的政府角色研究、老龄政策文本的搜集整理及文本分析等；老龄社会整体性治理框架的理论研究与政策选择研究；老龄社会的家庭变迁与家庭政策研究，如少子老龄化背景下的家庭“形式核心化”与“功能网络化”并存现象、家庭政策“去家庭化”与“再家庭化”矛盾博弈现象、“家庭承载力”概念的提出、老龄社会的发展性家庭福利框架等；新型社区养老服务体系的构建及实务推进，如“一门式”或“整合式”社区为老服务体系构建、“福利社工”概念的提出、新型社区护理站和长三角养老公共服务一体化试点等实践工作；老龄化背景下公共服务供给的区域均衡研究，如人口流动及城镇化影响区域人口老龄化的定量分析、人口老龄化及区域人口流动与城镇化影响劳动供给/居民消费模式的定量分析、我国区域基本养老公共服务均等化的定量评估、我国养老公共服务资源配置的区域差异与供需匹配的研究等；对老龄社会相关评价指标及政策工具的探索，如老年人“衰弱指数”的构建、预期余寿老龄化（prospect aging）指标细化及测算、实际高龄依赖比（real elderly dependency ratio，REDR）的测算及时空差异分析、死亡率动态分布指标及贝叶斯方法、家庭承载力系数（family carrying capacity index，FCCI）的初步构建及测算、“老年友好城市/老年宜居社区”评价指标等。

综合这些领域的研究安排不难发现，科学应对老龄社会直指三大基础科学问题，即：①中国老年人口的动态界定及群体特征；②未来中国老龄社会的经济社会形态；③中国老龄社会的治理模式及机制。

团队围绕这三大基础科学问题进行了多视角和多学科的探索，尤其表现在应对中国老龄社会的基础理论和研究方法论、中国老龄社会的人口发展规律和老年人口的异质性、老年人的身心健康特征及其影响因素与机制、应对中国老龄社会的社会和经济支持体系、中国老龄社会的治理框架与公共政策选择、中国老龄社会应对中的政策咨询和应用实践问题、老龄研究的数据库建设等方面。这些研究已形成一系列具有代表性的原创性成果。2015～2019年，项目组在国内外知名学术期刊累计发表学术论文375篇，包括*The Lancet*、*Demography*、*Governance*、*Population and Development Review*、《中国社会科学》等顶级刊物，其中SCI/SSCI期刊论文97篇；并出版中文学术专著32部，英文学术专著3部，即将出版大型丛书一套（首批17部），并获得国家哲学社会科学成果文库、"十三五"国家重点出版物出版规划、2020年国家出版基金、2019年经典中国国际出版工程立项等出版资助与荣誉；提交国家及省部级决策咨询报告46份；获得高等学校科学研究优秀成果奖（人文社会科学）等国家及省部级奖励58项；举办国际会议31次、国内会议44次；研究团队中有1人入选发展中国家科学院院士，1人获聘文科资深教授，3人获得长江学者/青年长江学者称号，2人入选国家"万人计划"青年拔尖人才；已培养与本项目研究方向密切相关的已毕业博士生30人、已毕业硕士生100人、出站博士后9人。参与实施和建设了中国老年社会追踪调查、中国老年健康影响因素跟踪调查等大型数据工程。这些工作在关键科学问题上取得了重要突破，为老龄社会相关的制度、政策与法规的设计、制定和运行提供了重要的理论、数据、方法和应用支撑，促进了相关学科领域的发展和高水平研究队伍的建设。本书无意穷举罗列，而仅对其研究要点和主要结论进行了局部概括，但求抛砖引玉，并欢迎更多的学者加入这一研究行列，共同推动中国老龄科学的进一步发展。

第 2 章　中国老龄社会的特征、规律与前景

中国人民大学课题组

人口老龄化既是人口转变的必然结局，也是人类社会发展取得的重要成果。健康长寿是千百年来人们孜孜以求的理想生命境界，也是推动社会不断前行的重要驱动力。随着人口预期寿命的延长，人口的老龄化程度不断加剧，老龄社会中的老年人口正日益成长为一股不可忽视的社会力量，撼动了千百年来以青年人为主体的社会制度和环境设置，对社会的政治、经济、文化等各个层面产生了深刻的影响。未来的老龄社会走向何方将很大程度上取决于当前和未来的老年人群的发展态势。

目前，中国的社会发展正处于重大转折时期。人口零增长和负增长即将到来，老年人口迅猛增加和人口老龄化提速已经成为中国社会的最重要特征，老龄社会的时代已经来临。到 2018 年底，中国 60 岁及以上的老年人口已经增至 2.5 亿人，老年人口比例已经达到 17.9%。中国在 2000 年迈入老龄社会后，开始进入一个人口老龄化的快速发展时期，其对社会经济方方面面的深刻和深远影响不断显现。虽然人口老龄化是人类社会发展的必然结果，然而，中国作为世界上拥有最多老年人口的国家，其人口老龄化具有特殊的社会和经济背景，发展进程也大大有别于以往其他国家。中国的人口老龄化是在计划生育催生下提前出现的，它在人口转变、社会转型、经济转轨的特殊时期迎来“银发浪潮”，规模世界空前、速度世界罕见，而且，人口年龄结构的重大变化将伴随现代化的全过程。未来中国人口老龄化的发展趋势和老年人口经济、社会、健康、行为能力等各个方面的特征、变化规律和发展前景都已经超过了人类以往历史经验的认知。生育政策的多次调整、死亡率的迅速下降、快速城市化和严格的户籍制度带来的纠结，社会和经济转型导致的新旧制度和思想观念的交替，老年人口内部在代际财富分配、社会参与能力、生活环境、生命历程等方面的巨大差异，以及信息社会发展对老年人活动能力的拓展等，都给中国的人口老龄化发展增加了更多的变数。中国拥有世界上规模最为庞大的老年人口，超前的人口老龄化、庞大的老年人口将如何影响经济、社会的发展，在人类历史上尚无经验可考。而中国人口老龄化的独特进程将深刻和深远地影响到社会、经济发展过程的方方面面，对如何应对人

口老龄化挑战提出了更高的要求。未来中国的老年人口将达到多大规模?老年人群体内部的各类特征人群如何构成?各年龄、各队列、各区域、各群体之间在社会、经济、健康、自理能力方面存在哪些差异与特征？随着时间的推移，老年人口的规模、比例、分布、构成和特征等关键因素如何演化?所有这些人口老龄化进程中的重大问题在制定应对老龄社会战略和策略时都必须清楚地予以回答。全面深入分析中国的人口老龄化过程、特征、规律和趋势前景，对于了解中国独特的人口转变过程、洞悉老龄社会发展过程中所面临的问题与挑战、制定应对老龄社会的正确战略和策略至关重要。

2.1 中国人口老龄化的阶段性特征与长期趋势

2.1.1 中国的人口老龄化进程

人口转变是近 300 年来人类社会所发生的最为重大的社会变革之一，人类结束了人口激增时期，步入人口老龄化时代。人口老龄化正在成为引起人类社会、经济、政治变化的重大的全球性趋势。人口老龄化将使人类社会的性质发生重大转变，漫长历史上的年轻社会将迅速转变为老龄社会。在人类走向持续普遍的老龄化过程中，中国有着举足轻重的作用，因为中国是人口规模和老年人口规模最大的国家，也将是人口老龄化发展最为迅猛的国家。人口老龄化将成为中国社会的新常态。

中国的人口转变开始于死亡率下降，在新中国成立之前既已开始。新中国成立后，社会稳定，医疗卫生条件获得极大改善，死亡率迅速下降，开启了实质性的人口转变。随着经济社会的快速发展，人民生活水平、营养条件的改善，医疗技术和卫生服务的提高，人口的健康水平得到大幅度的提升，这些因素结合 20 世纪 70 年代以来为了遏制人口规模增长过快而实行的计划生育政策，促使中国人口在短时间内开启并完成了人口转变，也促使中国加快迎来了人口老龄化的时代。我国妇女总和生育率从 1970 年的 6 以上降到 1990 年的更替水平仅用了 20 年左右的时间，此后生育水平进一步下降并维持在 1.6 左右的较低水平。20 世纪 90 年代以来，我国进入低生育率时期，生育率降到更替水平以下[①]，并且持续走低，人口底部老龄化趋势显现。自 20 世纪 80 年代以来，我国老年人口比例就出现了缓慢上升迹象，20 世纪 90 年代以后有所加速。2000 年，中国 65 岁及以上老年人口比重达到 7%，人口结构转变为老年型，我国进入了老龄化社会。

① 通常将总和生育率等于 2.1 作为更替水平。

2000 年以来，我国总和生育率维持在 1.6 左右，远低于更替水平 2.1，人口增长趋势不断减弱。到 2010 年第六次人口普查时，老年人口及其比例的增长速度均超过前一个十年，中国进入老龄化提速阶段。伴随着生育率持续降低，以及新中国初期生育高峰，中国的人口老龄化正在进入加速推进阶段。

2.1.2　人口老龄化的波浪式发展

自 21 世纪初迈进老龄社会的门槛后，整个 21 世纪前半叶，中国都将面临老年人口规模不断膨胀以及老龄化程度持续加深的大趋势，老龄化进程将表现出波浪式的特征，即老龄化速度将出现阶段性的提升和放缓。

具体而言，"十三五"时期是中国老龄化速度的明显放缓期，这一方面是因为全面二孩政策的实施大幅度提升了少儿人口比例，从而压低老年人口比例，实现对底部老龄化迅速演进之势的遏制；另一方面则是因为第一次人口出生高峰时期的人口队列在"十二五"期间步入老年之后，"十三五"时期新进入 60 岁的人口规模将明显下降，从而实现对顶部老龄化迅速推进之势的缓解。从"十四五"时期一直持续到"十六五"时期，随着第二次出生高峰时的人口队列逐渐步入老年，每年新增的老年人口数量明显大幅提升，中国的老龄化将步入 21 世纪前半叶最为迅猛的提速推进阶段。这一时期，老年人口规模将在较短的时间内相继突破 3 亿人和 4 亿人，老年人口比例则相继突破 20%和 25%，增长速度超过"十三五"时期。"十六五"时期过后，由于每年新增的老年人口数量有所下降，中国的老龄化进程将迎来继"十三五"时期后的第二个阶段性放缓期，此次放缓期将持续到 2045 年左右。自 2046 年起，随着第三次出生高峰时的人口队列相继步入老年，每年新增的老年人口数量又将出现大幅增加，进而使中国的老龄化迎来新一轮加速推进的时期。

2.1.3　人口负增长时代

中国人口在未来仍将继续维持一段时间的正增长，增长时间受生育水平的显著影响（见图 2-1）。从研究团队进行的人口预测结果来看，在总和生育率为 1.4 的低方案中，我国人口将持续增长至 2025 年，达到峰值 14.13 亿，比目前[①]我国人口总量多出约 1000 万人；在总和生育率为 1.6 的中方案下，我国人口维持正增长的时间将延续更长一段时间，直至 2026 年达到峰值（14.17 亿）；在总和生育率为 1.8 的高方案下，我国人口增长将持续到 21 世纪 30 年

① "目前"是指 2018 年课题完成时。

代初（2031 年），峰值为 14.25 亿，比目前[①]我国人口多约 3000 万人。人口达到峰值之后，我国将迈入人口负增长时代。21 世纪 20 年代中期至 50 年代末的 30 多年间，将是我国人口负增长不断加速的时期，历史累积的人口负增长惯性不断释放，人口一旦进入负增长轨道将“一往无前”，直至 21 世纪 50 年代末，人口缩减的速度才将逐渐平稳下来，并继续维持到 21 世纪末。在不同的预测方案（生育水平）下，我国人口未来进入负增长时代的时间存在一定差异，生育水平越高，进入负增长的时间越晚；不同方案下，未来人口负增长的速率不同，生育水平越高，未来人口负增长的速度越缓和，可见生育水平对人口增长的影响具有长期性和累积性。

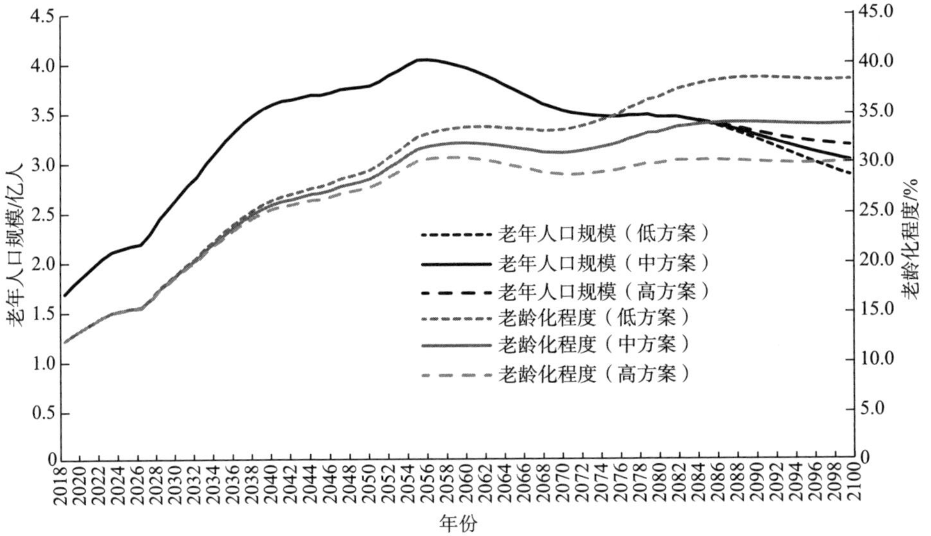

图 2-1　2018～2100 年我国人口老龄化的发展趋势

资料来源：根据项目组人口老龄化预测结果绘制

2.1.4　劳动人口供给总量缩减，结构老化

未来十余年内，我国并不存在劳动力短缺问题，15～64 岁劳动年龄人口将维持在 9.6 亿左右高位波动。自 21 世纪 30 年代之后中国进入劳动年龄人口明显缩减时期，生育水平对劳动力的影响也逐渐显现。低方案下，我国劳动年龄人口在 2030 年为 9.46 亿，此后逐渐下降，到 2098 年将减少至 4 亿。在中方案和高方案下，我国劳动年龄人口的缩减较低方案更加平缓，2100 年分别降至 4.85 亿和 5.93 亿。劳动年龄人口规模的变动趋势具有以下特点：①劳

① “目前”是指 2018 年课题完成时。

动年龄人口负增长先于总人口负增长，我国劳动年龄人口规模在数年前即已达到峰值，目前已经处于负增长状态；②劳动年龄人口的变化波动强于总人口，受生育水平和队列规模的影响更加直接和明显；③在人口负增长的前期，劳动年龄人口的缩减强于总人口的缩减，但是 60 年代之后劳动年龄人口的缩减小于总人口缩减，总人口缩减更快与届时高度老龄化下老年死亡增多密切相关。

未来，随着我国人口老龄化进程的推进，劳动年龄人口内部的结构老化也愈发明显（表 2-1）。到 2050 年，15～29 岁年轻劳动力占全部劳动年龄人口的 23.73%，30～49 岁青壮年劳动力所占比例为 41.19%，与 2020 年相比这两大年龄段劳动力人口占全部劳动年龄人口的百分比均有所下降，与之相对应的是 50～64 岁劳动力人口占比的增加，达到 35.09%，尤其是 60～64 岁老年劳动力所占比例增幅明显，增加至 14.68%，比 2020 年增长了近一倍。

表 2-1　部分年份劳动年龄人口的年龄构成（单位：%）

年龄段	2020 年	2030 年	2050 年	2075 年	2100 年
15～19 岁	7.58	9.26	7.59	7.73	8.03
20～24 岁	7.80	9.02	7.60	8.18	8.55
25～29 岁	9.41	7.71	8.54	8.97	9.11
30～34 岁	12.85	7.93	10.14	9.68	9.47
35～39 岁	10.33	9.55	11.10	9.89	9.59
40～44 岁	9.56	13.01	10.78	9.56	9.74
45～49 岁	11.72	10.40	9.17	9.54	10.27
50～54 岁	12.59	9.54	9.34	10.64	11.20
55～59 岁	10.74	11.51	11.07	12.47	11.98
60～64 岁	7.42	12.06	14.68	13.34	12.04

资料来源：根据项目组人口老龄化预测结果汇总

2.1.5　老年人口高龄化趋势逐渐加深

中国未来老龄化的趋势不仅表现为老年人口总体规模的膨胀，还突出表现为老年人口内部年龄结构的快速老化。从图 2-2 老年人口金字塔形态随时间推移而发生的变化，便能大致看出中国老年人口“增龄”的情况。2015 年时，中国的老年人口还呈现为从低龄到高龄老年人口所占比例持续下降的标准金字塔形。到 2035 年时，老年人口金字塔的塔基相比于 2015 年已经出现较大收缩，而塔身则出现一定程度的膨胀。到 2050 年时，老年人口金字塔的顶部已出现非常明显的膨胀。

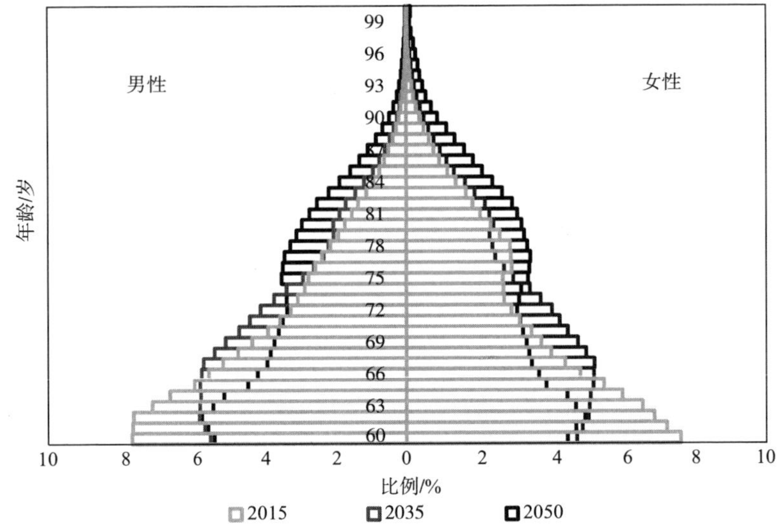

图 2-2　中国老年人口金字塔变化趋势（2015 年、2035 年和 2050 年）

未来中国老年人口高龄化程度将不断加深，从 2015 年到 2050 年，全国 60 岁及以上老年人口中，60～79 岁的中、低龄老年人所占比重从 88.5%持续缩减至 76.8%，而 80 岁及以上高龄老年人所占比重则从 11.5%持续扩大至 23.2%（图 2-3）。在此期间，中国高龄老年人口的绝对规模也加速膨胀，从 2015 年时约 2500 万人，至 2032 年左右翻了一番，超过 5000 万人，在 2048 年左右再度翻番，超过 1 亿人。整个 21 世纪前半叶，中国 80 岁及以上高龄老年人口绝对规模的增幅将高达 808.2%；而 21 世纪中叶全部老年人口规模将不到 21 世纪初的 4 倍，高龄老年人口规模的膨胀速度远高于全部老年人口规模的增速。老年人口年龄结构的持续老化，特别是高龄化程度不断加深，高龄老年人口规模快速膨胀，将使中国的养老事业面临“雪上加霜”的局面。

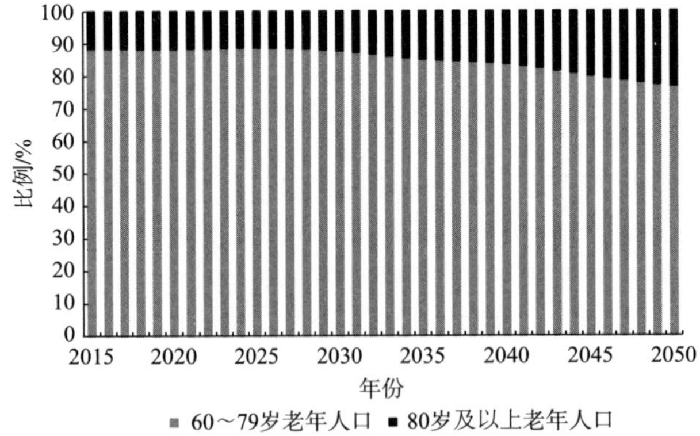

图 2-3　中国老年人口年龄结构变化趋势（2015～2050 年）

2.1.6 社会抚养负担持续加重，从“抚幼”社会变为“赡老”社会

随着老龄化程度的加深，未来中国人口中的抚养结构将发生很大变化，养老照料需求群体的不断扩大，照料者总量的不断减少，将导致全社会的抚养负担日益加重，且逐渐以老年抚养负担为主。从少儿抚养比和老年抚养比的绝对数值来看（图 2-4），2015～2050 年，中国的少儿抚养比由于受到生育政策调整的影响将呈现先升后降再升的波动之势，但变化幅度不大，大体保持在 27%左右；老年抚养比则因整个 21 世纪前半叶迅猛的老龄化进程而呈现出持续大幅攀升之势，在 21 世纪中叶抬升至 66.2%的水平。从 2022 年起，老年抚养比将开始超过少儿抚养比，且二者间差距不断拉大，到 21 世纪中叶时，中国的老年抚养比将比少儿抚养比高出近 38 个百分点，是届时少儿抚养比的两倍多。这意味着，自 2022 年起，中国劳动年龄人口肩负的“养老”负担快速加重并开始明显重于“抚幼”负担，逐渐成为最主要的社会负担，整个社会的基础设施建设和公共服务体系构建都要更多更快地向老年人口倾斜。

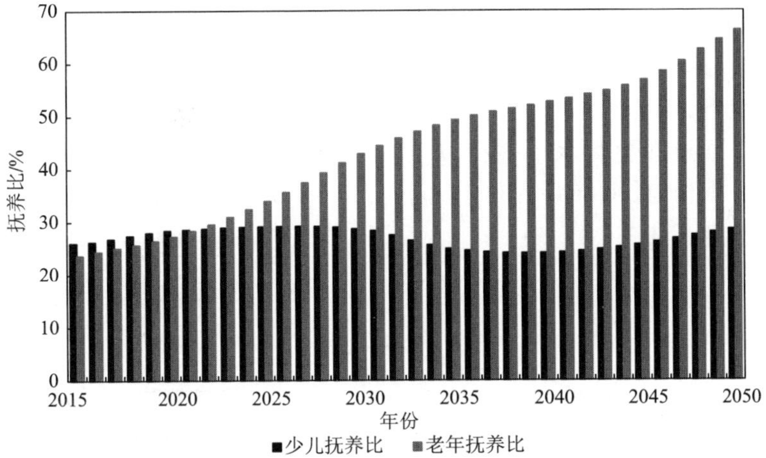

图 2-4 中国少儿抚养比和老年抚养比变动趋势（2015～2050 年）

从短期来看，虽然生育水平提高可以增加少儿人口规模，通过底部老龄化的缓和降低老龄化的水平，但实质上并没有改变老年人口的实际规模；从长期来看，生育水平既会影响老龄化程度也会影响老年人口规模，在减小老龄化程度（老年人占总人口的比例）的同时，增加了未来老年人口的绝对规模。因此，在探讨生育率对老龄化的影响时，不能简单地以相对比例为标准衡量生育水平对人口老龄化的影响，同时还应该注意将生育率的影响和人口老龄化纳入长期分析框架内。

2.2 人口老龄化的人口学机制

2.2.1 低生育率对老龄化的影响

生育率转变是 20 世纪世界人口发生的最深远的变革，维持低生育率水平将对人口产生深远的影响，其中之一则是对人口年龄结构的作用。长期维持低生育率的直接后果是出生人数的减少，即导致人口底部老龄化的加剧。研究团队借助人口预测方法模拟在极低生育率（1.1）、维持目前生育水平（1.6）、更替水平（2.1）三种情景下我国人口老龄化的发展走势，以测算低生育率对老龄化的影响①。

研究发现，长期维持极低生育率将显著影响人口老龄化的进程，但需要较长时间才会逐渐凸显。低生育率对人口老龄化的直接影响体现在未来老年人口规模以及老年人口比例两方面。在不同生育率情境下，我国 65 岁及以上老年人口规模在 2083 年（2018 年为预测起始年份）开始分化，表现出明显的差异（图 2-5）。假定我国妇女生育水平维持在极低生育率水平（1.1）直至 21 世纪末，老年人口规模在未来将呈现出先升后降的变动趋势。长期维持极低生育率将会显著减少 2083 年之后我国老年人口的规模。至 2100 年，在极低生育率情境下，我国 65 岁及以上老年人口数量将回落至 2.45 亿人。假若我国妇女生育率维持在更替水平并持续至 21 世纪末，在 2083 年之后老年人口规模略微回升，至 2100 年增至 3.58 亿人，较极低生育率（1.1）下多出 1.13 亿人，相差达到近 1/3。

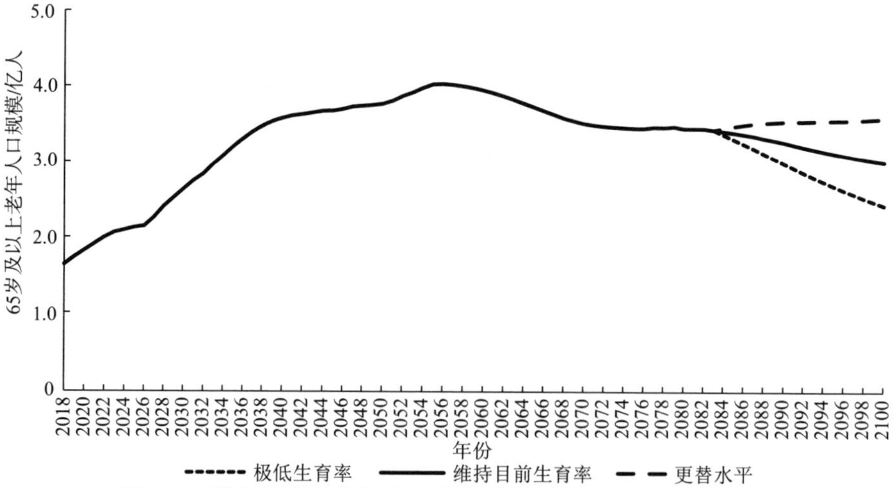

图 2-5 低生育率对老年人口规模的影响（2018～2100 年）

① 预测设定这三种生育水平旨在分析低生育率对人口老龄化的影响，因而生育水平跨度较大。

低生育率导致的底部老龄化对老年人口占比的影响更加明显。维持目前生育水平情境下，21 世纪内我国人口老龄化程度表现为先快速上升随后高位波动的走势。在 21 世纪中叶增长至 30%左右，随后在该水平上波动，到 21 世纪末缓慢升至 33.8%（图 2-6）。随着时间的推移，低生育率导致出生人数缩减带来的总人口规模差异在不同方案下愈加明显。在极低生育率（1.1）下，老年人口占总人口的比例将在 21 世纪内绝大多数时间均呈现不断增长的态势，直至 21 世纪 80 年代增长至 46%左右，并大致维持这一水平至 21 世纪末，届时我国近一半人口为老年人。若妇女生育率维持在更替水平，老龄化程度的变动趋势表现出明显不同的特点，整体表现为先升后降的变化趋势，65 岁及以上老年人口占比从 2018 年 12%左右逐渐增至 21 世纪 50 年代的 27%左右，随后略有回落，在 24%～25%波动变化。比较长期维持极低生育率和更替水平两种情境，预测结果说明低生育率对人口老龄化程度的影响非常显著。

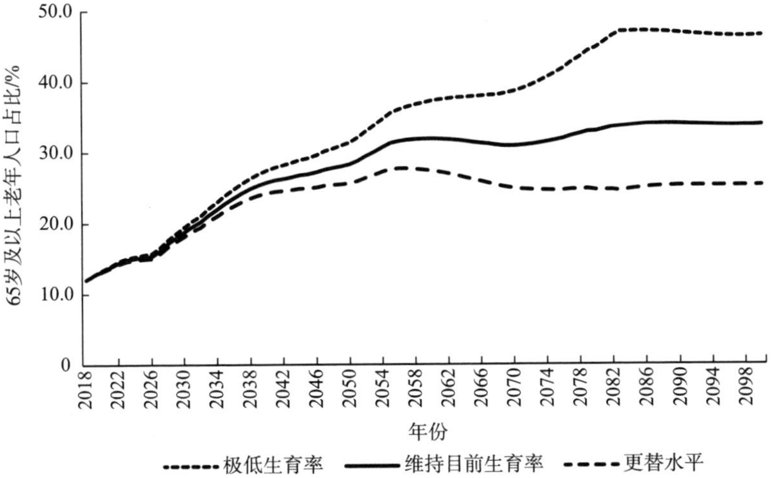

图 2-6　低生育率对人口老龄化程度的影响（2018～2100 年）

基于上述分析可以明显看出，生育率是影响未来我国人口老龄化走势的重要因素。生育率长期维持在极低水平上，将会导致人口老龄化在未来快速推进，老龄程度急剧加重。在死亡率已经降至较低水平且国际迁移可忽略的人口背景下，生育率已经成为塑造我国人口未来发展轨迹的主导力量，生育政策的完善调整也回应了我国人口发展的切实要求。

2.2.2　死亡水平变化对老龄化的影响

预期寿命不断延长是人类社会发展取得的瞩目成就之一，也是现在以及未来人类社会追求的重要目标。在死亡水平下降的过程中，不同年龄段人口的死亡率下降并不同步，其中老年人口死亡率下降非常显著。死亡对人口老龄化的影响通过多种渠道发挥作用，最直接的影响是老年死亡率下降带来的存活老人数量的增加。研究团队通过比较维持预期寿命不变（2018 年水平）以及按照联合国假设推算的预期寿命不断延长两种情境下我国人口老龄化未来的发展趋势，揭示死亡水平变化对人口老龄化的影响力度。

研究发现，预期寿命的延长将显著改变未来老年人口的数量。假定未来我国人口平均预期寿命将维持在 2018 年的水平(男性为 74.24 岁，女性为 80.3 岁）保持不变，未来 65 岁及以上老年人口规模在 21 世纪内呈现先升后降的变动趋势，在 2055 年达到峰值 3.45 亿人，随后下降，在 21 世纪末降至 2.08 亿人（图 2-7）。按照联合国预期寿命延长的中高速模式推算未来我国人口预期寿命的变化轨迹（2100 年男性为 83.80 岁，女性为 89.19 岁），在此背景下保持其他参数不变，老年人口在 2056 年峰值期的规模将较前一情境下超出 5700 万，随后开始回落，在 2100 年降至 3.0 亿人，两种情境下的差异达到 1 亿人左右。

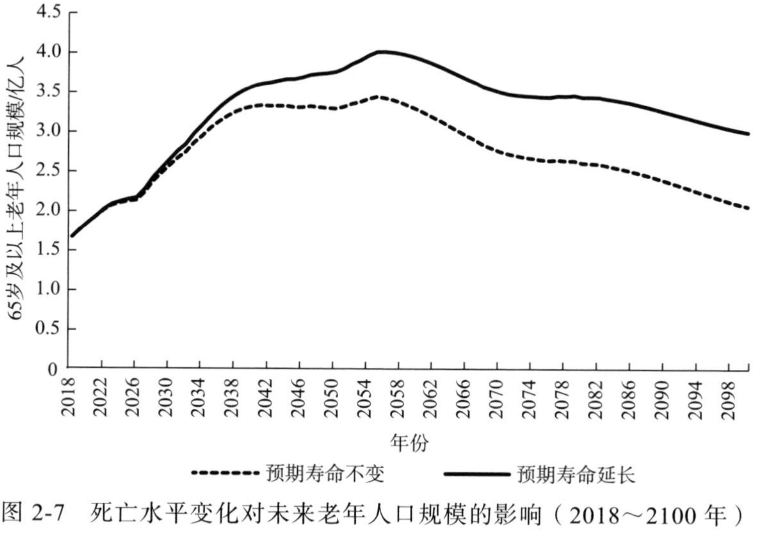

图 2-7　死亡水平变化对未来老年人口规模的影响（2018～2100 年）

死亡因素不仅影响未来老年人口规模，还会影响人口老龄化程度，这种影响随着时间的推移逐渐加大。维持目前预期寿命水平不变，我国 65 岁及以上老年人口占总人口的百分比将增长至 2050 年的 25.88%，在 2100 年进一步增长至 26.80%。在人口平均预期寿命不断延长的背景下，老龄化程度将在 2050 年达到 28.25%，2100 年升至 33.81%。

2.2.3　老年标准年龄变化对老龄指标的影响

目前对老年人口的定义通常采用固定年龄标准，其中最为常用的是将 60

岁或 65 岁定义为老年标准年龄，该标准是联合国于 20 世纪五六十年代确定的，但在人口健康水平不断提高和死亡水平逐渐下降的背景下，延迟退休年龄已经是大势所趋，而固定年龄标准已经不适合当下及未来的人口发展。为此，研究团队分析了老年标准年龄变化对人口老龄化指标的影响[①]。

研究发现，如果改变老年人定义的年龄标准，则会显著影响老年人口的规模和比例，改变目前学术界对未来我国人口老龄化发展进程的认识。若以 70 岁作为老年人的“门槛”，则我国老年人口规模将在 2061 年达到峰值 3.14 亿，其后在波动中缓慢下降，在 2100 年降至 2.46 亿（图 2-8）。峰值期的人口规模较 60 岁为年龄标准的设定减少 1.79 亿；在 21 世纪末的老年人口规模缩小 1.13 亿，人口老龄化程度则由以 60 岁为标准时的 40.34%减少至以 70 岁为标准时的 27.65%。

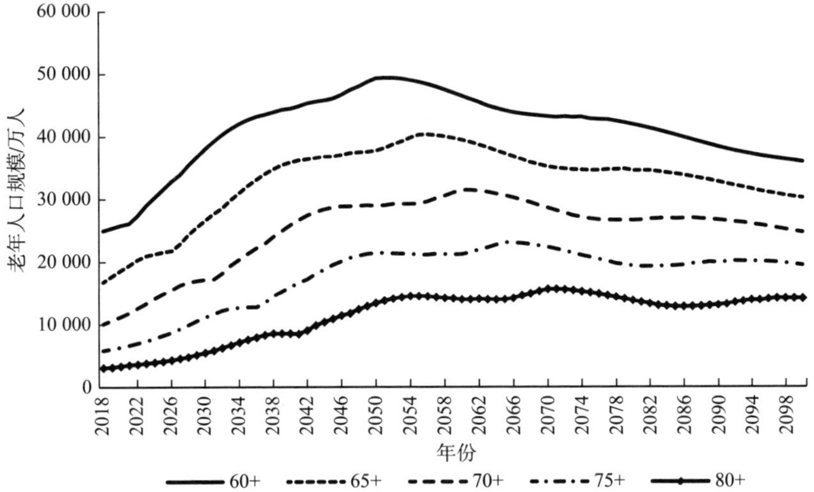

图 2-8　不同年龄标准下我国老年人口规模的变动趋势（2018～2100 年）

2.3　中国人口老龄化的空间分布差异

2.3.1　老年人口分布的地区差异

老年人口规模分布存在明显的地区差异，东部地区的老年人口数量最多，2010 年为 4934 万人，中部地区和西部地区分别为 3713 万人和 3245 万人。从城镇地区的老年人口规模来看，东部地区的数量最多（2552 万人），其次为中

① 预测模型基于前文 2.2.1 节人口预测的中方案结果，即妇女生育水平维持在 1.6 左右波动，预期寿命按照联合国中高速假设不断延长，国际迁移忽略不计。

部地区（1500 万人），西部地区为 1174 万人。而 2017 年国家统计局的 1‰人口抽样调查数据的统计结果显示，各省区市的老年人口规模也存在很大差距，老年人口数量最多的三个省份是山东、四川和江苏，三省的老年人口在全国老年人口中的占比分别达到 8.18%、7.33%和 7.06%。

在 2000～2010 年的两次全国人口普查期间，东部、中部、西部三大地区的城市、镇、乡村的 65 岁及以上老年人口增长迅速，但是增长幅度存在较大差异（图 2-9）。在城市、镇、乡村三类区域的老年人口中，镇的老年人口规模增长最快。在东部地区镇区域的老年人口规模从 2000 年的 467 万人增长到 869 万人，增加了 86.16%；2010 年中部地区的镇的老年人口规模（694 万人）是 2000 年（283 万人）的 2.46 倍；2010 年西部地区镇的老年人口规模达到 561 万人，是 2000 年（246 万人）的 2 倍以上。乡村老年人口数量增长幅度也超过城市地区。在 2000 年至 2010 年间，东部、中部、西部三大地区的农村老年人口规模分别增加了 159 万人、234 万人和 393 万人，2010 年相对 2000 年分别增加了 7.15%、11.83%和 23.44%。从城市地区来看，东部地区的城市老年人口规模增长最快，十年间增加了 597 万人，增幅达到 54.91%；中部、西部地区的城市老年人口分别增加了 57.69%和 73.36%[①]。

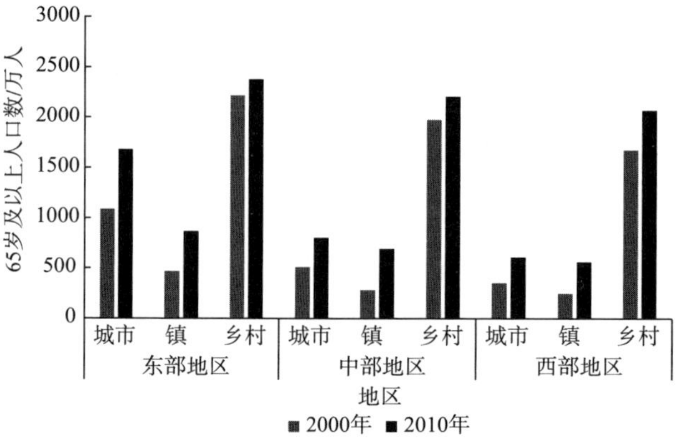

图 2-9　2000 年和 2010 年全国人口普查三大地区 65 岁及以上老年人口规模

2.3.2　人口老龄化的空间差异

近年来，我国人口老龄化程度呈现出“由西向东”“由乡村到城市”的递增趋势。从三大地区的人口老龄化程度来看（图 2-10），2010 年均为 9.0%左右，差异不大，但近几年的人口老龄化发展迅速，东部、中部、西部区域差异扩大。2017 年东部和中部地区老年人口占地区总人口的比例分别为 11.7%和 11.5%，均高于西部地区的 10.9%。

① 本段中的数据测算采用了原始值，由于小数点问题与直接计算的结果有所不同。

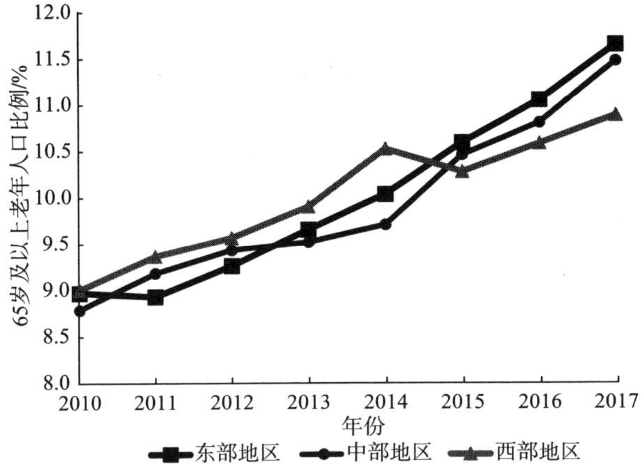

图 2-10　2010～2017 年不同地区老年人口比例

在东部各省市中，2000 年人口老龄化程度最高的为上海市，65 岁及以上老年人口比例达到 11.46%，其他省市的比例均小于 9%。但到 2010 年，江苏（10.88%）、辽宁（10.31%）和上海（10.13%）三地的老年人口比例均超过 10%。到 2017 年，东部地区除了福建（9.53%）、广东（7.75%）和海南（8.19%）外，其他 8 个省、直辖市的老年人口占当地人口比例均超过 10%，上海（14.26%）、辽宁（14.07%）和江苏（13.93%）排名位居前三。在除海南外的其他东部省市中，乡村地区的人口老龄化程度均高于城镇地区，而在北京、天津和上海，城市地区的人口老龄化程度又超过镇（图 2-11）。

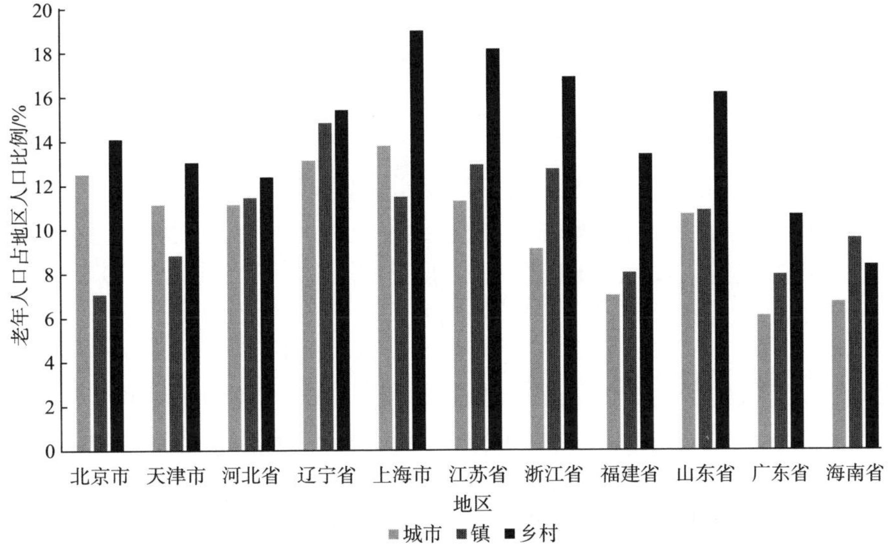

图 2-11　2017 年东部各省市城镇乡人口老龄化程度

在中部的 8 个省份中，2000 年 65 岁及以上老年人比例均小于 8%。到了 2010 年，安徽省的老年人口比例达到 10.23%。至 2017 年，中部地区除了山西省、江西省和河南省外，其他省份的老年人口比例均超过 12%。相比东部地区，中部省份的城市、镇、乡村人口老龄化程度的差异较小，乡村仍然是人口老龄化程度最高的区域（图 2-12）。

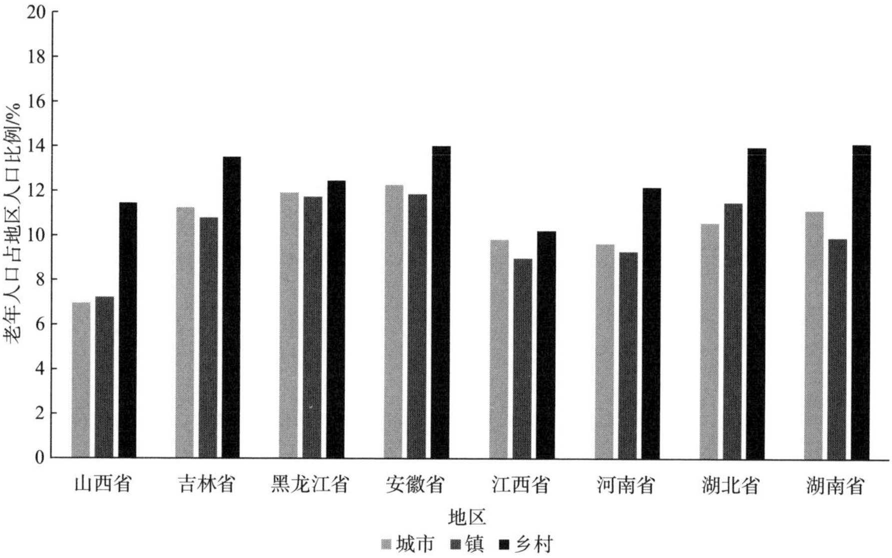

图 2-12　2017 年中部各省份城镇乡人口老龄化程度

2000 年，西部地区仅有重庆市 65 岁及以上老年人口比例超过 8%。至 2010 年，人口老龄化程度最高的重庆、四川的老年人口比例分别达到 11.72%、10.95%。到 2017 年，重庆、四川、陕西、内蒙古和甘肃的人口老龄化程度均超过 10%，分别为 14.28%、13.93%、11.10%、10.84%和 10.33%。与东部、中部地区不同，西部地区中有 5 个省区的城市人口老龄化程度超过乡村，分别为云南、西藏、甘肃、青海和新疆。并且，各省、自治区与直辖市的乡村地区老年人口比例的差异也较大，重庆市乡村地区的老年人口比重达到 19.82%，而在西藏和新疆的乡村地区，老年人口的比例不足 6%（图 2-13）。

2.3.3　老年人口的迁移

随着社会经济的发展，老年人口的迁移量在不断上升，迁移原因也更为多样化。2015 年 60 岁及以上老年人口的总迁移量为 2052.61 万人，发生过迁移的老年人口占老年总人口的 9.24%，与 2000 年相比，这一比例提高了 6.08 个百分点，且从迁移总量来看，老年人口迁移的性别差异不明显。就迁移原

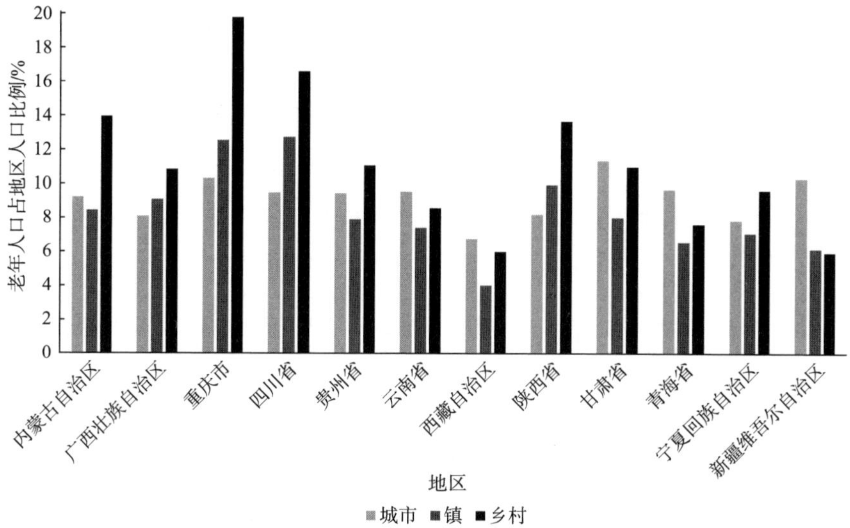

图 2-13　2017 年西部各省区市城镇乡人口老龄化程度

因来看，2015 年老年人口的迁移原因更为多样化，且不同迁移原因的老人之间存在较大性别差异。2000 年因房屋拆迁迁移的老年人比重最大，占老年人口总数的 1.38%；而 2015 年随同迁移的老年人口比重最大，为 2.48%；因工作就业迁移的老年人口也大幅提升，从 2000 年的 0.34%提高到 2015 年的 1.31%。从 2015 年的调查结果来看，男性老年人因工作就业以及改善住房而发生迁移的比重更高，分别为 0.96%和 1.14%，而女性老年人随同迁移的比重更高，达到 1.60%（表 2-2）。

表 2-2　分性别老年人口迁移原因（单位：%）

原因	2000 年			2015 年		
	男	女	合计	男	女	合计
工作就业	0.27	0.07	0.34	0.96	0.36	1.31
学习培训	0.00	0.00	0.00	0.00	0.00	0.01
随同迁移	—	—	—	0.88	1.60	2.48
房屋拆迁	0.71	0.67	1.38	0.28	0.27	0.55
改善住房	—	—	—	1.14	0.96	2.10
寄挂户口	—	—	—	0.05	0.04	0.09
婚姻嫁娶	0.03	0.08	0.10	0.11	0.20	0.31
为子女就学	—	—	—	0.11	0.15	0.26
其他	0.65	0.69	1.34	1.06	1.07	2.13

续表

原因	2000 年			2015 年		
	男	女	合计	男	女	合计
合计	1.65	1.51	3.16	4.60	4.64	9.24

资料来源：根据《中国 2000 年人口普查资料》《中国 2010 年人口普查资料》及《2015 年全国 1%人口抽样调查资料》计算而来

2.4　中国老年人口的社会经济异质性及其发展趋势

2.4.1　老年人的生活来源

目前为止，我国老年人主要依靠家庭成员的供养生活，2000～2015 年，家庭成员供养、离退休金养老金、劳动收入一直是老年人生活的三大支柱，以这三者为主要生活来源的老年人比例超过 90%（表 2-3）。其中，主要依靠家庭成员供养的老年人比例一直保持最高，但近年来呈现不断下降的趋势；主要依靠劳动收入生活的老年人比例也持续下降，而主要依靠离退休金养老金的老年人比例则出现了大幅上升，到 2015 年时，离退休金养老金已经赶超劳动收入成为老年人第二大生活来源，有与家庭成员供养齐平甚至赶超的趋势。整体而言，家庭养老在我国养老模式结构中依然占据着主要地位，家庭成员的供养是老年人最主要的生活来源。通过参与劳动获取收入的老年人比例不断下降，越来越多的老年人以离退休金养老金为主要生活来源，此外，资本产生的财产性收入近年来也成为老年人越来越重要的生活来源，老年人整体的自养能力有所提升，未来家庭成员承担的养老负担将有所减轻。

表 2-3　2000～2015 年我国老年人主要生活来源状况变化（单位：%）

生活来源类型	2015 年	2010 年	2000 年
劳动收入	23.47	29.07	32.99
家庭成员供养	36.68	40.72	43.83
离退休金养老金	30.21	24.12	19.61
最低生活保障金	5.05	3.89	1.59
财产性收入及其他	4.59	2.20	1.98

资料来源：①2015 年数据根据 2015 年全国 1%人口抽样调查数据计算得出；②2010 年数据引自姜向群，郑研辉. 2013. 中国老年人的主要生活来源及其经济保障问题分析. 人口学刊，35（2）：42-48；③2000 年数据引自杜鹏. 2003. 中国老年人主要生活来源的现状与变化. 人口研究，27（6）：37-43；④2000 年主要生活来源类型相比另外两年中多出一项“失业保险金”，表格中将其归入“财产性收入及其他”中

老年人的主要生活来源存在较大的年龄差异。低龄老年人依靠劳动收入生活的比例明显较高，经济独立性较强。随着年龄的增长，老年人以劳动收入为主要生活来源的比例大幅下降；而以家庭成员供养为主要生活来源的比例则持续上升，85 岁以上的老年人中近六成均需要依靠家庭成员供养生活；依靠最低生活保障金生活的老年人比例随着年龄的增长也呈不断上升的趋势，但比例一直较低（图 2-14）。

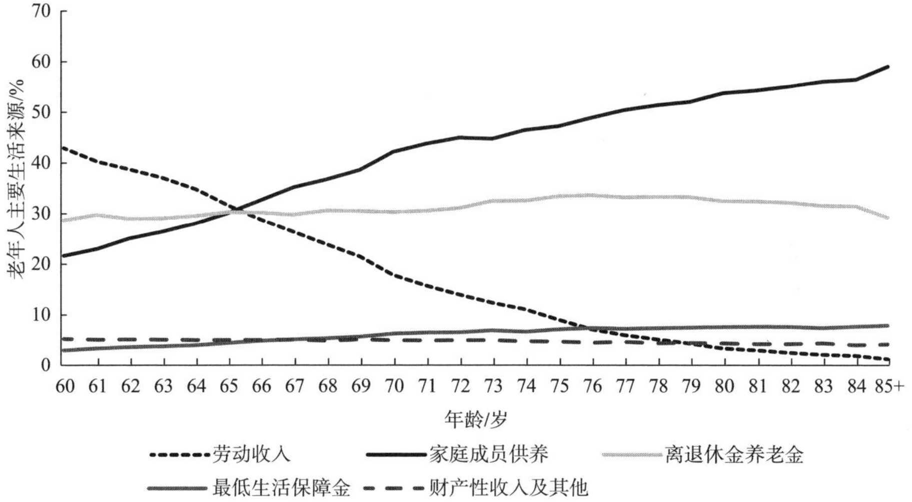

图 2-14　2015 年我国分年龄老年人主要生活来源状况

资料来源：《2015 年全国 1%人口抽样调查资料》

我国城镇地区的社会养老水平远高于农村，城镇老年人自我经济供养能力较强。2015 年，城镇老年人以劳动收入为主要生活来源的比例约为农村该比例（34.36%）的 1/3。超过半数的城镇老年人均以离退休金养老金为主要生活来源，而农村仅有 7.48%的老年人主要依靠离退休金养老金生活。

2.4.2　老年人的收入状况

老年人群体内部收入存在较大差别。2014 年中国老年社会追踪调查数据显示，男性老年人年均收入比女性老年人高出约 43%。这种性别差距一方面源自主要经济来源上的差异，女性老年人的就业率远低于男性，她们的自我供养能力较弱；另一方面来自劳动力市场上两性的收入差异，女性的劳动收入通常低于男性，这也会影响她们的退休金水平。

此外，近年来城乡老年人收入均平稳上涨，但城乡差距不断扩大（图 2-15）。城乡老年人的收入差距不仅与城乡之间客观的经济发展水平密切相关，也与城乡老年人之间收入来源的差异紧密相关。一方面，城乡未退出劳动力市场的老年人之间参与劳动的性质有较大差异，农村老年人以农业生产为主，而城镇老年人中白领职业群体再就业的可能性较高；另一方面，对已退出劳动力市场的老年人而言，城镇老年人领取各种社会保障金的比例远高于农村老年人。此外，随着城镇化进程的推进，农村出现大量独居老人，而这类老人更易陷入贫困（王瑜和汪三贵，2014）。

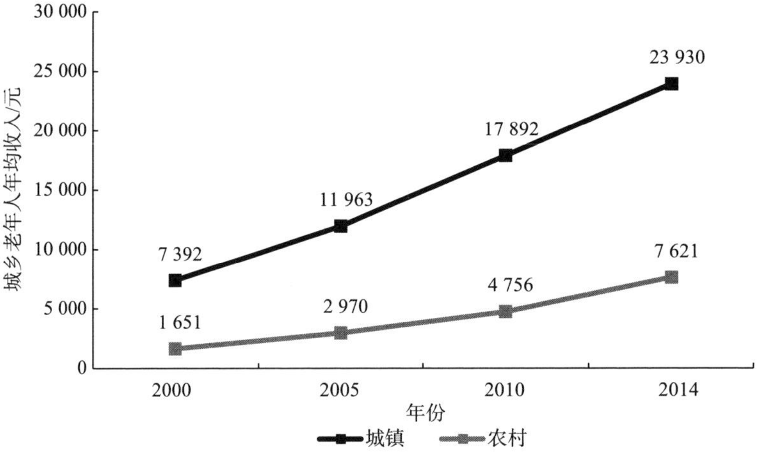

图 2-15　2000～2014 年我国分城乡老年人年平均收入变化

资料来源：①2000 年、2005 年和 2010 年城乡老年人年平均收入数据引自《中国城乡老年人生活状况（2000—2010）抽样调查数据（一）》；②2014 年城乡老年人年平均收入数据引自中国老龄科学研究中心与社会科学文献出版社共同发布的《老龄蓝皮书：中国城乡老年人生活状况调查报告（2018）》

老年人的收入状况也存在显著的地区差异：东部地区老年人收入领先，城镇老年人中居住在中部地区的收入最低（表 2-4）。由于东部地区具有较高的经济发展水平、较好的就业机会以及较完善的社会保障制度，老年人能够获取更高的劳动收入和社会保障收入，因而东部地区的城乡老年人收入水平均高于其他地区老年人。在农村老年人中，西部地区的老年人收入最低；而在城镇老年人群体中，中部地区老年人平均年收入最少。曾毅和王正联（2010）通过多区域多维家庭人口预测新方法得出，在中部地区大量年轻人迁往东部地区且人口生育率较低的情况下，我国人口老龄化的“重灾区”将会出现在中部地区。因此，为避免中部地区同时出现老龄化程度过高、城镇老年人收入过低的严重后果，需重点缓解中部地区的老龄化问题。

表 2-4　2014 年分城乡、地区我国老年人平均年收入状况（单位：元）

区域	城镇	农村	合计
东部地区	34 819	9 132	27 950

续表

区域	城镇	农村	合计
中部地区	21 694	6 488	12 118
西部地区	23 453	5 686	12 000

资料来源：①分城乡数据直接引自孙鹃娟. 2017. 中国城乡老年人的经济收入及代际经济支持. 人口研究，41（1）：34-45；②合计数据根据前述资料计算得出

2.4.3　老年人的受教育状况

2010 年人口普查数据资料的统计结果显示，中国仍有大约 30%的老年人未上过学，上过高中的不足 6%；有过大学经历的老年人仅占 3.22%。相比而言，日本早在 2000 年时上过高中的老年人已经达到 35%，美国 2009 年时高中毕业老年人的比重已经上升至 78.3%，同时有 21.7%的老年人拥有大学及以上学历。显然，与美国和日本相比，中国老年人的受教育程度明显偏低。我国老年人的受教育程度还存在明显的性别差异。未上过学的老年人在女性中的比重远高于男性，前者是后者的 2.63 倍。男性则在不同学历层次上体现出全面的优势，在不同学历水平的男性老年人所占比重均高于女性，而且随着学历层次提高，男性的优势呈现扩大趋势。这是学者长期以来发现的教育性别差异在老年群体的具体反映。这与老年人教育获得过程中的性别不平等密切相关。此外，长期以来的城乡二元结构也造成了我国老年人受教育程度呈现出重要的城乡分化：城镇地区的老年人在初中及更高学历上表现出相比于乡村老年人的优势，而且这种优势的幅度比性别维度上表现出来的更甚。

目前处于老年阶段的人群多出生在 1949 年之前，而他们普遍在改革开放之前完成教育。然而，我国的教育事业自改革开放后发展迅速，教育水平大幅度提高。随着队列从年长到年轻，低教育层次所占比重持续走低，而高层次教育所占比重则持续攀升（图 2-16）。因此，随着 20 世纪 60 年代以后的出生队列陆续步入老年期，中国老年人的文化水平将会出现大幅度的改善，性别差异逐步缩小。

2.4.4　老年人的婚姻家庭状况

老年人逐渐退出社会角色，家庭成为其生活的主要场所，是否有配偶、有无子女及与子女的关系如何、居住安排等婚姻家庭状况在很大程度上影响着老年人的身心健康和生活质量。

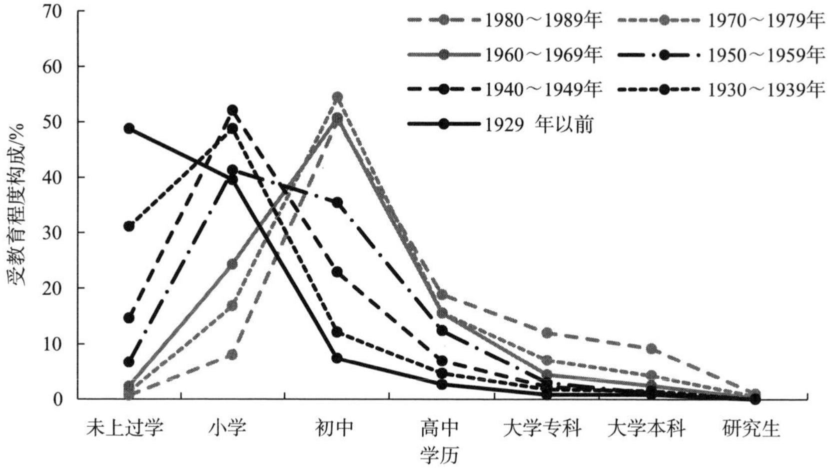

图 2-16　中国不同队列人口的受教育程度构成：两性合计

资料来源：根据《中国 2010 年人口普查资料》中提供的“全国分年龄、性别、受教育程度的 6 岁及以上人口”计算得到

总体上，我国 60 岁及以上老年人口的婚姻状态呈现“一高三低”，即有偶率高，丧偶率、离婚率、未婚率低。2015 年全国 60 岁及以上老年人口中，有偶比例为 74.21%；丧偶比例为 23.32%，未婚和离婚老年人比例很低，分别为 1.49%和 0.98%。在城市、镇和乡村居住的老年人中，乡村老年人未婚比例和丧偶比例最高，而城市老年人有偶比例和离婚比例最高。与男性老年人相比，女性老年人未婚、有偶和离婚的比例更低，丧偶比例更高。1982～2015 年，老年人中有偶者的比例不断上升，丧偶老年人的比重持续下降（表 2-5）；我国未婚老年人的比例稳定在 2%以内；离婚老年人的比例均未超过 1%，反映了中国老年人婚姻较为普遍和稳定的特点。

表 2-5　1982～2015 年中国老年人与中年人的婚姻构成情况（单位：%）

年份	年龄组	婚姻状态			
		未婚	有偶	丧偶	离婚
1982 年	中年	1.94	87.18	9.64	1.23
	老年	1.35	54.13	43.61	0.91
1990 年	中年	2.40	89.12	7.51	0.97
	老年	1.31	59.68	38.19	0.81
1995 年	中年	2.22	90.92	5.96	0.89
	老年	1.37	64.45	33.44	0.74

续表

年份	年龄组	婚姻状态			
		未婚	有偶	丧偶	离婚
2000 年	中年	2.18	92.08	4.68	1.06
	老年	1.66	67.32	30.36	0.66
2005 年	中年	1.84	92.73	4.21	1.22
	老年	1.66	70.17	27.59	0.59
2010 年	中年	1.80	92.27	3.97	1.96
	老年	1.78	70.55	26.89	0.78
2015 年	中年	1.54	92.90	3.18	2.38
	老年	1.49	74.21	23.32	0.98

资料来源：1982 年、1990 年、2000 年、2010 年数据来自历次全国人口普查汇总数据；1995 年、2005 年、2015 年数据来自全国 1%人口抽样调查数据

注：表中“中年”指年龄为 45～59 岁的人口，“老年”指 60 岁及以上的人口

随着中国人口老龄化的加深，老年人家庭“空巢化”趋势日渐显著，空巢老人的比例日益上升，老年人在空巢状态下度过的时间不断延长。历次中国城乡老年人生活状况抽样调查数据显示，2000 年、2006 年、2010 年空巢老人占 60 岁以上老年人口的比例分别为 38.9%、41.4%、49.3%，2015 年这一比例首次超过了 50%，达到了 51.3%，空巢已经取代传统的与子女同住的家庭居住模式，成为中国老年人最主要的居住方式。研究团队基于多状态生命表方法计算的空巢预期寿命结果显示，中国老年人进入 60 岁时的平均余寿为 22.68 年，其中空巢预期寿命为 13.82 年，占比为 60.93%；独居预期寿命和夫妻居预期寿命分别为 3.81 年和 10.01 年，占余寿百分比分别为 16.8%和 44.14%。上述结论意味着中国老年人的整个老年期中超过一半的余寿都处在空巢状态。此外，随着年龄的增长，空巢预期寿命占余寿比重呈现出先上升再下降的趋势（图 2-17）。而独居和夫妻居预期寿命在余寿中的比重却呈现相反的趋势：夫妻居预期寿命占余寿比重随年龄增长不断下降，独居预期寿命占余寿比重则缓慢增加，81 岁后独居预期寿命及其占余寿比重高于夫妻居（图 2-18）。此外，老年人余寿中空巢期的延续时间存在显著差异。女性老年人的空巢预期寿命高于男性老年人，但其空巢预期寿命占余寿的比重低于男性老年人（图 2-17）。

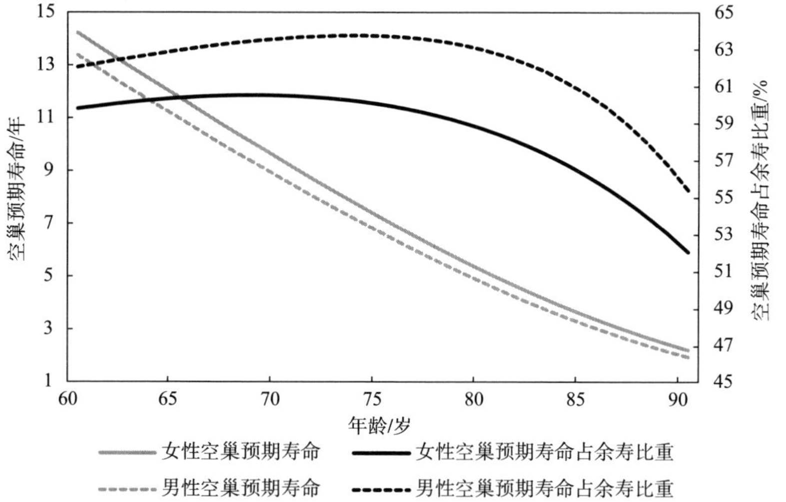

图 2-17　分年龄性别老年人空巢预期寿命及其占余寿比重

资料来源：根据项目组空巢预期寿命预测结果绘制

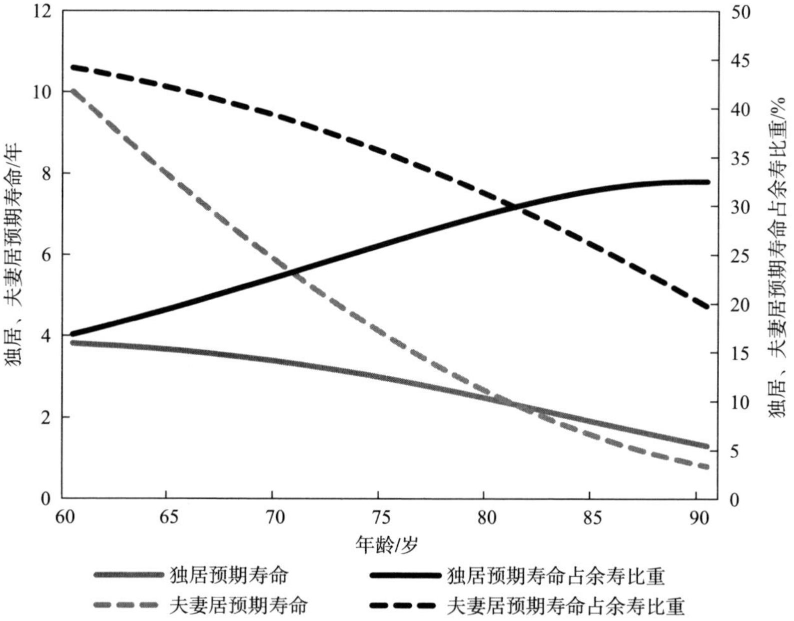

图 2-18　分年龄老年人独居、夫妻居预期寿命及其占余寿比重

资料来源：根据项目组空巢预期寿命预测结果绘制

2.4.5　老年人家庭的代际支持

子女的经济支持是中国老年人的主要经济来源，对于农村老年人而言，甚至是首要经济来源。另外，老年父母也可能为子女提供必要的经济支持。

对代际经济支持状况的分析有助于了解家庭内部经济资源的流动，并在一定程度上反映出代际关系情况。研究者基于 2014 年中国老年社会追踪调查数据的分析发现，在父母与子女之间的经济支持互动中，代际支持呈现向上流动态势，子女赠予老年人的财物总价值超过老年人给其子女的财物总价值（孙鹃娟，2017）。约有 2/3 的子女在过去一年给过老年人钱物，1/4 的老年人在过去一年给过子女钱物。老年人家庭的代际互动存在明显的城乡差异。城市老年人子女中 78.6%的子女给其提供过经济支持，财物平均价值共计 4840 元；而 35.9%的城市老人给过子女平均价值为 2376 元的经济支持。农村老年人的子女中，77.4%的子女给过父母经济支持，价值为 3357 元；但只有 18.7%的农村老年人给过子女经济支持，平均仅为 406 元。上述事实说明，我国老年人和子女之间的经济支持是双向的，但无论城乡均体现为以子女为老年人提供经济支持为主，但城市老年人对子女经济上的支持比例和程度也不可忽视。

分析不同年龄老年人与子女之间的经济互动行为可以发现，这种代际互动随老年人的年龄增加呈下降态势，但是具体的年龄变化模式存在城乡差异（见图 2-19 和图 2-20）。对城市老年人而言，他们获得的“向上”的经济支持与所提供的“向下”支持相比，以经济资源“向上”的净流动为总体特征。但在老年期的低年龄段和部分高年龄段，城市老年人向子女提供的经济支持均值也不可小觑，在这些年龄段“向下”与“向上”间的净差值很小，说明城市老年人在经济上对子女也有不小的帮助。而农村老年人代际经济支持的特点则是从子女处获得的支持远大于提供给子女的支持，这种差距在低年龄段

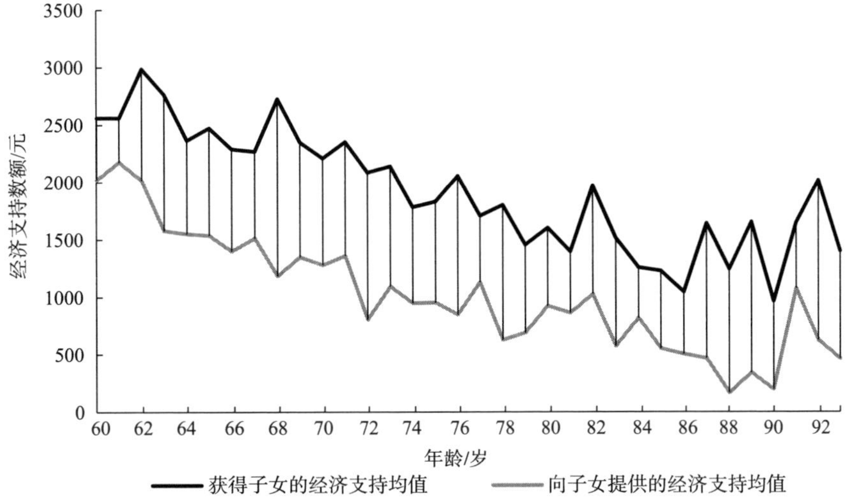

图 2-19　分年龄城市老年人家庭代际双向经济支持研究

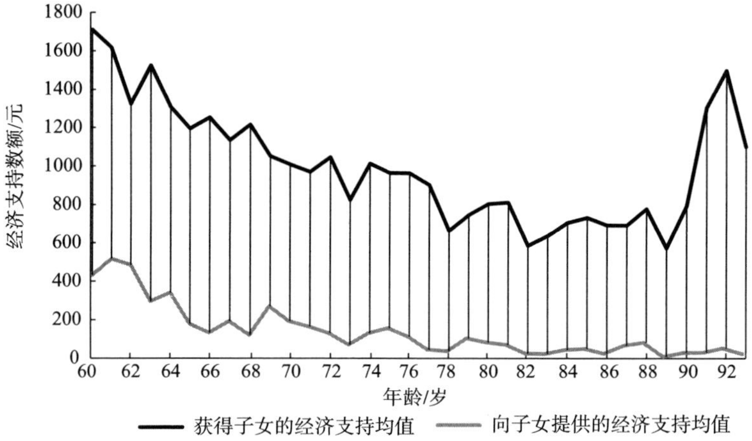

图 2-20　分年龄农村老年人家庭代际双向经济支持研究

和高年龄段的农村老年人中尤为突出，而在 70 岁至 80 岁左右的农村老年人中由于子女提供的经济支持相对于低龄老人在减少，这使得他们的经济获得与提供之间的差距也在缩小，但来自子女的经济支持在高龄农村老年人中有逐渐提升的趋势。城市和农村老年人家庭代际双向经济支持的差异在于：一是城市老年人获得与提供之间的差距远小于农村老年人，低龄城市老年人为子女提供了较高水平的经济资助；二是随年龄增长来自子女的经济支持水平对农村老年人呈现先降低后升高的趋势，而城市老年人的起伏波动较大，但总体随年龄增长下降。总之，无论城市还是农村老年人，所呈现的结果都反映出我国老年人家庭中的经济资源还是以从子女向老年人的“向上”转移为绝对主体。

2.4.6　老年人的养老规划

人口老龄化带来了个体寿命延长和家庭的空巢期拓展，由此对老年期的经济能力和照料资源提出了更高要求。同时，老年人的养老意愿逐渐从主要依靠家庭养老的单一模式转向依靠政府、自身或三者责任分摊的多元主体养老模式。在过去的近三十年间，社会对于养老责任的认定由政府转向个体和家庭。此外，以往三十年间持续推进的社会保障制度转型也对老年期经济保障模式提出了严峻挑战。持续的物价攀升和通货膨胀对货币购买力的削弱，使得养老金的作用日渐衰微（段迎君，2011）。目前国家退休金对于负担退休后的开销助力有限；而对于 32%的已退休人群，预计目前的生活水准只能维持 10 年左右（卫一夫等，2015）。养老金在维持老年人的既有生活方式和生活水准方面已经日益捉襟见肘。上述事实对个体的养老观念和养老规划提出了新的要求。

研究者利用 2014 年中国老年社会追踪调查数据对中国城乡老年人的养老

规划进行了研究，从两个维度分析老年人的养老规划：一是老年人是否为以后的养老做过养老规划；二是养老规划的方式，包括购买房产、出售房产、现金储蓄、购买商业保险、购买土地使用权、转让土地使用权、投资理财等。

分析发现，超过八成老年人尚无明确的养老规划。对于不同队列的老年人来说，年轻一代的老年人相比年长一代老年人更可能进行养老规划（表 2-6）。在进行养老规划的老年人中，超过半数的老年人选择现金储蓄的方式，有 17.06%的老年人选择购买商业保险与投资理财（图 2-21）。而且，较早出生队列的老年群体倾向于采取传统的、风险较低的现金储蓄方式进行养老规划，且方式较为趋同；较晚出生队列的老年群体更倾向于购买商业保险与投资理财、购买/出售房产等多种风险收益较高的规划方式，且方式的选择表现出更强的异质性和多样性。

表 2-6　不同队列老年人养老规划分布

出生队列	样本规模	有规划/%	无规划/%	发生比/%
1929 年及以前	614	12.70	87.30	14.55
1930～1934 年	1 238	16.96	83.04	20.42
1935～1939 年	1 689	17.41	82.59	21.08
1940～1944 年	1 947	20.49	79.51	25.77
1945～1949 年	2 396	20.16	79.84	25.25
1950～1954 年	3 612	23.95	76.05	31.49
总计	11 496	19.78	80.22	24.66

资料来源：中国老龄社会追踪调查 2014 年调查数据

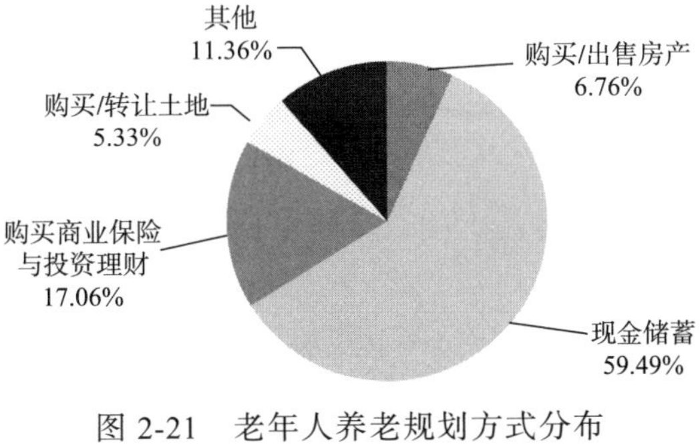

图 2-21　老年人养老规划方式分布

资料来源：根据中国老龄社会追踪调查 2014 年调查数据绘制

对于生活在不同空间的城乡老年人而言，城市、东部地区人群比农村、中西部地区人群更有可能提前进行养老规划。现金储蓄仍是老年人最主要的经济准备手段，但在东部地区及城市老年人群中，购买商业养老保险与投资理财以及购买/出售房产等方式也成为老年人养老规划的另一主要途径。而对于中部、农村老年人而言，他们更倾向于购买/转让土地使用权，土地流转在该类人群的经济养老方面发挥了重要作用。

不同队列、不同区域社会环境下的老年人在养老规划上表现出的行为差异与其所经历的社会情境有关，而这些社会情境还会与老年人个体特征、个体能力相互作用，共同作用于老年人的养老规划。比如，家庭照料资源较少、社会经济状况较好的老年人更有可能提前做出养老规划。这一现象既与个体所面临的现实约束有关，也反映了社会经济状况背后所蕴含的养老意识、观念和规划能力的作用。养老规划也与养老意愿相辅相成，计划依靠子女养老的老年人提前进行经济准备的可能性最低。

2.5　老年人口的健康状况及其异质性

2.5.1　中国老年人口的预期寿命变化

1949 年新中国成立以来，社会经济发展带来了死亡率的下降，老年人口的平均预期寿命也经历了一个持续上升的过程。60 岁的男性和女性人口的平均预期寿命分别从 1953 年的 10.03 岁和 11.98 岁增加到 2015 年时的 19.17 岁和 23.88 岁（图 2-22）。与其他年龄段相比，老年人群平均预期寿命的增幅较小。尽管如此，老年阶段平均预期寿命仍然在 2000 年之后取得了较大的提升。

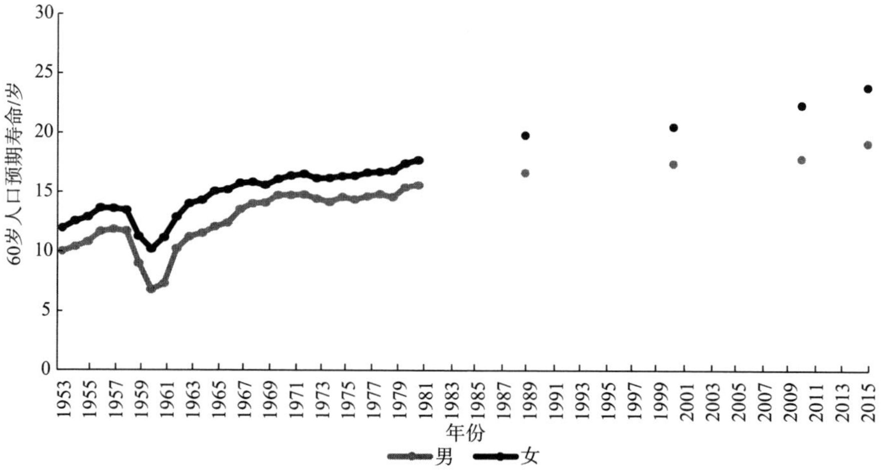

图 2-22　1953～2015 年 60 岁人口的平均预期寿命

资料来源：1953～1981 年数据引自于 Luo（1988）的研究，1989 年、2000 年、2010 年、2015 年数据为使用 Brass Logit 模型调整后的计算结果（下文同）

在平均预期寿命的增长过程中，性别差异始终存在（图 2-23）。60 岁人口的平均预期寿命的性别差异在 1954 年时为 2.14 岁，到 1958 年时为 1.74 岁，1976 年时为 2.02 岁。根据第三、四、五、六次人口普查及 2015 年 1%人口抽样调查，1981 年、1989 年、2000 年、2010 年和 2015 年的 60 岁人口的平均预期寿命的性别差异分别为 2.11 岁、3.15 岁、3.09 岁、4.49 岁和 4.71 岁，整体呈持续扩大趋势。

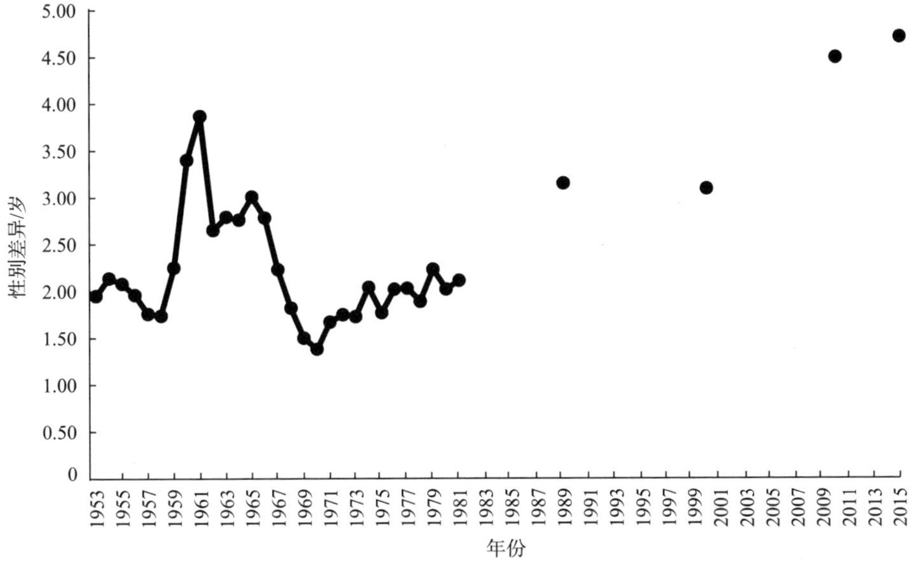

图 2-23　1953～2015 年 60 岁人口的平均预期寿命的性别差异

改革开放以来，由于城乡老年人口死亡率下降速度和平均预期寿命增长速度的不同，60 岁老年人口平均预期寿命的城乡差异逐渐扩大。在 2000 年之前，男性 60 岁老年人口平均预期寿命的城乡差异始终小于女性 60 岁老年人口平均预期寿命的城乡差异；然而，这种情况在 2010 年之后发生了逆转。男性 60 岁老年人口平均预期寿命的城乡差异在 2010 年之后逐渐缩小，到 2015 年时，男性和女性 60 岁老年人口平均预期寿命的城乡差异分别为 3.78 岁和 3.24 岁。

2.5.2　老年人的生活自理能力变化趋势

日常生活自理能力（activities of daily living，ADL）是指老年人独立应对生活的能力，是衡量老年人健康水平、评价老年人生活质量的一个重要指标。在 2010 年的人口普查、2005 年和 2015 年的 1%人口抽样调查中设置了对老年人生活自理能力进行总体评价的相关问题，研究者基于对上述数据的分析发现，老年人口中生活能够自理者的百分比均随年龄提高而不断下降，年龄越大，下降的幅度越大。2010 年与 2005 年相比，男性和女性的自理比重在各年龄段都有较为显著的提高，并且提高幅度随年龄的增长而增加，女性的提高幅度整体高于男性。2015 年较 2010 年的变化幅度则非常微弱（图 2-24）。

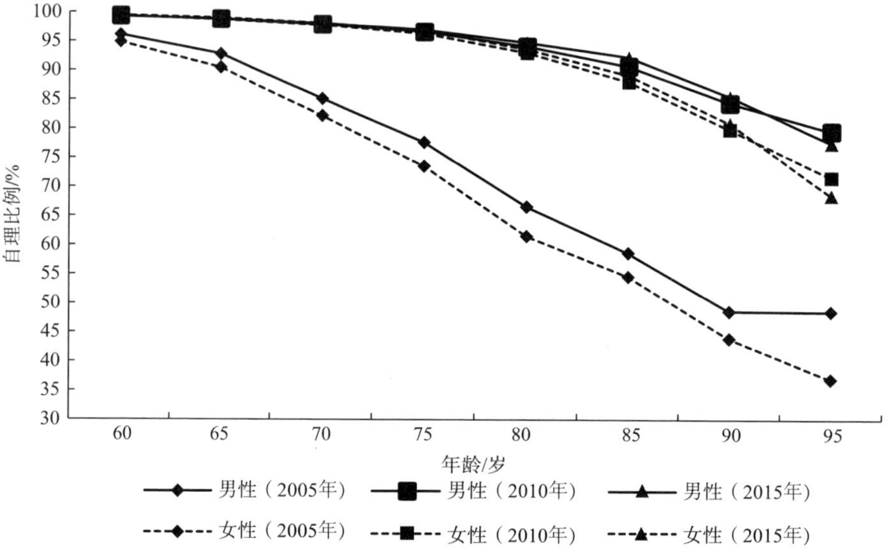

图 2-24　2005 年、2010 年、2015 年分性别老年人口生活自理百分比

资料来源：根据 2005 年 1%人口抽样调查数据、2010 年第六次人口普查汇总数据及 2015 年 1%人口抽样调查数据整理计算

随着社会经济、医疗卫生水平的发展和人民生活水平的提高，老年人的预期寿命和自理预期寿命都在不断延长，但两者的增速不同，自理预期寿命绝对量的变化速度被预期寿命的增加量超越（图 2-25）。若以自理预期寿命占余寿的比重来反映人群的健康结构，可以发现，2005～2010 年，自理预期寿命占余寿的比重显著提高，说明老年人口在活得越来越长的同时也越来越健康，这一结论符合“功能残损的压缩理论”，与大多数学者的观点较为一致。而 2010～2015 年，这一比重在各年龄段都未发生较为明显的变化，甚至出现了轻微下降，可以认为，我国的健康状况已经开始走向“动态均衡”，甚至出现了“功能残损的扩张”趋势。产生这一现象的原因是，在慢性病为主要致死病因的健康转变下，患有慢性病或带残的老年人的寿命也在不断延长，但生命的更多时间却是在不健康的状态中度过。因此，未来医疗技术的发展应该更加注重对老年人群健康结构的改善和慢性病的防治，注重治疗而忽视预防的模式不能长期有效地促进我国人口健康状况的持续优化。

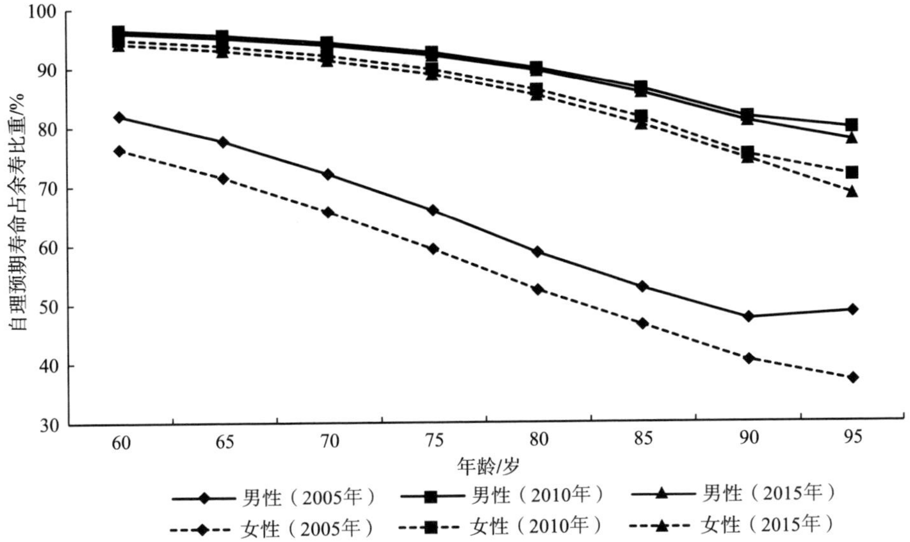

图 2-25　2005 年、2010 年、2015 年分性别老年人口自理预期寿命占余寿比重

资料来源：2015 年数据根据 1%人口抽样调查数据整理计算，2005 年、2010 年数据来源于杨胜慧等（2012）的计算结果

2.5.3　老年人的虚弱指数

虚弱指数是衡量个体虚弱程度或健康损失的综合指标，近年来在病理学、医学、老年学和人口学研究中受到很多关注，被广泛应用于研究老年人的健康和虚弱变化速度。研究团队利用中国老年健康影响因素跟踪调查数据构建虚弱指数，揭示老年人的虚弱变化轨迹以及存在的异质性。研究发现，中国老年人的虚弱程度随着年龄的增加加速上升，但这种加速上升趋势在进入超高龄期的老年人群中逐渐消失，这应该是源于健康的选择性，只有足够健壮的个体方能存活至超高龄期。研究还发现，中国老年人虚弱状况变化轨迹存在明显分化，就同一出生队列中的老年人而言，控制社会经济特征之后，不同个体在虚弱的初始水平与增速上仍存在显著不同。老年个体虚弱程度的变化过程存在累积劣势效应。在控制了性别、受教育程度、民族、童年时期生活状况等社会经济特征之后，较早的出生队列（1937～1946 年）人群在虚弱程度上的内部差异会随着年龄的增大而持续扩大；但在出生年代更早的老年人中，他们之间的虚弱程度差异会随着年老而倾向于越来越小。对此现象可能解释是，随着寿命的延长，能够存活下来的个体在社会经济状况、生活方式、健康禀赋等方面的差距缩小（Yang and Lee，2009）；也可能是生存选择性力量的存在使得存活下来的老年人平均而言表现得不那么虚弱。

2.5.4　老年人的认知能力

1948 年世界卫生组织《组织法》的序言中提出，健康不仅为疾病或羸弱之消除，而系体格、精神与社会之完全健康状态。完整的健康状况包含了身体健康、心理健康和社会适应，心理健康是人类健康的重要组织因素，同时老年人心理健康是老年学和心理学的重要研究领域。中国人口老龄化发展迅速，老年人口的心理健康状况不容乐观。研究者依据中国老年社会追踪调查数据，对我国老年人认知能力和抑郁症状两个主要心理健康指标进行分析，以期较全面地呈现我国老年人心理健康的现状。

研究发现，中国老年人认知功能表现出明显的性别差异和城乡差异。男性得分高于女性；城镇户口老年人得分高于农村户口老年人，农村女性是认知功能最为弱势的群体（图 2-26）。老年人的认知得分随着受教育水平的提高而上升。教育对老年人认知能力的促进作用在女性中表现更为明显。

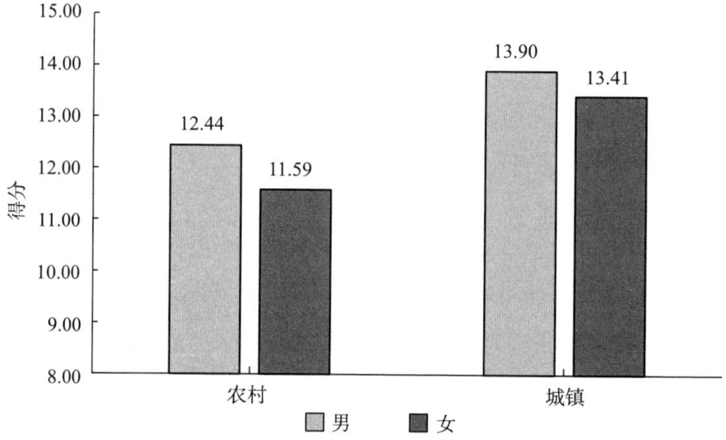

图 2-26　分城乡老年人认知功能性别差异

资料来源：根据 2014 年中国老年社会追踪调查数据计算结果绘制

老年人的认知能力随着年龄的增加，逐渐下降，在 75 岁以后下降速度明显加快，该结果与西方已有研究的发现一致。认知功能的具体维度随年龄变化的轨迹基本相似，稍有差异。时空定向、计算能力和记忆能力三个维度都随年龄上升得分逐渐下降，到 80 岁及以上组出现明显下降（图 2-27）。相对来说，计算能力和记忆能力的年龄发展轨迹较为接近，在 80 岁以前的 4 个年龄组中基本都是线性下降，到 80 岁及以上组出现拐点。而时空定向能力在 70 岁以前比较稳定，随后下降速度逐渐加快。

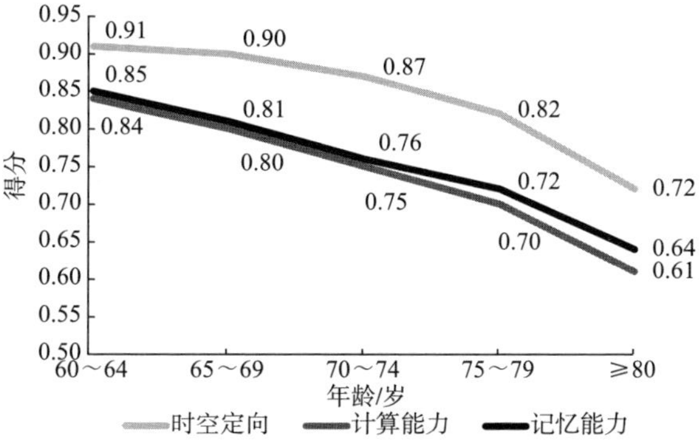

图 2-27　认知功能不同维度随年龄下降趋势

资料来源：根据 2014 年中国老年社会追踪调查数据计算结果绘制

2.5.5　老年人的情绪状态

认知功能正常和拥有良好的正面情绪是老年人心理健康的最基本要求。对老年人的主观心理健康的评估中通常采用量表对被访者的抑郁症状和孤独感进行测量，以了解老年人抑郁和孤独的现状，从而反映老年人的情绪健康状况。在大型调查中，由于研究者无法直接见到被访者，又或者研究者不具备进行诊断的能力，通常会使用抑郁量表来测量被访者抑郁症状的水平，从而判断个体的心理健康状况。通过大型调查数据，研究者可以通过抑郁症状水平了解研究对象的心理健康状况，以对不同人群的心理健康状况进行比较，或研究心理健康的影响因素。研究者以中国老年社会追踪调查数据中的抑郁量表评估信息为基础，对中国老年人的心理抑郁状态进行分析。

研究发现，2014 年我国老年人中约有 11.0%的老人没有任何抑郁症状；有 7.6%的老人表现出较为明显的抑郁症状，有患抑郁症的风险。老年人的抑郁水平存在明显的性别差异和城乡差异（图 2-28）：男性老年人的抑郁症状得

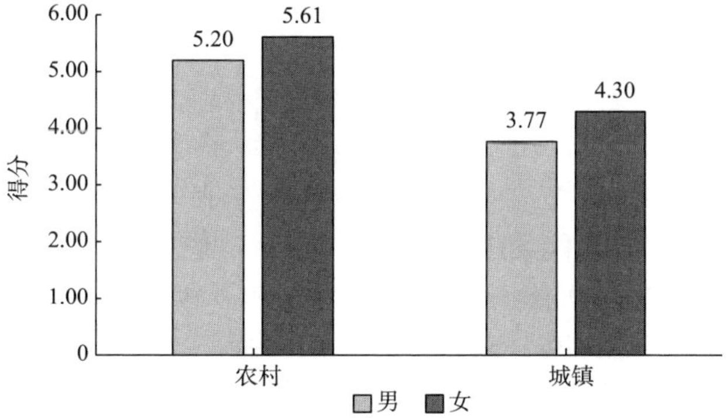

图 2-28　分城乡分性别老年人抑郁症状得分

资料来源：根据 2014 年中国老年社会追踪调查数据计算结果绘制

分低于女性；城镇老年人的抑郁症状得分低于农村老人。无论是在城镇还是农村，老年人的抑郁得分均存在性别差异。

2.6 动态的老年人年龄认定标准

人口学对老年期的定义最早以是否保有生育能力为考量，但之后人们逐渐意识到以生理标准界定老年难以和经济社会发展的现实需要相适应。在联合国的推动下，老年人口问题日益受到重视，老年定义渐渐稳定为 60 岁或 65 岁，统一的老年标准为老龄问题的国际比较提供了可能。但随着人口预期寿命的持续延长，老年定义的动态、弹性变化的重要性日益凸显。一方面，人口的健康素质不断改善，承担工作的能力得以延展。平均预期寿命是健康素质的集中反映，19 世纪末 20 世纪初，西方发达国家的预期寿命只有 50 岁左右，这一时期的心理学家弗洛伊德（Freud）将 45 岁视为老年工人的年龄起点。而今，西方发达国家的预期寿命已经在 80 岁上下，预期寿命的延长延迟了人们生理衰退的进程（张文娟等，2019）。另一方面，工业化和城市化加快推动了机械普及、技术革新，人们的工作性质逐渐转型，工作对体力的要求下降，劳动者因为体能下降而退出劳动力市场步入老年退休期的时间也发生了改变。此外，产业结构升级换代，第三产业和高新产业占据主导，也降低了对从业人员的体力要求。因此，动态、科学地定义老年不仅是人口变迁的必然要求，同时也是社会发展的内在要求。

生理性衰老是以人类的自然属性为基础，无论从其他何种角度定义老年，都不可能置生理性衰老于不顾。生理性衰老可以看作老年定义基准坐标系一条潜在的横轴，但要精确定位老年还要参照其他社会经济依据，才能进行科学合理的判断。

老年定义的第一大社会经济依据是生产劳动。可将具备从事生产劳动的能力、可以达到生产劳动基本要求的这个生命阶段称为“年轻”状态。“年轻”状态能够通过一组可以测量的生理指标来具体规定。在这样的测量基础上，可以编制反映“年轻”状态随年龄变动轨迹的生命表，探究某一队列人口的“年轻”状态能够延续多长时间，多大规模的人口还能保持“年轻”状态。这一生命表可以将 15 岁作为年龄的下限，年龄的上限则取决于处于各年龄上“年轻”状态的人口比例或者说是脱离“年轻”状态转为老年状态的人口比例，而不是直接固定成 60 岁或 65 岁，这个年龄上限也就能够作为从生产上定义老年的起点。此外，“年轻”状态生命表还可以随着时代变化和外界条件变化而不断优化标准、不断更新数据，体现动态、弹性地定义老年的要求。

从生产上将脱离“年轻”状态的人定义为老年，是利用“年轻”状态生命表正向推算的结果，而借助生命表技术进行的逆向推算也能提供老年定义的一种标准和依据。可以以余寿达到某一门槛值时的年龄作为老年起点，莱德（Ryder）在 1975 年率先提出，老年起点是当余寿开始低于 10 年的时候。基于余寿年限来对老年定义进行调整的实质就是认为老年应当是预留下来使人在死亡之前能够享受社会保障、体验闲暇生活的生命阶段，这既承认了人类的生理性衰老，体现人道主义关怀，也肯定了人们的生产劳动价值，激励其在年轻时贡献力量，在政策层面上能够与退休及养老金领取相挂钩。

老年定义的另一大社会经济依据是日常生活。随着生理性衰老的不断恶化，将有相当比例的人逐渐丧失日常生活的自理能力，成为需要护理照料的群体。无法承担生产劳动的人中绝大部分还能实现日常生活自理，因此，可以在“自理”状态生命表的基础上，更进一步地将老年起点设定在普遍或某一比例人群丧失“自理”能力的年龄。这实际上提供了老年定义较为明确的下限，对于更加确切地了解和研究老年护理照料需求具有较高的政策价值。受到两大因素的影响，从生活上定义老年同样也面临着动态、弹性变化的现实要求。一方面，生活环境的极大改善让“自理”对身体素质的要求不断降低，同样身体素质的人在这种情况下可以由无法自理转变为能够自理、由自理较难转变为自理较易，这是自理能力增强的外在因素。另一方面，身体素质提升、预期寿命延长，则是自理能力增强的内在因素，特别是在这一过程中，由于年龄别残疾率的下降，非残预期寿命（亦即“自理”状态预期寿命）也在不断增长，而且其增速通常是与平均预期寿命同样迅速（Scherbov and Sanderson，2016），这对自理水平的影响是尤为突出的。

1. 寿命延长对个体衰老进程的改变

个体的活动能力随着年龄的增加不断下降，活动能力受限甚至失能的可能性上升。那么随着人口预期寿命的延长，老年人口的失能是否会随之持续增加呢？有研究者认为，在不同的人口转变阶段，老年人活动能力衰退趋势会发生改变（Robine and Michel，2004）。研究团队对中国老年健康影响因素跟踪调查数据的分析结果表明，中国老年人的生活自理能力的衰退轨迹与年龄之间的关系并非一成不变，老年人的尚存时间缩短对生活自理能力的影响远超过增龄带来的年龄效应，生活自理能力受损程度随着死亡的临近而上升，临终前几个月进一步加速。在正常的由衰老和慢性疾病所导致的死亡模式下，不同死亡年龄的老年人在生活自理能力发展轨迹上具有一定的趋同性。研究者在比较不同出生队列人群在尚余存活时间中的生活自理能力变化过程后发现，个体处于生活自理能力受限状态的时间相对稳定，随着人口预期寿命的延长，生活自理能力的衰退过程不断延迟（张文娟等，2019）。

研究还发现，老年人的生活自理能力变化轨迹存在强烈的异质性。个体在童年期、成年期和老年期的社会经济状况均会对其生活自理能力衰退过程产生影响，具体表现为受损程度和带残存活时间的差异。上述因素主要通过两种机制发挥作用，第一种表现为通过死亡的选择作用，筛选出生理素质好、失能风险低的个体，降低老年人群的失能风险和长期带残生活的可能性，对于全人群而言，这种机制不会影响个体的生活自理能力变化轨迹，但是会改善对存活下来的老年人群的生活自理能力的评估结果，间接降低失能人群的照料成本。成年期的社会经济状况较差的老年个体在生命历程的最后阶段会呈现出较好的活动能力状态。第二种机制是通过保护作用对个体的生活自理能力衰退轨迹发挥影响，良好的社会经济条件直接或者间接反映为健康的行为习惯、活跃的工作和生活方式、充裕的物质和医疗资源、年龄友好的生活环境等，改善了老年人的内在能力和外在功能表现，进而降低失能风险，减缓老年人失能后的生活自理能力衰退速度，延长带残存活时间，如果这种保护作用是降低老年人的失能风险，比如通过康复护理或者辅助器具改善老年人的生活自理能力表现，则会带来照料成本的减少；若作用于失能人群的死亡风险，比如通过良好的生活照料和健康均衡的饮食提高失能者的生存条件，则更有可能表现为失能照料时间的延长和成本的上升。研究发现，对于社会经济状况较好的群体而言，他们带残存活到老年期甚至高龄期的概率较高；在失能后，在良好的经济状况和充沛的医疗资源的保护下，他们可以长时间地带残存活。目前综合而言，社会经济状况对中国失能老年人生存的保护作用超过对于生活自理能力衰退的抑制作用。

2. 生理年龄的测量

近年来，学者一直致力于构建一个新的指标体系，用以更准确地测量个体的老龄化进程，即反映个体真实的生理年龄（biological age，BA）。生理年龄的获得一方面可以作为强有效的指标来预测老年人的健康变化趋势和死亡风险，及时探测高风险人群。另一方面，利用生理年龄所揭示的老龄化过程中的异质性，在微观层面上可以进一步帮助我们理解健康分化的形成和演变机制，而在宏观层面上也为一些政策的制定提供理论基础。自 20 世纪六七十年代起，研究者开始考虑用生物医学指标（biomarker）作为生理年龄的测量基础（Comfort，1969）。相对于其他的健康测量指标，生物医学指标可以涵盖机体的多个层次与系统，并且这些指标可以既独立又联合，更适合用来构建个体的生理年龄。研究者利用中国健康与养老追踪调查的生物医学指标数据，采用 Klemera-Doubal 方法构建个体的生理年龄，并估计中国老年人的生理年龄。

Klemera-Doubal 方法的基本原理是，寻找一条指标与年龄的回归直线，使得它在 n 维空间中到 n 条生物医学指标与日历年龄的回归直线的总距离最短。我们将这样一条回归直线上的预测值作为个体的生理年龄。更具体来说，假设生物医学指标 X_i 与生理年龄 BA 的线性回归曲线为

$$X_j = a_j + b_j \mathrm{BA} \tag{2-1}$$

个体 i 在该指标上的实际测量值为 x_{ij}，那么此个体在该生物医学指标上的测量水平所揭示的生理年龄水平应该为 $\mathrm{BA}_{ij}=\dfrac{x_{ij}-a_j}{b_j}$。如果一共有 m 个这样的生理生化指标，那么个体 i 的生理年龄的复合估计应该为这 m 个 BA_{ij} $(j=1,2,\cdots,m)$的加权平均值。权重是由残差标准化后的斜率的平方来决定，表示为 $w_{ij}=\dfrac{b_j^2}{s_j^2}$。其中 s_j^2 是回归（2-1）的残差平方和。标准斜率越大，表示该指标与年龄的相关性越强，因此分配给这个指标的权重越大。个体 i 的最终生理年龄 $\mathrm{BA_E}$ 的表达式为

$$\mathrm{BA}_{\mathrm{E}i} = \frac{\sum_{j=1}^{m}\left(\dfrac{x_{ij}-a_j}{b_j}\right)w_j}{\sum_{j=1}^{m} w_j} - \frac{\sum_{j=1}^{m}\left(x_{ij}-a_j\right)\left(\dfrac{b_j}{s_j^2}\right)}{\sum_{j=1}^{m}\left(\dfrac{b_j^2}{s_j^2}\right)} \tag{2-2}$$

值得注意的是，实际上我们是无法测量回归（2-1）中的真实生理年龄 BA 的。在实际操作中，我们用个体的日历年龄 CA 来对生物医学指标作回归，获得回归系数。

Klemera-Doubal 方法还有一个拓展，即把日历年龄也当作一个生物医学指标。它的回归系数自然是 1，方差表示为 s_{BA}^2。那么用日历年龄调整过后的生理年龄 $\mathrm{BA_{EC}}$ 的估计为

$$\mathrm{BA}_{\mathrm{EC}i} = \frac{\sum_{j=1}^{m}\left(x_{ij}-a_j\right)\dfrac{b_j}{s_j^2} + \dfrac{\mathrm{CA}_i}{s_{\mathrm{BA}}^2}}{\sum_{j=1}^{m}\left(\dfrac{b_j^2}{s_j^2}\right) + \dfrac{1}{s_{\mathrm{BA}}^2}} \tag{2-3}$$

其中 s_{BA}^2 的估计为 $s_{\mathrm{BA}}^2=\left(\dfrac{\sum_{i=1}^{n}\left((\mathrm{BA}_{\mathrm{E}i}-\mathrm{CA}_i)-\sum_{i=1}^{n}(\mathrm{BA}_{\mathrm{E}i}-\mathrm{CA}_i)/n\right)^2}{n}\right)-\dfrac{1-r_{\mathrm{char}}^2}{r_{\mathrm{char}}^2}\times$ $\dfrac{(\mathrm{CA}_{\max}-\mathrm{CA}_{\min})^2}{12m}$。而 $r_{\mathrm{char}}=\dfrac{\sum_{j=1}^{m}\dfrac{r_j^2}{\sqrt{1-r_j^2}}}{\sum_{j=1}^{m}\dfrac{r_j}{\sqrt{1-r_j^2}}}$ 是复合相关系数，代表综合了 m 个回归相关系数 r_j 后所得到的日历年龄对生物医学指标的综合解释能力。$\mathrm{CA}_{\max}$ 和 $\mathrm{CA}_{\min}$ 分别为样本年龄的最大值与最小值。在后续研究中，研究者计算了老年人的两种生理年龄（$\mathrm{BA_E}$ 和 $\mathrm{BA_{EC}}$）并发现它们与其他健康指标存在较强的关联。

依据构建生理年龄的标准，研究者从中国健康与养老追踪调查基线数据中包括的 21 种常见的生物医学指标中选取了 17 个与年龄线性显著相关的指标。表 2-7 列出了这些指标的描述性统计特征及其与日历年龄的相关系数和显著性。

表 2-7　用于构建生理年龄的生物医学指标及其统计特征描述

类型	生物医学指标	均值（方差）	与日历年龄的相关系数
免疫系统	c 反应蛋白/（mg/L）	2.8（7.1）	0.09***
	平均红细胞体积/fL	90.8（8.7）	0.10***
	血细胞比容/%	41.7（6.1）	−0.06***
	血小板/（109/L）	211.8（76.8）	−0.06***
代谢系统	高密度脂蛋白胆固醇/（mg/dL）	51.3（15.2）	0.05***
	低密度脂蛋白胆固醇/（mg/dL）	116.9（35.2）	0.04**
	总脂蛋白胆固醇/（mg/dL）	193.7（38.6）	0.02*
	甘油三酯/（mg/dL）	130.4（91.7）	−0.06***
	血红蛋白/（g/dL）	14.3(2.2）	−0.08***
	糖化血红蛋白/%	5.3（0.8）	0.04**
	空腹血糖/（mg/dL）	110.6（36.8）	0.05***
	肌酸酐/（mg/dL）	0.8（0.2）	0.16***
	血清胱抑素 C/（mg/L）	1.0（0.3）	0.40***

续表

类型	生物医学指标	均值（方差）	与日历年龄的相关系数
代谢系统	血尿素氮/（mg/dL）	15.9（4.6）	0.16***
	尿酸/（mg/dL）	4.5（1.3）	0.13***
心血管系统	收缩压/mmHg	131.8（22.1）	0.25***
	舒张压/mmHg	75.8（12.3）	–0.07***

资料来源：2011 年中国健康与养老追踪调查基线数据

***表示 $p<0.001$，**表示 $p<0.01$，*表示 $p<0.05$

采用 Klemera-Doubal 方法构造出来的 BA_E 和 BA_{EC} 与心理健康之外的其他所有的健康测量指标（如自评健康、日常生活自理能力、慢性病状况、认知能力等）都有很强的相关性，而且是生理年龄测量值越高，相应的健康测量指标越差。而且，BA_E 和 BA_{EC} 对各项健康指标在两年间的变化有显著的预测作用。除此之外，生理年龄测量与大部分其他控制变量均有较强的相关性。女性、农村户口、较高的受教育程度和人均个人收入、与孩子同住、参加社会活动、不吸烟、低喝酒频率均对应于较低的生理年龄值。相比 BA_E，BA_{EC} 与各个变量的相关关系更强，这也与 BA_{EC} 纳入了日历年龄有关。

2.7　以健康老龄化应对人口老龄化

中国人口老龄化诞生于中国经济社会发展进程中，与中国的经济发展、社会变迁、环境问题等相互交织、相互影响。相较于世界上其他国家，中国的人口发展与人口转变道路有着自身鲜明的规律和特征。在老年人口规模不断膨胀、老龄化程度持续加深、老年人口年龄结构快速老化、社会养老负担日益沉重的大趋势下，应对老龄化的相关政策方案也层出不穷。一种较为流行的看法是把调整完善生育政策作为应对老龄化的最重要举措，认为只要推行全面二孩政策甚至于更进一步地取消生育数量限制，老龄化的形势就会得到有效逆转，问题也会随之迎刃而解。但实际上，生育政策调整、完善无法扭转老龄化持续加深的形势，无法解决老年人规模膨胀的问题，而且对于减缓老龄化速度、控制老龄化水平的作用也相对有限。生育率下降、寿命延长和人口老龄化是不可逆转的必然趋势。在历史上，人类的社会经济制度、架构，都是基于年轻人口的社会而建立、发展、完善的。发达国家现代化、人口转变、老龄化内生渐进，因而其社会经济制度可以逐步积累雄厚的经济资源、组织资源和制度资源以适应人口变化。而像中国这样的现代化后生国家，人口转变和人口老龄化急剧快速发生，使得社会经济制度与人口结构产生激烈冲突。在应对社会经济制度与人口结构冲突过程中，我们主要应该从改变社会经济制度入手去适应人口变化和老龄化，而不是主要去调整和改变人口趋势去适应社会经济制度。因此，适应、应对乃至引领中国的老龄社会，政府需要在长期发展战略的高度上设计一个基于社会整合的老龄化社会政策体系。

中国目前正处于老龄化高潮期，迅猛的老龄化之势将一直持续到 21 世纪中叶。而这一时期恰逢我国全面实现现代化的新时代和新征程，如何在不断满足全体老人美好生活需要的同时促进经济社会的现代化发展，无疑对我国老龄社会治理提出了严峻挑战。强调“健康、保障、参与”的积极老龄观，一直是 2002 年以来国际社会应对老龄化的基本宗旨。“积极”一词不仅是指老年人在获得健康的基础上积极参与经济社会发展，更是指政府、学界和社会要积极地看待老年群体并有所作为。可见，提高个体在老年期的健康水平是积极应对人口老龄化挑战的核心要义，同时通过构建良好的养老保障体系和有利于老年人功能发挥的社会环境也是其重要抓手。

人口转变伴随着健康转变，而健康转变在不同的国家和地区经历了不一样的发展进程和转变模式。目前中国正处于健康转变的第三阶段，这一时期慢性病问题是实施健康中国战略面临的重要挑战。当前，我国老年人口慢性病患病群体庞大，慢性病和健康风险指标逐步恶化，且农村更为严峻。慢性病成为老年人口健康的主要威胁。因此，当前和未来一段时期内对于慢性疾病的管理和提前干预成为重中之重，同时照护由慢性疾病带来的不同程度的失能老人也成为关键任务。降低慢性疾病的影响，延长老年人自尊、自立的生活时间，不仅会提高个体老年期的生活质量，也会极大地缓解由人口老龄化带来的家庭和社会负担。2015 年，世界卫生组织在其《关于老龄化与健康的全球报告》中将“健康老龄化”定义为发展和维护老年健康生活所需的功能发挥过程，包括内在能力和功能发挥两个维度。在生命历程中，内在能力和功能发挥都会因个体不同时点的选择、环境的干预措施而发生变化，并最终影响个体的健康老龄化轨迹。2015 年联合国发布的《变革我们的世界：2030 年可持续发展议程》中也指出，要“确保健康的生活方式，促进各年龄段人群的福祉”，呼吁各国系统地关注全人口、全生命周期和更为全面的健康问题。我国在《“十三五”健康老龄化规划》中提到：健康老龄化，即从生命全过程的角度，从生命早期开始，对所有影响健康的因素进行综合、系统的干预，营造有利于老年健康的社会支持和生活环境，以延长健康预期寿命，维护老年人的健康功能，提高老年人的健康水平。为了实现慢性疾病干预和对慢性病人群的照护，就需要从科学健身和营养、健康管理和跟踪、疾病识别与诊疗、愈后康复和维护、失能和困境照护等多方面进行布局。同时，结合我国具体的现状，积极探索如何在城乡、区域和不同群体之间全面推进健康老龄化，努力建立一个“不分年龄，人人共享”的老龄社会。

第 3 章　中国健康老龄影响因素与有效干预

北京大学课题组

3.1 “中国老年健康调查”第 8 次调查的扩展及研究资源共享

3.1.1 基本概况

由国家自然科学基金本重大项目课题二、已结题的重点项目和国际合作项目，以及 NIA/NIH 和 UNFPA（United Nations Population Fund，联合国人口基金会）联合资助，我们与中国疾控中心密切合作于 2017～2018 年开展的“中国老年健康影响因素跟踪调查”（简称“中国老年健康调查”）第 8 次调查，于 2019 年 1 月底胜利完成；2019 年上半年完成数据录入和清理。与第 5、6 和 7 次调查类似，第 8 次调查的全国面上调查在 23 个省、自治区、直辖市随机抽取的一半县、市进行，包括：辽宁、吉林、黑龙江、河北、北京、天津、山西、陕西、上海、江苏、浙江、安徽、福建、江西、山东、河南、湖北、湖南、广东、广西、四川、重庆和海南，覆盖了大约 85%的全国总人口。面上调查只有入户问卷访谈调查和应用方便使用的唾液采集器由老人自己采集唾液遗传样本，没有包括医生体检和血尿样检测（Zeng and Zheng，2020）。

为了探索为什么我国有的地区的人比其他地区的人更加健康长寿以达到改善全体中国人民健康的目标，我们在“中国老年健康调查”第 5、6、7 和 8 次调查中选取了八个健康长寿典型调研地区，包括：江苏如东、山东莱州、河南夏邑、湖北钟祥、湖南麻阳、广东三水、广西永福、海南澄迈。这些健康长寿典型调研地区是在中国老年学学会正式评定发布的“中国长寿之乡”中经专家进一步评估而精心挑选出来的。由中国疾控中心环境健康研究所组织“中国老年健康调查”八个健康长寿典型地区调查，除了入户问卷调查之外，还有专业医务人员对受访者进行健康体检，并在完全自愿前提下采集被访者的血液及尿液样本，委托首都医科大学的国家级生物样品检测中心进行生物医学指标检测（施小明等，2020）。

与 2011～2012 年和 2014 年第 6、7 次调查只有随访而未新增样本相比，"中国老年健康调查"第 8 次调查全国面上调查和 8 个健康长寿地区典型调查既有随访，又有新增调查对象以替代死亡和失访者。与第 6、7 次调查相比，第 8 次调查样本量大大增加，使之与 2008 年举行的第 5 次调查样本量完全可比，以便进行 1998～2008 年和 2008～2018 年前 10 年及后 10 年的纵向比较。这是一个非常重要的突破性进展。

"中国老年健康调查"全国面上调查合计完成入户访谈 65+岁存活老人 13 049 人，访谈死亡老人家属 1419 人，失访或拒访率为 14.7%。共完成唾液样本收集 11 210 份。8 个长寿地区典型调查入户访谈和医生体检 65+岁存活老人 2825 人；访问 807 位死亡老人的家属；失访拒访率为 5%。血浆、尿液样本通过冷链运往首都医科大学进行相关生化指标检测，共完成血生化检测 2531 人。全国面上调查和 8 个长寿地区典型调查在知情自愿前提下，总计完成访谈存活老人（包括随访和新增替补）15 874 人，合计访谈 2220 位死亡老人家属，合计失访或拒访率为 11.8%。总共完成遗传样本（包括血样和唾液）收集 13 743 份。

我们对调查数据质量进行了认真评估，撰写了存活老人和死亡老人调查数据质量评估报告，比较令人满意，第 8 次调查数据已经于 2020 年 3 月中旬向学界免费开放。

3.1.2　关于老年心理健康数据收集的扩展

1. 加强老年认知功能及心理健康数据收集的重要科学意义

随着我国经济社会发展和人口家庭结构变迁，空巢老人越来越多，传统的家庭支持精神慰藉功能弱化，老年人在精神健康方面所面临的问题日趋严重。例如，阿尔茨海默病发病率随年龄呈指数增长，年龄每增加 5.9 岁，阿尔茨海默病发病率翻一倍，从 60～64 岁的 3.1‰到 95 岁以上的 175‰（WHO，2012b）。当前中国约有 950 万阿尔茨海默病患者，约为 1990 年的 3.58 倍。研究显示，与 1990 年相比，2013 年中国阿尔茨海默病死亡率上升 121%（GBD 2013 Mortality and Cause of Death Collaborators，2015），阿尔茨海默病已成为仅次于心血管病、癌症和脑卒中的第四大杀手（Prince et al.，2015）。最近一项对全国 2000～2012 年发表的 46 篇社区老年期抑郁研究进行的荟萃分析显示，60 岁及以上人群的抑郁障碍率约 22.4%，我国当前大约有 4356 万名老年抑郁患者，高龄、独身以及农村老人抑郁障碍比例更高。根据世界卫生组织测算，中国精神疾病负担到 2020 年将上升至疾病总负担的 1/4。课题二副组长雷晓燕等的研究发现，我国中老年人群抑郁症状的发生率远超过印度尼西亚等其他东南亚国家（Lei et al.，2014）。Zeng 等（2017）的研究表明，1998 年至 2008 年期间，我国高龄老人各年龄组的认知功能均显著下降。

认知功能和心理健康对生理健康、治疗、康复和社会参与都有至关重要的影响，许多研究发现“无心理健康则无健康”，因为心理障碍会增加患病概率，负面情绪和抑郁往往是生理健康问题的前兆（Prince et al.，2007）。世界精神卫生联盟提出的口号是：“没有精神健康就无法真正实现健康”。老年人罹患认知功能损伤和心理障碍的风险较高，若不加以防范，则会给家庭和社会带来巨大负担。研究显示，在控制慢性病等协变量的影响后，老年抑郁症与医疗费用大幅度增长显著相关（Unützer et al.，1997）。显然，加强对老人认知功能与心理健康及其影响因素的数据收集和深入研究对于实现健康老龄化和改善亿万民众生活质量具有重大意义。

目前我国除“中国老年健康调查”以外，对全国高龄老人认知功能和心理健康的调查几乎没有，已有的关注高龄老人相关调查多局限于某一地区。“中国老年健康调查”的 1998～2014 年前七次跟踪调查数据为各界学者研究中国老年人认知功能和心理健康影响因素提供了多项测量指标，包括国际通用的简易精神状态检查（mini-mental state examination，MMSE）量表和情绪相关问题，来测量老年人的心理健康水平；这些数据已被学者广泛使用，产生了丰硕成果，发表在国内外著名期刊上。然而，我国老龄健康相关调查对于认知功能和心理健康数据的收集仍然难以满足当前和今后因老年心理障碍比例和人数较快增长产生的研究需求，例如，“中国老年健康调查”前七次调查仅采用 MMSE 量表来评估认知功能，而 MMSE 对于中重度认知受损和阿尔茨海默病早中期症状灵敏度较高，但对于轻度认知受损灵敏度较低，而轻度认知受损者是阿尔茨海默病发生的高危人群，他们处于认知功能干预的关键时期。因此，2017～2018 年进行的“中国老年健康调查”第 8 次调查显著扩展了老年认知功能测试，增加了对轻度认知受损具有更好灵敏度的简明社区阿尔茨海默病筛查量表，以及老年人认知功能下降知情者问卷测试等相关内容，结合 MMSE 测试对老年人认知受损进行筛查，为开展认知受损的早期干预工作奠定了坚实的数据和研究基础。

2. 存活老人问卷的显著扩展

①“B2 性格和情绪特征”部分，在原有 4 个问项基础上，新增 4 项取自国际通用的“积极消极情感简明量表”情绪问项。

②“B3 抑郁量表（流调抑郁自评量表）”，在“中国老年健康调查”问卷原有的与抑郁相关的 6 个问项基础上，新增了 4 个国际通用的抑郁相关问项。

③“C6 简明社区阿尔茨海默病筛查量表（认知功能部分）”（Community Screening Instrument for Dementia；Cognition），在“中国老年健康调查”原有与简明社区阿尔茨海默病筛查直接相关 5 个问项基础上，新增 7 个国际通用的阿尔茨海默病筛查问项，合计 12 个问项组成同时适合高龄和较低龄老人的“简明社区阿尔茨海默病筛查量表（认知功能部分）”。

考虑到老年（尤其是高龄老人）问卷访谈调查时间不宜太长，在新增上述显著扩展老年认知功能和心理健康数据收集问项同时，我们经过仔细论证，删除了已被多期数据分析证明对老年健康研究意义不太大的原 A5-3、D7-7、D7-8、D7-9、D7-10、F4-1a 和 F4-3 等问项。

3. 访问死亡老人家属问卷的显著扩展

新增了关于“死亡老人死亡前 3～6 个月认知功能的知情者问卷”16 个问项；同时删除了已被多期数据分析证明对老年健康研究意义不太大的原 1、2-3、2-5、21-1 和 27-4 等问项。

毫无疑问，显著扩展老年人认知功能和心理健康数据收集，大大有助于国家和社会更好地了解老年人（尤其是最需照料的高龄老人高风险人群）的认知功能和心理健康状况，有利于广大研究人员结合“中国老年健康调查”已有的非常丰富的个体层面数据（包括心理生理健康、社会经济行为和遗传基因）以及社区环境数据，进行更加深入的跨学科研究，搞清楚认知功能和心理健康的影响因素，为认知功能有效干预策略和措施的制定奠定科学基础，从而为国家应对人口老龄化严峻挑战做出突出贡献，具有重大的科学和现实意义。

3.1.3　“中国老年健康调查”三个专题研究数据集

在“中国老年健康调查”跟踪调查数据已公开发布并得到广泛应用基础上，我们于 2017 年 10 月在北京大学开放研究数据平台（http://opendata.pku.edu.cn/），向学界和社会发布以下与老年健康调查对象个体数据有机链接整合的三个专题数据集，欢迎国内外同仁免费使用。

1. 老年调查对象的成年子女配对数据

我们于 2002 年和 2005 年在 8 个省市（广西、广东、福建、江苏、浙江、山东、北京、上海）收集了 4478 位老人与其 35～64 岁成年子女配对的家庭以及代际关系互动十分详细的两次跟踪调查数据。

2. 中国老年健康影响因素生物医学指标数据

我们在 2009 年、2012 年和 2014 年进行的 8 个健康长寿地区典型调查中，与中国疾控中心密切合作，组织医生对老年调查对象进行健康体检，采集及提取生物医学指标共 7334 人，包括血常规检查、尿常规检查及血浆生化检查等三方面共 30 多项生物医学指标。

3. 中国老年健康影响因素跟踪调查社区数据

具体包括全国 23 个省、自治区、直辖市 860 多个县、县级市或区的社会经济、医疗和老龄服务、空气污染和其他环境污染等社区信息，并与中国老年健康调查个体数据相匹配和有机链接。

3.1.4 “中国老年健康调查”研究资源共享数据库

中国老年健康调查 1998～2018 年在全国 23 个省、自治区、直辖市随机抽取大约一半县市进行 8 次跟踪调查，累计入户访问 11.3 万人次，其中最需照料的 80 岁及以上高龄老人占总样本 67.4%，其余为较低龄老人和中年对照组，包括：2.01 万人次百岁老人，2.68 万人次 90～99 岁老人，2.93 万人次 80～89 岁老人，2.01 万人次 65～79 岁老人，1.12 万人次 35～64 岁中年人；同时访问 2.89 万位 65+岁已死亡被访老人的直接家庭成员，收集了老人死亡前健康状况、生活质量与医疗和照料需求成本等详细数据。1998～2018 年 8 次跟踪调查同时合计收集 4.08 万位被访者的血样或唾液遗传样本，包括 8431 位百岁老人、8773 位 90～99 岁长寿老人、8860 位 80～89 岁老人、10 139 位 65～79 岁老人和 4609 位 40～64 岁中年对照组，及其长期跟踪调查数据。“中国老龄健康调查”数据库已成为世界上高龄老人样本量最大、有足够中低龄老人和中年对照组样本、最具研发潜力的关于改善老龄健康保障机制和科学管理效益的研究数据资源。

“中国老年健康调查”1998～2018 年 8 次老龄健康跟踪调查合计 11.3 万人次跟踪调查数据在删除个人隐私信息后已向社会和学界免费开放，包括：存活老人生理心理健康、认知功能、社会参与、行为、饮食营养、生活习惯、社会经济状况、家庭结构、代际关系、老年家庭照料需求、照料提供和成本等非常丰富的个体微观数据以及 65+岁已死亡老人死亡前健康状况、照料成本与生活质量等丰富的个体微观数据，除了为国家健康老龄化科学决策应用研究服务外，已通过北京大学开放研究数据平台和中国人口与发展研究中心执行的“国家人口宏观管理与决策信息系统”（Population Administration Decision Information System，PADIS）和“全民健康保障信息化工程”数据库平台向学界和社会开放，可免费使用。

3.2 老年健康特征、时空动态变化及其影响因素

3.2.1 老年人口高龄化是“胜利的成本”还是“胜利的失败”？

基于对“中国老年健康调查”近两万名 80+岁高龄老人数据分析，我们的研究发现，对于 2008 年 80～89 岁、90～99 岁或 100～105 岁的男女高龄老人，其死亡率比早出生 10 年、1998 年调查时处于同样三个年龄组的高龄老人有所下降，年均变化率在–0.2%～–1.3%，而其日常生活自理能力残障指数也有显著下降，年均变化率在–0.8%～–2.8%（图 3-1 和表 3-1）。但是，2008 年调查时 80～89 岁、90～99 岁或 100～105 岁的男女高龄老人的躯体功能指数比早 10 年出生、1998 年调查时处于同样三个年龄组的高龄老人不但没有改善，反而全部显著变差（见图 3-2），年均变化率在–0.4%～–3.8%（表 3-1）。而针对简易精神状态量表的数据分析表明，2008 年调查时 80～89 岁、90～99 岁或 100～105 岁的男女高龄老人的认知功能指数比早 10 年出生、1998 年调查时处于同样三个年龄组的高龄老人全部显著变差（图 3-2），年均变化率在–0.7%～–2.2%（表 3-1）。

如何理解上述表面上看似乎互相矛盾的现象？我们认为可从两个方面来解释。其一，近十几年来生活水平的提高、医疗进步和健康生活方式的改善，使得主要慢性病的死亡风险和致残率下降，从而使高龄老人年龄别死亡率下降和健康状况有所改善，导致日常生活能力残障比例下降，即体现了“病残压缩理论”效应（Christensen et al.，2013）。但是，与此同时健康较差的高龄老人存活率也有所提高，不少按以前医疗和生活条件可能已死亡的高龄老人被“救”，导致高龄老人的平均躯体功能残障率增高，即反映了“病残扩张理论”的效应（Waidmann et al.，1995）。也就是说，本章的实证数据分析证明了“病残压缩理论”效应和“病残扩张理论”效应在中国高龄老人群体中同时存在并产生协同作用（Zeng et al.，2017）。其二，高龄老人日常生活自理能力残障情况既取决于老年人自身健康状态，又取决于日常生活（室内行走、如厕、洗澡）的辅助设施条件是否具备。近十几年来中国高龄老人日常生活自理能力的提高，除了老年人自身能力确有改善外，也与改革开放以来，生活水准的迅速提高、日常生活辅助设施可得性大大增强有关。这种经济水平的大大提升，使得老人日常生活的辅助设施条件不断改善，由此可以部分解释为何日常生活自理能力残障比例在近期高龄老人比 10 年前相同年龄组显著下降。

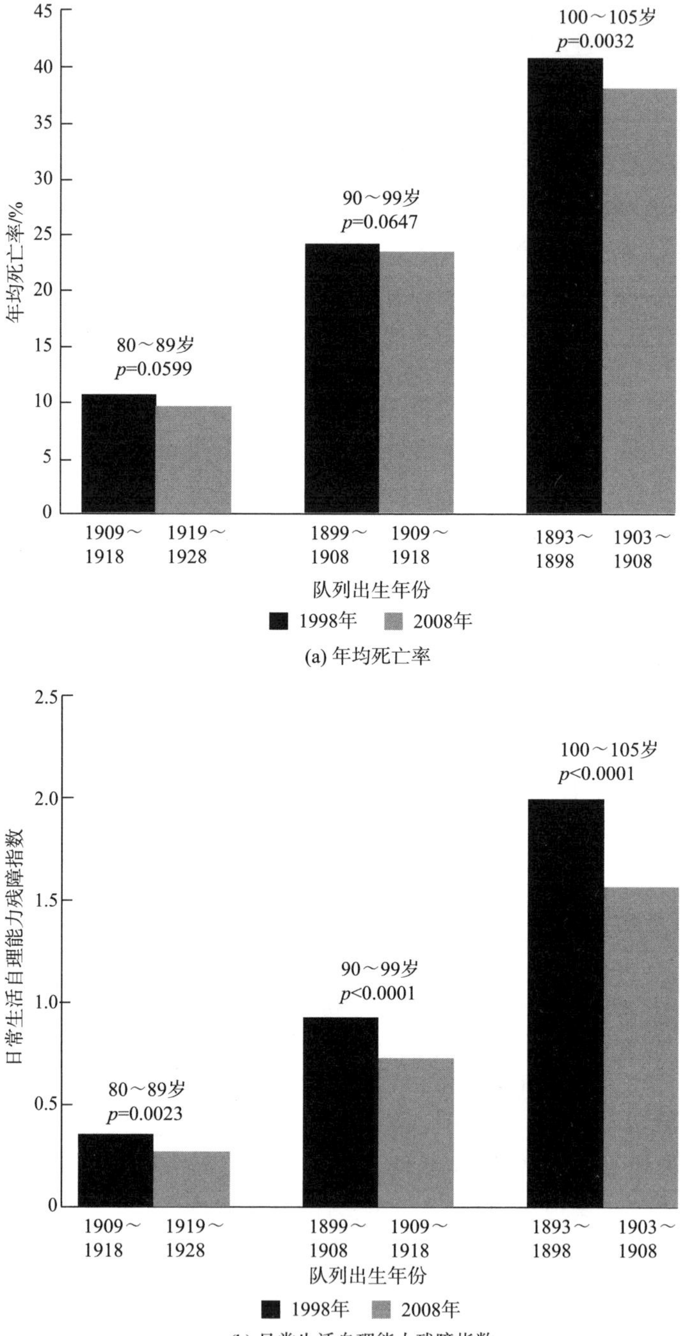

(a) 年均死亡率

(b) 日常生活自理能力残障指数

图 3-1　1998 年和 2008 年高龄老人年均死亡率和日常生活自理能力残障指数的比较

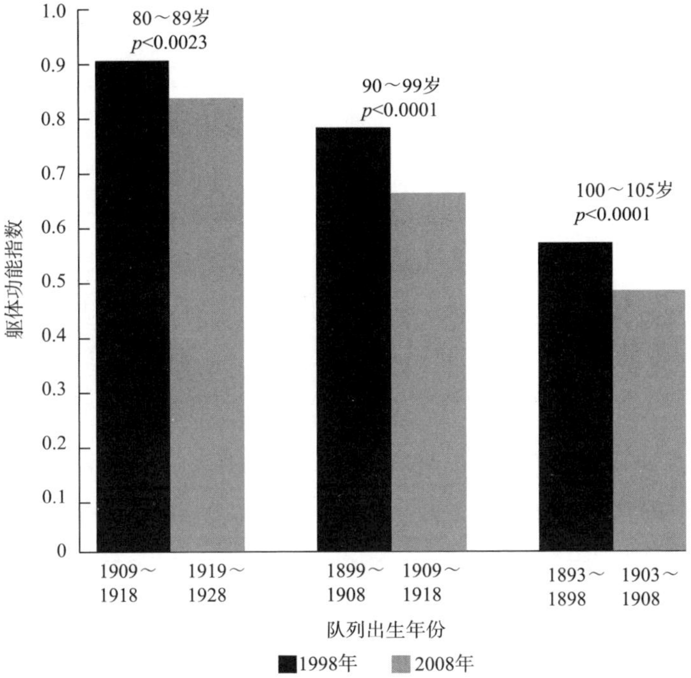

(a) 躯体功能指数

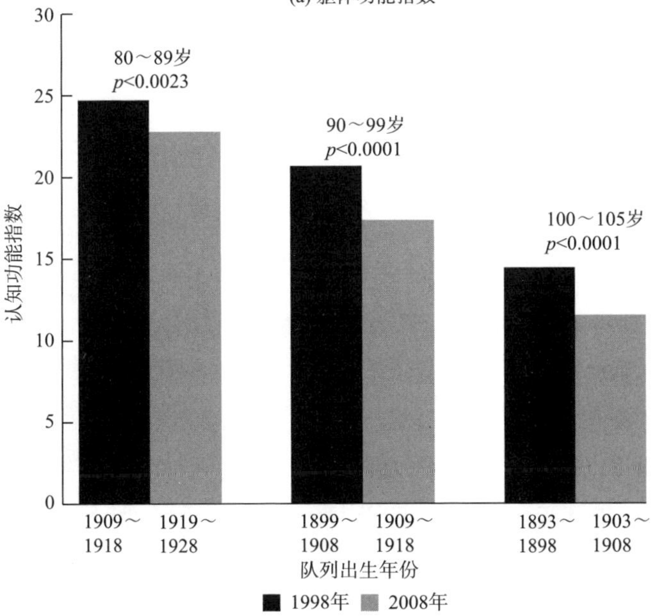

(b) 认知功能指数

图 3-2　1998 年和 2008 年高龄老人的躯体功能指数和认知功能指数的比较

表 3-1　1998～2008 年高龄老人年龄别死亡率、日常生活自理能力残障指数、躯体功能指数和认知功能指数的年均变化率

项目		1998 年和 2008 年调查时 80～89 岁，出生间隔 10 年的高龄老人队列的年均变化率			1998 年和 2008 年调查时 90～99 岁，出生间隔 10 年的高龄老人队列的年均变化率			1998 年和 2008 年调查时 100～105 岁，出生间隔 10 年的百岁老人队列的年均变化率		
		男女合一	男性	女性	男女合一	男性	女性	男女合一	男性	女性
年龄别死亡率年均变化率		−0.7%$^{\#}$	−1.3%$^{\#}$	−0.3%	−0.3%$^{\#}$	−0.6%	−0.2%	−0.7%**	−1.0%$^{\#}$	−0.4%*
日常生活自理能力残障指数年均变化率		−2.4%**	−2.8%*	−2.5%*	−2.3%***	−2.2%**	−2.3%**	−2.3%***	−0.8%**	−2.8%***
躯体功能指数年均变化率	从椅子上站起来	−0.7%***	−0.6%***	−0.9%***	−1.0%***	−0.8%***	−0.9%***	−0.8%***	−1.0%**	−0.5%*
	从地上捡起一本书	−0.6%***	−0.4%***	−0.6%***	−1.3%***	−1.1%***	−1.4%***	−1.3%***	−1.4%**	−1.0%***
	自转一圈	−1.1%***	−0.9%***	−1.4%***	−2.7%***	−2.4%***	−2.8%***	−3.3%***	−3.8%***	−2.8%***
认知功能指数年均变化率		−0.8%***	−0.7%***	−0.9%***	−1.6%***	−1.4%***	−1.7%***	−2.2%***	−1.7%***	−2.2%***

#表示 $p<0.1$；*表示 $p<0.05$；**表示 $p<0.01$；***表示 $p<0.001$

根据以上发现和分析，我们认为，国际相关文献中与“病残扩张理论”广泛并行使用的“胜利的失败”的理论概念太过悲观，所以建议将它修正为更加客观准确的理论概念“胜利的成本”，并将“胜利的胜利”相应修正为“胜利的效益”。其核心思想是：人类寿命提高（胜利）带来效益的同时，也有一定的成本，而这种成本不是以往不少国际文献所称的“胜利的失败”，因此没有必要为此而恐慌，但需要积极奋发应对，研究制订和实施一系列行之有效的政策措施，全社会共同努力，争取实现人口和经济社会健康老龄化。

3.2.2　中国老年人口生理健康状况的变动趋势、特征和影响因素研究

基于“中国老年健康调查”数据分析，我们团队对中国老年人口生理健康状况的变动趋势、特征和影响因素进行了深入研究，从流行病学转变、社会经济地位、丧偶、生育史、老年人低体重指数等宏观、中观、微观的社会因素、家庭因素和个人因素等角度，分析研究这些因素对老年人口慢性病患病情况、自评健康和死亡风险的影响。研究发现，当前我国老年人口出现“病

痛老龄化”的现象，老年人口慢性病患病比例逐年攀升，所患疾病类型正在由传统型疾病向现代型疾病转变。在这一转变过程中，从社会影响因素来看，社会经济地位较高的群体更容易患有现代型疾病，社会经济地位较低的群体更容易患有传统型疾病，不同的健康行为方式、肥胖、生活条件等因素起到中介作用。从家庭影响因素来看，生育史、丧偶是重要的因素，初次生育过早、未曾生育会减少老年女性的存活时间；再婚、与子女同住和减少啃老有利于提高老年人口的心理健康状况。从个人因素来看，低体重指数将会增加老年人口的死亡风险（张浩和李建新，2018）。这些成果为提高老年人口生理健康状况、出台相关政策干预措施提供了研究支持。

3.2.3　高龄老人的健康变化轨迹异质性

我们团队采用1998～2018年“中国老年健康调查”的8次跟踪调查数据，基于组基轨迹模型，探索了高龄老人的日常生活自理能力失能发展轨迹、认知功能变化轨迹及其分别对应的死亡轨迹，并从人口学特征、社会经济情况、儿童期特征等角度对轨迹类型归属进行解释（胡晓茜等，2019）。分析结果表明，高龄老人的健康变化轨迹存在异质性，失能发展轨迹可以分为3种类型，认知功能发展轨迹可以分为4种类型。女性高龄老人更容易归属到不利的健康变化轨迹类型中，同时居住地和职业类型与轨迹类型归属有关联（Hu et al.，2019）。因此，政府应重视对高龄女性高强度的照料需求和照料负担，适当加强对她们的帮扶和保障力度，并推进长期照护体系建设，努力满足家庭和社会对长期照护的迫切需要。同时，国家应进一步加大对农村地区的医疗卫生支出，改变卫生资源分布不均衡的格局，减小健康公平的城乡差距。

3.2.4　中国老年健康长寿影响因素研究

我们团队聚焦中国老人健康长寿以及死亡的影响因素研究，重点分析了饮食、运动、吸烟、饮酒、性格情绪、自评健康、环境等因素对健康长寿的影响。主要创新发现包括：①应用中国老年健康调查数据库，建立了“简化健康饮食指数”，这一简化指数与健康长寿有显著的线性相关关系（Zhou et al.，2016）；②创立了适合中国老年健康调查队列和数据库的综合健康生活方式指数，并首次得出在我国高龄老人中综合健康生活方式指数与健康长寿显著相关，为在整个生命周期（包括80岁以上高龄老人）健康生活方式的作用研究领域提供了新的科学证据和政策支持；③在一系列的生理、认知、心理、社会参与和自评健康等因变量分析研究中，我们深入剖析了这些因素与健康长寿的关系是否受到其他因素如性别、年龄、城乡、教育水平和疾病状况的影响，并进行了国际比较分析。

3.3　深入分析老年认知功能和心理健康特征及其影响因素

3.3.1　中国老年人群认知功能变化轨迹及其影响因素研究

基于“中国老年健康调查”随访数据，我们深入分析了中国 65 岁及以上老人的认知功能变化轨迹，并分析了认知功能变化轨迹的相关影响因素，我们发现基线认知功能、年龄、受教育年限、婚姻状况及睡眠时长等指标与认知功能的变化轨迹显著相关（Gao et al.，2017）。本章研究结果提示认知功能随年龄增大不意味着一定显著下降，那些自觉认知下降的人应积极寻求专业帮助，另外，提高公众文化水平、维持良好的婚姻关系及改善老年人的睡眠对维持良好的认知功能具有重要实践意义。

3.3.2　睡眠时长对老年认知功能的影响研究

应用“中国老年健康调查”数据，我们深入分析了睡眠时长与认知功能的关系，研究结果提示睡眠时间大于等于 10 小时者发生认知功能损害的风险较 6～9 小时者更高，其中男性、高龄及非文盲群体中睡眠时间大于等于 10 小时者发生认知功能损害的风险更高（王华丽等，2021）。该部分研究提示老年人群合理安排睡眠时间对预防认知功能损害甚至阿尔茨海默病的发生可能有重要意义。

3.3.3　深入分析老年认知功能下降与生理健康及死亡的关系

我们使用“中国老年健康调查”数据，深入分析了老年人群认知功能下降速度与生理健康及死亡的关系，发现控制基线认知功能和其他混杂因素后，老年认知功能下降速度与生理健康及死亡风险呈单调正相关关系，即认知功能下降速度越快，生理健康恶化和死亡风险越高，尤其是对相对年轻、基线认知功能正常的人群（Lv et al.，2019）。该研究结果提示，使用 MMSE 量表或其他简易的认知功能筛查工具监测认知功能的变化具有重要的公共卫生意义，监测老年人群认知功能的变化对降低老年人群健康状况恶化及死亡风险有重要实践意义，尤其是对相对年轻、认知功能正常的老年人。

3.4　老年社会参与、生活满意度、生命历程和代际关系及其对生理心理健康的影响研究

3.4.1　老年人群社会参与对认知功能的影响

充分利用“中国老年健康调查”2002～2014 年五次随访数据，我们从老年人社会参与、社会人口特征、生活方式、营养及躯体健康等方面探讨了老年人群认知功能的影响因素，并探讨了基线、随访期间认知功能的衰退与死亡的关系以及社会参与等因素的作用，发现不同性别、不同年龄组、不同文化程度人群认知功能变化趋势不同，社会参与等因素的作用程度也不一样，不同年龄组认知功能对死亡的预测价值也不同（王华丽和吕晓珍，2021）。

3.4.2　老年人社会参与和自评健康相互影响研究

我们充分利用中国老年健康调查数据，深入开展了“中国老年人社会参与和自评健康相互影响关系”的实证分析，得出了社会参与对老年健康至关重要必须引起社会和政府高度重视的结论。

3.4.3　老年人健康和生活满意度的自我评价及其影响因素研究

对于“老年人健康和生活满意度的自我评价及其影响因素”研究，我们应用“中国老年健康调查”2011 年和 2014 年两次调查数据，分析在此期间个体或家庭因素的变化对老年人自评健康和自评生活满意度的影响。多变量统计分析结果显示，家庭经济状况改善和享有医疗保险对老年人的自评生活满意度改善有显著的积极作用，而享有养老保险和医疗服务利用并未起到预期作用。在对自评健康改善的影响方面始终存在显著的城乡差距，居住在城市和镇的老年人具有明显优势，更有可能从最近的社会经济变革中受益。研究应用跟踪调查同一批老年人，可以较为有效地推断政策、制度和社会经济变化的作用（郑真真和封婷，2018）。研究发现说明，本应惠及广大老年人口的国家层面战略、规划、政策及其实施，具有明显的滞后效应和城乡差异，而老年保障在改善老年人生活质量方面尚未起到显著作用。

3.4.4　从生命历程角度深度研究老龄健康的影响因素及其社会经济机制

对于“早期的社会经济因素对中国老年人健康轨迹的影响”研究，我们

利用“中国老年健康调查”大型数据库，从儿童期和中年期生命历程的社会经济因素寻找影响老年人健康状况差异的原因及其社会经济机制，并提出对策思考和建议（Hu et al.，2019）。

3.4.5　代际关系对老年人死亡风险影响研究

对于“代际关系对老年人死亡风险的影响”研究，我们应用“中国老年健康调查”2002～2012 年四期追踪调查数据，使用倾向值加权方法、虚弱指数 Cox 模型（frailty Cox model）去寻找代际关系对老人死亡风险的影响作用和机制。研究结论为：和睦的代际关系（含物质互动、日常互动以及子辈对父母辈的精神抚慰）有效降低了老年人的死亡风险；得到儿媳妇帮助有助于降低女性老年人的死亡风险；由同住变为不同住老人的死亡风险最高（李春华和吴望春，2017）。

3.5　老年人临终关怀研究

3.5.1　中国老年人去世原因和去世地点的研究

我们利用“中国老年健康调查”数据分析表明，我国人口死亡率不断下降促使更多老年人存活至高龄，但他们更可能患有慢性疾病并因此去世。中国老年人去世原因和去世地点的现状引起我们思考人们如何离世以及临终关怀问题，人们已经开始思考和讨论死亡准备和生前遗嘱的问题，更多的中国人了解到这是人们决定如何离世的一个可供选择。随之而来的是对临终关怀的呼唤。然而，与临终关怀的需求与服务提供相比，我们的前面还是一条漫长的努力之路（Zhou，2016）。

临终阶段是人生的一个特殊阶段，关注这一时期生活质量问题更能凸显社会的进步与对逝者的人文关怀。目前老年人临终去世问题还未引起社会的足够重视；这与临终关怀也仅仅是在最近几十年才在中国开始受到关注有直接的关系。周云教授在山东乳山市农村地区访谈了经历过长辈去世的村民，通过他们的记忆，研究了去世老年人的家人对老年人去世时健康状况的认识、照料提供的类型与模式、照料过程的主观感受以及对老人去世原因的解释等（周云等，2018）。文章从临终照料的主体——临终者和照料者的角度，力争对临终照料研究做出有益贡献。

3.5.2　中国老年人临终前生活质量和临终关怀的研究

应用“中国老年健康调查”2008～2014 年三期跟踪调查数据，我们从健康状况、家庭和社会支持以及离世地点三个方面分析了近年来老年人临终生活质量的基本情况。研究发现，1/3 老年人临终神志不清醒，至少七成在临终前卧床不起，超过八成的老年人在临终前需要完全依赖他人照料。大多数高龄老年人临终前已经丧偶，不过绝大多数都住在家中。老年人的临终照料主要依靠家人，子女、孙子女及其配偶既是重要的照料者，也多是与老年人同住的家庭成员。大多数老年人在家中去世，享有医疗保险的城市老年人在家中去世的比例相对农村老人较低。未来的人口与家庭变化将导致家庭照料能力明显下降。缩短老年人完全失能期、改善老年人的认知健康以及高质量的照料都有助于改善老年人的临终生活质量，而来自社会服务的支持也至关重要。老年人临终照料问题与长期护理具有不同特点，需要引起公共政策和社会的更多关注（郑真真和周云，2019）。此外，本章研究也提示，不少老年人是在患病相对少、生活状态相对好的情况下离世的，这些老年人也应该是研究关注的对象。我们可以从他们的生活归纳出一定的经验，丰富健康、无痛苦离世的知识和实践，以期不断提高老年人的临终生活质量。

3.6　家庭人口预测、老年健康与家庭照料需求/成本预测以及健康期望寿命研究

3.6.1　全国和 31 省区市分城乡家庭人口预测和未来老年健康与家庭照料需求/成本预测分析

我们与中国人口与发展研究中心及神州医疗密切合作，并获得国家统计局人口和就业统计司和局领导大力支持，同意我们到统计局使用 2010 年普查 10%微观数据（样本量为 1.34 亿人），提取所需要的变量信息，开展了以下深入分析。

（1）根据分省区市的人口普查等各种数据来源，我们估计了排除漏报并经过反复认真验证的 2010 年全国及 31 省区市分城乡分胎次的总和生育率。

（2）根据 2010 年人口普查 10%微观数据库里包括的普查时点前一年内城乡育龄妇女是否生育、何年何月生育和胎次等详细信息，我们估算了全国，东北、东部、中部、西南和西北五大区域，以及 31 个省区市合计 148 套分城乡单岁年龄孩次别生育率和单岁年龄孩次别生育发生/风险率，并根据各省市自治区人口普查和其他数据来源估算与验证的 2010 年调整漏报后的城乡总和生育率，对各大区域和各省区市城乡年龄别生育率漏报进行了适当调整。

（3）根据 2010 年人口普查 10%微观数据库里包括的初婚年月信息，我

们估算了普查时点前一年全国，东北、东部、中部、西南和西北五大区域，以及 31 省区市 148 套分城乡男女单岁年龄别初婚频率和初婚发生/风险率。

（4）我们整合“中国家庭追踪调查”（China Family Panel Studies，CFPS）2010 年、2012 年、2014 年、2016 年和 2018 年五期调查数据（合计总样本量 17 万余人），估算了全国及五大区合计 36 套分城乡男女单岁年龄别离婚、离婚后再婚以及丧偶后再婚的发生/风险率。

（5）我们根据 2010 年人口普查数据和中国疾病预防控制中心关于死亡监测与死亡漏报的相关数据，以及国内外相关文献的认真检索分析，对 2010 年人口普查中 31 省区市原始死亡数据进行了描述分析，指出原始数据中可能存在的问题，估计了排除漏报后的 2010 年 31 省区市分城乡男女婴儿死亡率，1～4 岁幼儿死亡率，并分年龄组对城乡死亡数据进行了适当调整，对调整后的城乡男女年龄别死亡率进行平滑处理，得到了城乡男女零岁预期寿命。我们根据分省区市的各种相关人口数据来源、教育水平和人类发展指数以及相关文献，对 31 省区市城乡男女零岁预期寿命进行了进一步估算和调整，进而构建了可供学界同仁和政府及企业部门使用的全国和 31 省区市 128 套分城乡男女 0～100 岁单岁生命表。

（6）根据 2010 年人口普查 10%微观数据库，我们估算了普查时点前一年 31 省区市 124 套分城乡男女年龄别迁入率和迁出率标准模式以及全国和 31 省区市 64 套国内和省内男女单岁年龄别农村—城镇净迁移率标准模式。

（7）我们根据 2010 年人口普查 10%微观数据库，估算了 31 省区市按城乡、性别、单岁年龄、婚姻状态以及是否与子女同住状态分的老年人健康与生活自理能力状态频率分布。

（8）我们根据第六次全国人口普查 10% 微观数据和公布的 100%汇总数据估算了预测起始 2010 年 31 省区市的分城乡、性别、单岁年龄、婚态和家庭状态的预测起点基数家庭人口分布。

基于上述大量的数据估算工作以及改进完善后的 ProFamy 多维家庭人口预测软件，得到了全国及 31 省区市分城乡家庭人口预测结果，成为曾毅主编、题为《多维家庭人口预测方法创新与应用研究》专著的第二部分。

3.6.2　ProFamy 多维家庭人口预测软件网络版开发

作为我们的家庭人口预测研究内容的一部分，我们与中国人口与发展研究中心及神州医疗同仁密切合作，成功地开发了 ProFamy 多维家庭人口预测软件网络版（www.profamy.com.cn），已成为“国家人口宏观管理与决策信息系统”的重要研发子项目之一，并已被美国、英国、加拿大、巴西、墨西哥、新加坡、印度、巴基斯坦、斯里兰卡、韩国等其他国家学者所应用。ProFamy

多维家庭人口预测软件网络版在 2017 年 10 月 29 日～11 月 4 日于南非召开的国际人口科学研究联盟（International Union for the Scientific Study of Population，IUSSP）第 28 届世界人口大会上发布，中国、新加坡、巴西和墨西哥等 4 个国家的学者在会上宣读了应用中国学者创新研发的 ProFamy 家庭人口预测新方法和软件进行的家庭人口、老年居住安排、一人户发展趋势和家用能源和汽车消费需求的论文。

3.6.3　31 省区市分城乡男女健康期望寿命的变动趋势和区域差异

我们运用 Sullivan 方法和 2010 年人口普查数据，估计了 31 省区市分城乡、年龄、性别的老年健康期望寿命，其中关键的老年健康状况指标采用人口普查和小普查问卷 R28 问项（60 周岁及以上的人填报）收集的数据，将老龄健康状况分为四类：健康、基本健康、不健康但生活能自理、不健康而且生活不能自理。我们对 31 省区市分城乡男女健康期望寿命的变动趋势和区域差异进行了深入分析研究（李成等，2018）。米红研究组还应用“中国老年健康调查”第 5、6、7 次跟踪调查数据，合并后共获得 34 601 份 65 岁以上的跟踪样本数据（其中包括城镇男性 6273 人，农村男性 8674 人，城镇女性 7880 人，农村女性 11 774 人），按照日常生活自理能力健康评价标准，将 6 项日常生活能力都无须他人帮助的老年人归为“自理”老人，有一项或以上需要他人帮助者归为“不能自理”老人。运用多增减生命表方法估计了全国分城乡、年龄、性别的老年健康期望寿命，制作完成 65 岁以上老人的多状态健康生命表，并进行了认真的分析研究。

3.7　中国健康长寿全基因组关联分析、全基因组测序和环境-遗传交互作用跨学科研究

3.7.1　百岁老人和中年对照组关于长寿的全基因组关联分析

结合我们的 973 项目子课题，我们与华大基因研究院密切合作，已经胜利完成了对“中国老年健康调查”2178 名百岁老人和 2299 名中年对照组关于长寿的全基因组关联分析，我们的百岁老人样本量是世界上在我们之前已发表百岁老人全基因组关联分析研究最大样本量（美国）的 2.7 倍。基于扎实严谨的数据分析，我们发现了 11 个与长寿显著相关，并在中国南北方人群中得到相互验证的基因位点，其中 2 个新发现的基因位点与长寿相关达到 $p<5\times10^{-8}$ 全基因组显著性水平；而国际上在我们这一成果发表之前欧洲和美国分别

发现 1 个与长寿相关达到全基因组显著性水平的基因位点。

我们新发现 4 条主要信号通路（MAPK、淀粉和蔗糖代谢、免疫-炎症反应以及钙信号）与长寿显著相关。我们发现的 4 条信号通路中的 3 条（MAPK、免疫-炎症反应及钙信号）与长期跟踪的欧洲双胞胎老人队列发现得到相互验证。此外，我们在汉族人群中发现的 8 个与长寿显著相关的基因位点在欧洲长寿基因研究联盟和美国新英格兰百岁老人研究提供的相关全基因组关联分析数据中得到了验证，符合国际自然科学一流期刊关于生物遗传新发现必须在至少一个其他研究项目得到验证以避免假阳性的国际标准要求（Zeng et al., 2016a）。

3.7.2 全球首次分性别关于健康长寿的全基因组扫描分析

我们团队的全球首次、百岁老人样本最大的分性别关于健康长寿全基因组关联分析已取得鼓舞人心的创新成果，新发现 11 个只与男性长寿显著相关的独立基因位点和 11 个只与女性长寿显著相关的独立基因位点。我们发现 NAD+代谢通路可能为女性长寿特异性通路，而炎症及免疫通路可能为男性长寿特异性通路（Zeng et al., 2018）。

3.7.3 首次发现遗传基因与长寿的相关性在女性中显著比男性强

我们首次发现遗传基因与长寿的相关性在女性中显著比男性强，这一创新发现可以部分解释国际上尚未得到答案的“男女健康-存活悖论”（male-female health-survival paradox，即女性老人平均寿命显著长于男性但健康指标显著比男性差）科学之谜；基于这一发现，我们认为女性基因构成比男性更有利于长寿，很可能是人类进化过程中为了适应女性生殖和养育子孙后代的功能而形成的遗传结构及其作用机制性别差异。我们关于“遗传基因与长寿的相关性在女性中显著比男性强”的研究成果论文正在向 SCI 一流期刊投稿，正在匿名评审之中。

3.7.4 老龄健康候选基因位点的大样本基因分型

我们与华大基因研究院密切合作，将我们根据中国老年健康调查全基因组扫描数据分析发现的与中国人群健康长寿相关性较为显著的基因位点（single-nucleotide polymorphism, SNP），以及根据国内外相关文献和数据库报道过的所有可能与老龄健康和疾病相关的基因位点，在 13 226 位“中国老年健康调查”调查对象样本中用定制芯片成功地进行了 27 656 个老年健康候选基因位点基因分型；按国际标准方法进行插补（imputation），最后形成每人 287 898 个老年健康相关基因位点数据集，并与多年跟踪调查数据有机整合，欢迎项目团队成员及其学生分享使用。

3.7.5　中国健康长寿全基因组测序研究

美国斯克利普斯转化科学研究所研究了 511 名 80 岁及以上且没有慢性疾病的健康高龄老人的基因组，并与 686 个普通人基因组数据进行了比较分析，这是目前世界上规模最大的关于健康长寿的全基因组测序研究。北京大学、浙江大学、华大基因已经正式签署合作协议，由北京大学健康老龄团队提供 1000 位百岁健康长寿老人（即没有严重疾病、生理和心理功能均较好）遗传样本及其长期跟踪调查数据，浙江大学转化医学研究院的课题二副组长闵军霞教授研究组和华大基因研究院共同出资，已经正式启动开展全球最大规模的“中国健康长寿千人百岁高深度全基因组测序”。

北京大学健康老龄团队、浙江大学转化医学研究院闵军霞教授团队和华大基因研究院已经正式达成协议，目前正在按规定进行人类遗传研究行政许可申报审批，我们将尽快启动全球独创、中国老年健康调查长期跟踪调查对象特大样本“中国健康长寿万人 5x 全基因组测序”项目。我们课题组的全球前所未有的“中国健康长寿千人百岁高深度全基因组测序”和“中国健康长寿万人 5x 全基因组测序”项目，对中国及全人类健康长寿研究具有十分重大的战略意义，将有力推动我国精准健康管理和干预的社会科学-生物医学交叉学科研究及开发平台建设，力争为中国和全人类健康老龄化做出中国科学家们独特的杰出贡献！

3.7.6　社会行为环境-基因交互作用对老龄健康的影响分析

基于中国老年健康影响因素跟踪调查所收集的遗传与调查数据，运用 Cox 比例风险模型，我们发现携带 FOXO1A-209 基因类型和喝茶之间的交互作用显著降低高龄老人的死亡风险。这一显著关联在中国老年健康影响因素跟踪调查数据中两个独立的汉族老人出生队列中得到相互验证。我们发现，相比于不携带 FOXO1A-209 基因类型的老年人，喝茶与降低死亡率的相关性在 FOXO1A-209 基因类型携带者中要强得多；喝茶还能够使携带 FOXO1A-209 等位基因对死亡率产生的显著负面影响有效逆转为可观的正面影响。这种影响在携带 FOXO1A-209 两份次要等位基因的高龄老人中，比仅携带 FOXO1A-209 一份次要等位基因的高龄老人显著性更强。研究表明，喝茶能够抑制 FOXO1A-209 基因表达及其生物功能，以此来降低 FOXO1A-209 基因负面影响，并为高龄老人抵御死亡风险起到保护作用（Zeng et al.，2016b）。

我们胜利开展了关于基因和环境交互作用的研究，重点关注 Apolipoprotein E 与动物蛋白质和生活方式等的交互作用对老年人认知和死亡的影响；我们还发现绿化可能有助于降低认知功能衰退的遗传易感性。这些研究已经投稿 SCI 一流期刊。

3.7.7 我们全基因组关联分析发现的长寿相关基因的生物功能验证

为了进一步明确影响老龄健康的遗传及环境因素的交互作用生物学机制，并为有效进行老龄健康的个体干预提供科学基础，课题二负责遗传分析的副组长闵军霞教授（浙江大学）实验室运用多组学（multi-omics）大数据分析、人类成纤维细胞、基因敲除/转基因小鼠及斑马鱼等多种生物学模型，对我们的全基因组关联分析新发现进行生物功能验证，特别是对男女长寿特异信息通路进行了部分基因的功能验证，已成功完成初步功能验证并确认了两个长寿基因，取得了令人鼓舞的初步数据，将向一流 SCI 杂志投稿；下一步将继续完成小动物模式动物中长寿基因功能研究，包括：①在斑马鱼中，运用 CRISPR/Cas9 技术功能筛选前期研究发现的基因及通路；在基因敲除及转基因小鼠中成功敲除候选基因，开展衰老表型、脏器功能及分子机制研究。②拟开展食蟹猴长寿基因功能研究；在前期小动物研究基础上，拟开展非人灵长类转基因功能研究。

3.8 老龄健康生物医学指标与跟踪调查数据综合分析

我们特别强调社会科学和生物医学的前沿交叉学科研究。“生物医学指标”（biomarkers）概念是从 20 世纪 90 年代开始从生物医学领域被逐步引入到社会科学领域，用来帮助理解社会环境对健康的作用机制。简单来说，一系列实证研究中已经充分证明了许多社会环境因素（如社会经济地位、社会关系等）对健康有重要影响。因此，必须进一步重点分析这些影响是通过何种机制传导给人的机体从而最后显著影响健康。在这一新的研究导向下，通常使用的健康状况指标（如生活自理能力、认知功能、躯体活动能力、是否患慢性病）无法提供机制和过程信息。于是，研究者希望找到一些中介变量，以帮助揭示社会环境等外部影响对健康作用的中间路径与调节机制。生物医学指标可以作为社会医学研究领域中比较理想的中介变量。它的优势主要体现在两个方面：其一，医学界对各项健康相关生物医学指标的功能已经了解得比较透彻，其测量与应用技术也比较成熟；其二，相对来说，生物医学指标测量的成本较低，可以获得较大的样本，能很好地与社会科学研究领域中的大型抽样调查相结合。然而，与国际前沿水平相比，目前我国社会科学与健康科学关于生物医学指标的交叉学科研究非常薄弱。作为我们健康老龄研究团队骨干成员、以中国疾病预防控制中心环境与健康相关产品安全所所长施小明教授牵头的疾控中心研究组与课题二社会科学研究成员们密切合作，在老龄健康生物医学指标与跟踪调查数据综合分析方面取得突出成果，应用中国老年健康跟踪调查和生物医学指标数据，2015～2019 年已经发表论文近 30 篇，其中包括 SCI 论文十几篇；一本题为《中国老年健康生物标志物研究》的专著正在由科学出版社出版之中。

3.9　应对人口老龄化严峻挑战的有效干预科学基础及对策研究

3.9.1　普遍二孩政策的效应

我们对 2015 年 10 月中国政府宣布全面实施一对夫妇可生育两个孩子政策之前，人口学家们对独生子女政策可能会导致的不良后果的预警分析进行了认真的研究和综述。在此基础上，我们就普遍二孩政策对生育率、人口增长、人口老龄化、劳动力供给和经济发展、出生性别比、人口健康与家庭福祉等人口社会经济各方面的深远影响，进行了比较全面的深入分析讨论，并就如何尽快在全国城乡全面有效实施普遍二孩政策提出了思考和建议（Zeng and Hesketh，2016）。

3.9.2　马尔萨斯人口论仍然是错的

针对被 *Science* 杂志列为 125 个最具挑战性科学前沿问题之一的“马尔萨斯是否仍然是错的?”议题，我们从历史回顾、客观现实和新的挑战等方面进行了深入分析讨论，以及基于各方面的实证研究，得出结论：马尔萨斯人口论在过去、现在和将来都是错的（曾毅，2017）。同时，在我国人口增长大大减缓并在十多年后进入负增长的今天和明天，除了积极推进清洁能源开发、节能减排、有效应对全球气候变化、防治土壤和水资源污染与保护生物多样性的科技创新外，必须高度重视家庭户数量结构分布变化对能源消费、人口老化和可持续发展影响的科学研究与政策应对。家庭小型化产生了大量的独居者（尤其是空巢老人），家庭户数快速上升导致能源消费大幅增长，为有效应对人口老化严峻挑战并实现区域均衡发展，建议参照新加坡的成功经验——国家出台优惠政策，在全国范围内鼓励支持成年子女与老人同住或近邻居住模式，尤其积极鼓励西北部迁移到东南部的中青年回归家乡发展，与老年父母团聚，或农村留守老人、孩子来城镇团聚，实现老人及子女互助“双赢”，并减少家庭小型化导致家庭户数快速增长对能源消费、环境保护和人口老化的负面影响，这将有利于我国西北部和东南部的可持续发展。

3.9.3 从新国情到新国策研究

自 2015 年课题启动以来，我们主要使用“中国老年健康调查”、中国健康与养老追踪调查和中国老年社会追踪调查等数据资料，重点围绕中国健康老龄化、老年人社会参与、养老照料与服务体系建设、老龄健康指标体系、老年心理健康、老龄公共政策治理、临终关怀等选题做了比较深入的研究。此外，一些研究成果还转化为积极应对人口老龄化国情报告主报告、政协提案、内参等多种形式，这些成果不仅得到新闻界和公众的广泛关注，同时也得到了政策制定者的肯定。例如，陆杰华教授和郭冉副研究员关于《从新国情到新国策：积极应对人口老龄化的战略思考》(《国家行政学院学报》，2016 年第 5 期）一文全文在《新华文摘》、中国人民大学复印资料《人口学》转载，部分论文要点获《红旗文摘》《中国社会科学文摘》等转载，在学界引起了积极的反响（陆杰华和郭冉，2016）。

3.9.4 加强构建社区养老服务体系研究

我们基于“中国老年健康调查”收集的居家老人照料需求状况对如何加强构建社区养老服务体系进行了探索，发现居家养老的老人对于“上门看病、送药”“提供保健知识”的社区服务需求最高；独居与非独居老人对社区服务存在需求差异，独居老人对各项社区服务的需求均高于非独居老人；社区服务缺位，社区照顾在家庭照顾方面的替代性较弱。基于居家老人现实需求，社区居家养老服务体系构建可从以下几方面着手：①大力发展社区医疗与保健，实现社区内的医养结合；②兼顾不同老年群体的需求，提供多样化、多层次的社区服务；③全面提升社区服务的质量，促进社区服务走向信息化与精细化；④强化社区服务中心的功能，加快培育发展社会服务组织（熊茜等，2016）。

3.9.5 老年健康经济学及其在政策咨询研究中的应用

我们运用中国健康与养老追踪调查数据，详细分析了我国老年人经济支撑、生活现状及其与主观福利的关系，并评估了政府转移支付在其中的作用，为更有效的公共转移支付和政策支持提供理论和实证分析基础。雷晓燕教授关于老年健康经济学研究中英文学术论文，涉及中国的医疗、保险、养老、收入不平等、转移支付、家庭行为等，具有重要的理论和实践意义，引起了国内外学界的关注。

3.9.6　绿化对我国老年人群健康和死亡风险的影响及其政策效应研究

我们通过计算“中国老年健康调查”社区问卷调查收集的住宅周边地区绿化程度指标（归一化植被指数），深入分析研究绿化对我国老年人群的认知功能、日常生活能力和死亡风险的影响，发现增大绿化面积可减少认知能力的下降和阿尔茨海默病的发生，预防老年人日常生活自理能力失能，进而延长寿命。我们关于环境与遗传基因的交互作用分析结果显示绿化有助于降低认知功能衰退的遗传易感性。因此，中国在城市规划及相关政策制定的过程中应高度关注居住社区的绿化情况，这有助于减少老龄化带来的医疗负担（Zhu et al.，2020；Ji et al.，2019）。

第 4 章　中国老龄社会的经济特征和支持

上海社会科学院课题组

4.1　中国老龄社会人口变动情景

21 世纪以来，我国人口老龄化进程显著加快。已有一些研究对我国未来人口变动趋势进行了预测（翟振武等，2017；王广州，2018；United Nations，2019）。但是各个研究采用的基础数据、模型方法与参数设定等不尽相同，使得这些预测得到的结果存在较大差异。

为了比较准确地预测和分析我国人口变动趋势，本节利用 2015 年公布的人口统计数据分高中低三个方案对 21 世纪中国人口变动进行了新的预测。

4.1.1　基础数据与参数设定

本课题预测模型采用的基年数据来源于“第六次人口普查”数据中分性别分年龄人口数，并结合 2010 年年末人口数，采取年龄系数方法调整为分性别分年龄人口年末数据。基于调整后的基础数据，采用队列要素法，以 2011～2019 年出生人口数为靶标，推算 2011～2019 年总和生育率；同时基于代表性文献分析、发达国家和地区经验，对三个方案 2020～2100 年生育率分别做出假设。近年来我国人口统计数，尤其是 2013 年和 2015 年中央两次决定放宽生育政策以来的出生人口数，为我们调整未来生育率相关假设提供了重要信息。

本课题预测中方案假设我国人口总和生育率从 2019 年的 1.5 线性下降到 2030 年的 1.4，然后线性回升至 2080 年的 1.6，并稳定在 1.6 到 21 世纪末不变；低方案假设从 2019 年的 1.5 线性下降到 2030 年的 1.1，此后稳定在 1.1 至 21 世纪末不变；高方案则假设从 2019 年的 1.5 线性上升至 2080 年的 2.1，之后稳定在 2.1 到 21 世纪末不变。三个方案的其余参数，如生育模式、出生人口性别比、预期寿命、死亡模式的相关假设均相同。

本章在人口预测中考虑了生育模式变动对预测结果的影响。根据定义，总和生育率是育龄妇女年龄别生育率的加总。我们将不同年龄的年龄别生育率占总和生育率的百分比，称为“年龄生育模式”，或简称为“生育模式”。实证数据表明，随着我国妇女总和生育率的下降，生育模式也发生了变化，如年龄别生育率的峰值年龄不断向后推迟，40 岁以后的“高龄”妇女的年龄别生育率有所提高等。为此，我们主要依据 2003～2015 年我国生育模式变动趋势采用单龄组函数模拟外推，并结合线性插值与平移等方法处理异常值问题，估计了 2016～2030 年生育模式，同时假设 2030 年之后生育模式保持在 2030 年水平不变。

我们假设人口的出生性别比将逐渐回归至正常值范围，从 2017 年的 112 线性降至 2020 年的 110，并进一步线性降至 2030 年的 106，其后保持在 106 不变。

为了对未来我国人口的预期寿命做出合理假设，我们根据联合国 1950～2015 年中日两国分性别预期寿命差值的变动规律，采用分段函数模拟外推方法推测 2030 年、2050 年、2100 年三个时点两国分性别预期寿命的差值，进而结合联合国对三时点处日本分性别预期寿命数值的假定，推算三个时点上我国分性别预期寿命，其余年份采用线性内插法获得。死亡模式主要参照 Zuo（1989）平均预期寿命与死亡概率的关系推导获得。

4.1.2　人口预测结果比较分析

1. 不同方案模拟结果比较

下面我们对三个方案预测的主要结果进行分析比较。

我国人口总量在 21 世纪 20 年代达到 14 亿多人的峰值后，将不断缩减（图 4-1）。高、中、低三个方案预测的总人口将分别于 2029 年、2026 年、2023 年达到 14.20 亿人、14.13 亿人与 14.08 亿人的峰值；此后人口开始负增长，到 21 世纪末将分别减至 10.89 亿人、8.27 亿人与 5.95 亿人。届时将分别

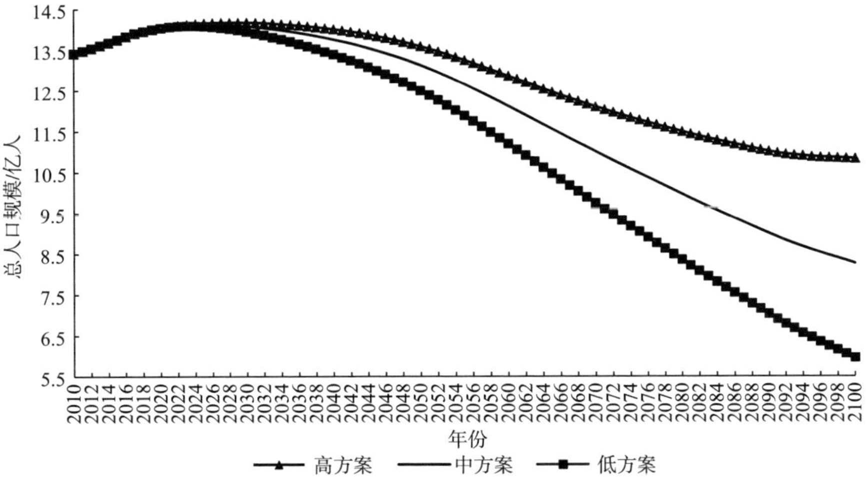

图 4-1　三个方案预测的总人口趋势（2010～2100 年）

跌至 20 世纪 80 年代、70 年代与 50 年代水平。中国人口占全球人口的比重将由 2019 年的略超过 18%下降到 10%以下。

老年人口数量在 21 世纪上半叶将快速增长（图 4-2）。由于当前至未来 65 年内的老年人口已经出生，因此在此期间老年人口的数量不受生育率变动的影响。所以，2085 年前三个方案预测的 65 岁及以上老年人口数量相同。老年人口从 2019 年的 1.76 亿人翻番至 2038 年的 3.57 亿人仅用了 19 年时间，到 2058 年达到峰值 4.49 亿人；此后开始慢慢缩减到 2084 年的 3.81 亿人。2085 年开始高、中、低三个方案预测的老年人口数量开始分化，到 21 世纪末分别减至 3.47 亿人、3.31 亿人与 3.08 亿人。

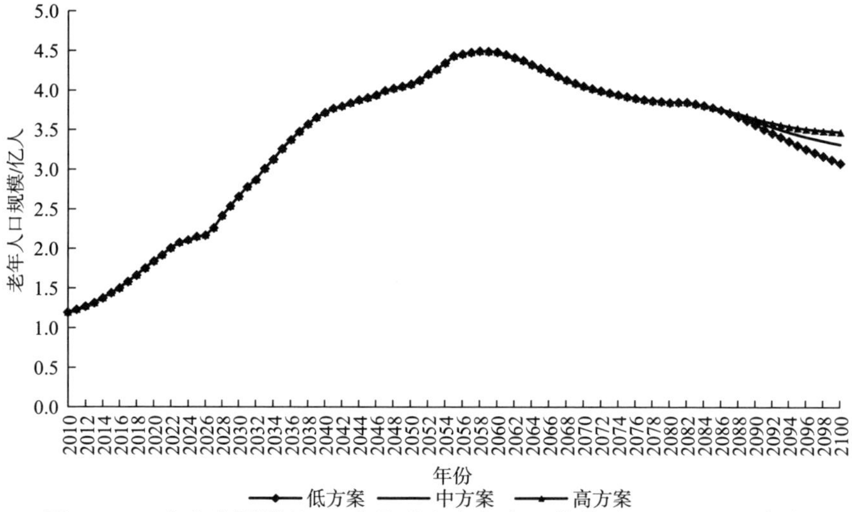

图 4-2　三个方案预测的 65 岁及以上老年人口数量（2010～2100 年）

老年人口占总人口的比重在 21 世纪上半叶将快速增长，并在 21 世纪末达到 30%～50%的超高水平。由于三个方案预测的人口总量不同，所以它们预测的老年人口占总人口的比重或老龄化率也有较大差异。高、中、低三个方案预测的 65 岁及以上人口占总人口的比重均持续增长，在 2032 年将分别达到 20.26%、20.43%与 20.70%，标志着我国步入“超老龄化社会”①。到 21 世纪末这个比重将分别增至 32.01%、40.05%、51.65%（图 4-3）。人口老龄化将带动人口高龄化，我国 80 岁及以上老年人口占 65 岁及以上老年人口的比重将不断上升，到 21 世纪末将分别达 51.68%、54.06%与 58.12%。届时每两个老年人中就有一个以上是高龄老人②（图 4-4）。

① 当一个地区 65 岁及以上老人占总人数的比重超过 20%时，则视该地区进入“超老龄化社会”。
② 65～79 岁老年人简称“低龄老人”，80 岁及以上老年人简称“高龄老人”。

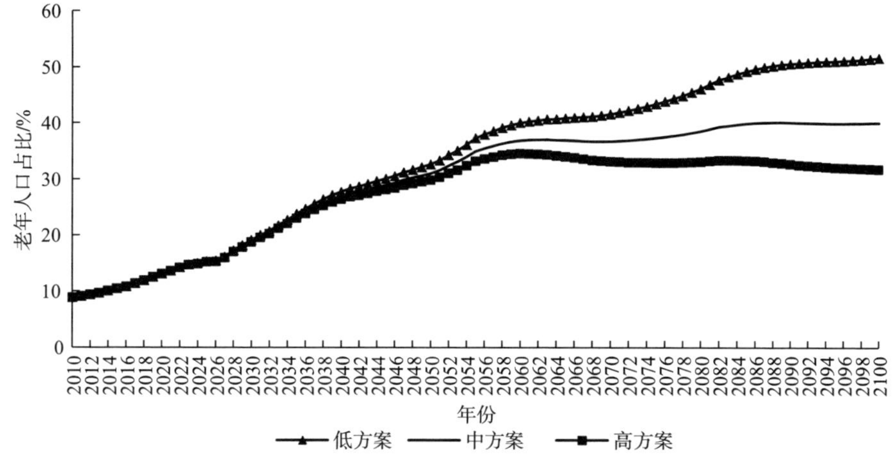

图 4-3　三个方案预测的老年人口占总人口的比重（2010～2100 年）

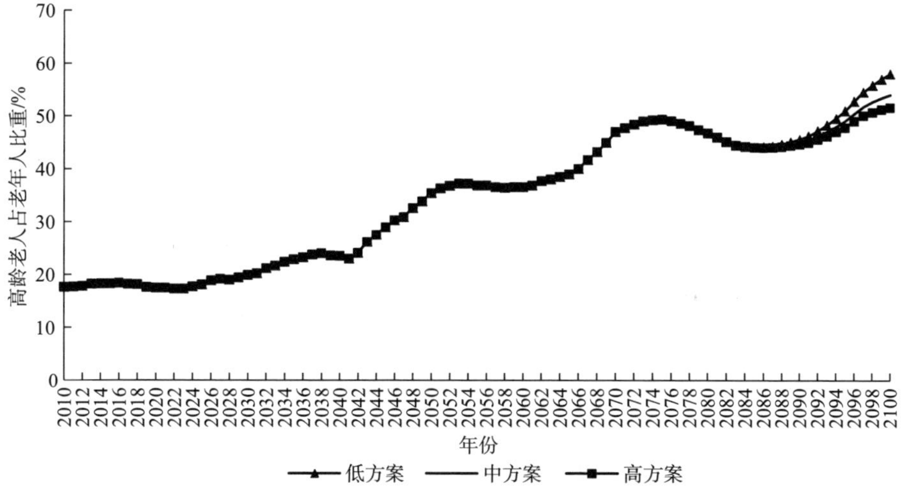

图 4-4　三个方案预测的 80 岁及以上高龄老人占老年人口的比重（2010～2100 年）

少儿人口数量波动大（图 4-5），少儿人口占总人口的比重在 2040 年以前将继续下降，此后维持在 10%～15%的低水平。

由于未来少儿人口的数量受生育率变动的影响最大，所以三个方案预测的少儿人口数量的波动也最大。高、中、低三个方案预测的 0～14 岁少儿人口数量从 2019 年的 2.35 亿人分别缩减至 21 世纪末的 1.70 亿人、0.89 亿人与 0.35 亿人，不足目前数量的 4/5、2/5 与 1/5。

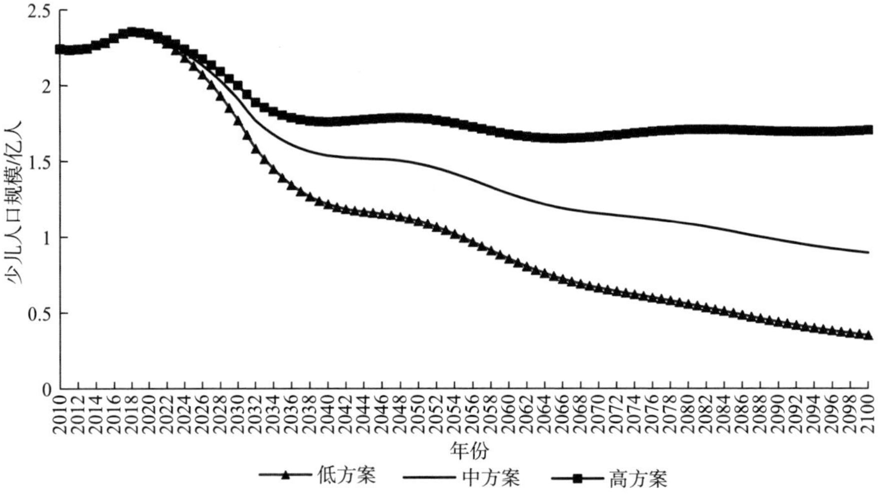

图 4-5　三个方案预测的 0～14 岁少儿人口数量（2010～2100 年）

三个方案预测的 0～14 岁少儿人口占总人口的比重呈先下降后趋于相对平稳的特点（图 4-6）。中方案预测的 0～14 岁人口占总人口的比重将从 2019 年的 16.78%下降至 2038 年的 11.31%，并在 21 世纪末进一步下降为 10.79%。高方案预测的 0～14 岁人口占总人口的比重下降到 2039 年的 12.54%后，缓慢回升到 21 世纪末的 15.76%；而低方案预测的少儿人口比重将快速下降为 2040 年的 9.09%，然后缓慢下降至 21 世纪末的 5.91%。

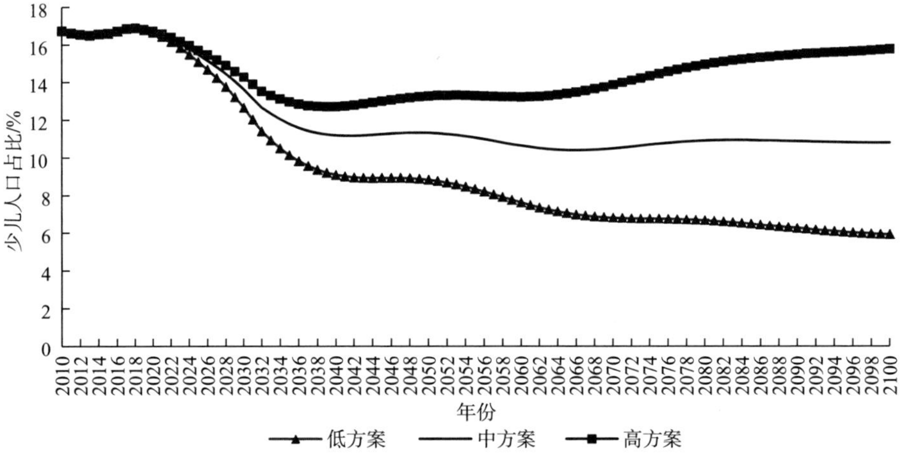

图 4-6　三个方案预测的少儿人口比重（2010～2100 年）

在 21 世纪上半叶，少儿人口占总人口的比例下降，而老年人口占总人口的比例不断上升，这个此消彼长的变化将推动（包括少儿人口和老年人口在内的）总赡养人口结构发生显著的变化，即由目前以少儿人口为主逐步转向以老年人口为主。这个变化将对我国的教育、医疗等公共服务和社会保障体制产生重要影响。

21 世纪我国劳动年龄人口将持续大幅度下降（图 4-7）。2034 年前三个方案预测的 15～64 岁劳动年龄人口规模相同且呈缩减趋势，由 2019 年的 9.89 亿下降到 2033 年的 9.29 亿人；14 年下降 6000 万人，平均每年下降 400 多万人。此后高、中、低方案开始出分化并持续缩减，到 21 世纪末分别降为 5.67 亿人、4.07 亿人与 2.53 亿人。

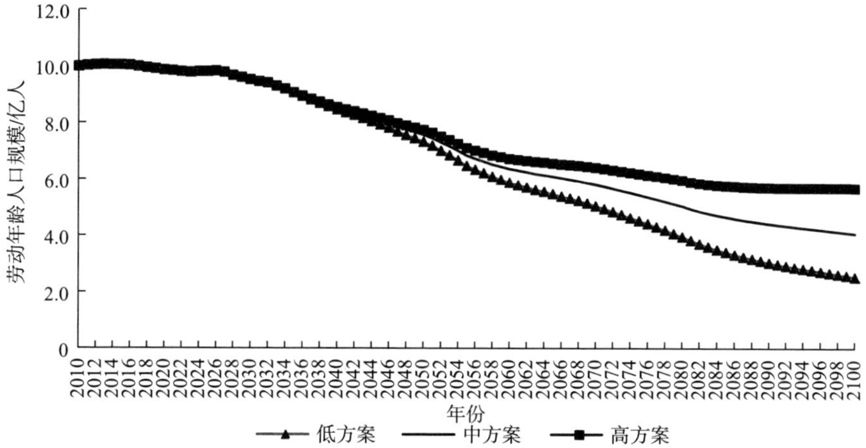

图 4-7　三个方案预测的 15～64 岁劳动年龄人口比较（2010～2100 年）

2. 模型方法与联合国预测结果比较

本节预测与联合国《世界人口前景展望》中关于中国人口的最新预测相比有较大差异。下面我们将主要对人口规模、人口年龄结构两大类指标进行比较分析。

由于本课题预测高、中、低三个方案的生育率假设总体上低于联合国相应方案的生育率假设，所以本课题三个方案预测总人口数分别低于同时期联合国相应方案的预测数（图 4-8）。随着时间推移，相应方案预测数之间的差距呈扩大趋势。以中方案为例，本课题预测总人口峰值年份（2026 年）要早于联合国中方案（2031 年）5 年，且人口峰值（14.13 亿人）少于联合国预测的人口峰值（14.64 亿人）0.51 亿人；峰值后均呈持续缩减趋势，两者差距开始逐渐扩大，到 21 世纪末，本课题预测总人口将缩至 8.27 亿人，比同期联合国预测的总人口（10.65 亿人）少 2.38 亿人。

比较低方案预测结果可以发现，虽然两个预测的人口峰值的年份相同（2023 年），但本课题预测人口峰值（14.08 亿人）仍比联合国预测的人口峰值（14.46 亿人）少 0.38 亿人，到 21 世纪末，本模型预测总人数（5.95 亿人）

比同期联合国水平（6.84 亿人）差值扩增至 0.89 亿人（图 4-8）。

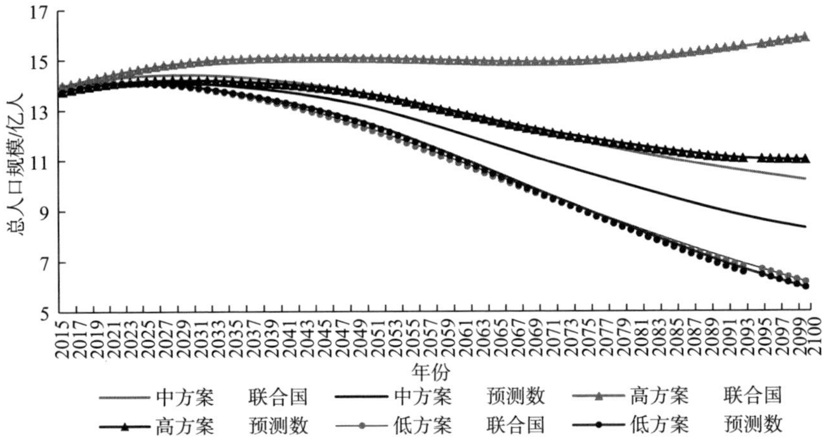

图 4-8 本课题三个方案的预测与联合国相应预测的比较：人口总量（2015～2100 年）

比较高方案的预测结果可以发现，本课题预测总人数呈缩减趋势，而联合国预测总人数则整体呈上升趋势（图 4-8）。到 21 世纪末，本课题预测的总人口数（10.89 亿人）远低于同期联合国水平（15.83 亿人）。

从人口年龄结构来看，本课题预测的人口老龄化水平高于联合国相应预测。如本课题中方案预测的 65 岁及以上老年人口比重从 2015 年的 10.47%增至 21 世纪末的 40.05%，而联合国预测则从 2015 年的 9.33%增至 21 世纪末的 31.85%。

而本课题中方案预测的 0～14 岁少儿人口占总人口的比重由 2015 年的 16.60%下降到 21 世纪末 10.80%，联合国相应预测则从 2015 年 18.05%，下降到 21 世纪 13.79%（图 4-9）。

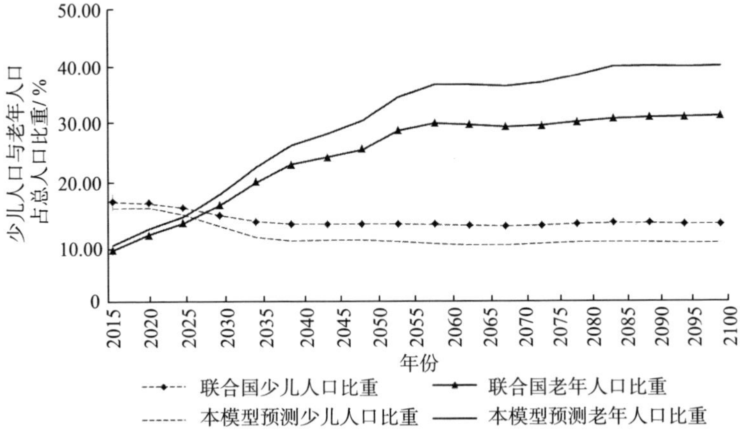

图 4-9 本课题中方案预测与联合国中方案预测比较：少儿人口与老年人口占总人口比重（2015～2100 年）

比较两个模型的低方案与高方案的预测结果，发现两者的差异与中方案类似：本节预测的 0～14 岁少儿人口比重始终低于联合国预测；而本节预测的 65 岁及以上老年人口比重始终高于联合国。这里不再一一列举。

4.2　人口变动的经济影响

4.2.1　关于人口增长如何影响经济增长的经济学争论

近年来我国人口态势正在发生重大转型：持续多年的低生育率造成人口增长率下降和老龄化进程加快，在未来 5 年左右的时间里我国人口将转向负增长，人口缩减和超级老龄化将成为我国人口变动的长期趋势。那么一个重要的问题是，这一人口变动趋势将会如何影响我国未来经济增长？经济学的争论主要有以下内容。

1. 主张人口增长对经济增长或福利产生负面影响的理论

对于人口增长对经济增长或福利的影响问题，经济学研究存在较大争论。18 世纪以来的经济学研究既有主张人口增长会阻碍经济增长与人口福利提高，或造成资源环境不可持续的悲观主义学派；也有认为人口增长会促进经济增长或技术进步的乐观主义学派，还有认为人口增长对经济增长的影响是中性的或不确定的中立主义学派，以及认为"人口问题"实际上取决于特定经济制度的制度主义学派。

1）马尔萨斯主义

也许在人口增长影响经济增长或福利的所有学说中，影响最大和争论最多的是马尔萨斯在 18 世纪末首次发表的《人口原理》（Malthus，1993）。他在书中断定人口增长天然快于食物供给的增长。所以，为了实现人口数量与食物供应的平衡，需要通过禁欲、晚婚以及穷人或残疾人不婚等"预防性抑制"（preventive checks），或者通过疾病、饥荒与战争等"积极抑制"（positive checks）来减少人口。

实际上，马尔萨斯忽略的一个重要问题是技术进步对食物供应或经济增长的影响。在历史上全球人口一度增长非常缓慢，多少表明了马尔萨斯约束的存在，但是在马尔萨斯生活的时代，工业革命带来的技术进步使欧洲主要国家在人口增长的同时实现了人均收入的更快增长。根据麦迪森数据（Peterson，2017），在 1820～1913 年英国、法国和德国人口的年增长率分别为 0.82%，0.30%和 1.03%，而三国人均 GDP（扣减通货膨胀后）的年增长率分别达到了 0.93%，1.21%和 1.31%。实际上，不但三个工业化国家的情况如此，全球的情况也是如此。同期全球人口的年增长率为 0.54%，而全球 GDP 的年增长率为 0.83。所以实证数据并不支持马尔萨斯的人口论。对于这个问题后面我们还要做进一步讨论。

马克思在《资本论》(1867 年)中对马尔萨斯的人口论进行了严厉的批判，他认为“人口过剩”与失业是资本主义制度所造成的，因为资本主义生产需要一支相对过剩的产业后备军。

20 世纪 50 年代以来，发展中国家出生率维持在较高水平，而公共卫生的改进与抗生素的广泛使用推动死亡率（尤其是婴儿死亡率）下降，从而导致人口快速增长。发展中国家人口的快速增长引起了国际学术界对人口快速增长的经济影响的关注与担忧。

2）新马尔萨斯主义

索罗开创的新古典主义增长模型（Solow，1957）为人口增长和人均产出增长之间的负相关关系提供了一个理论解释。在这类模型中，在给定技术水平下，假定规模报酬不变，人均产出是资本/劳动比的函数。快速的人口增长会增加劳动投入和减缓储蓄和资本存量的增长，造成资本/劳动比下降，从而减缓人均产出的增长。冠尔和胡佛在他们著名的针对印度的研究中，用一个新古典主义的人口经济模型来研究印度人口增长的经济影响（Coale and Hoover，1958）。研究发现，人口快速增长造成少儿赡养人口增加、储蓄与投资下降，从而阻碍经济增长。

在担心发展中国家人口增长会对经济发展带来负面影响的同时，还有一些研究将关注点转向全球人口增长带来的资源环境不可持续问题。其中影响较大的著作有埃尔利希的《人口爆炸》(Ehrlich，1968) 和梅多斯等的《增长的极限：罗马俱乐部关于人类困境的研究报告》(Meadows et al.，1972)。这些被称为“新马尔萨斯主义”的相关研究，主张通过节育来确保资源环境能适应当前和未来人类及其他物种的需要。

对发展中国家人口增长过快的担忧还催生了全球家庭计划（Family Planning）或计划生育运动。联合国成立了人口活动基金来资助和帮助发展中国家实施家庭计划，减缓人口的过快增长。不过国际上对家庭计划工作一开始就存在两种思想的争论，即关注人口数量和自然资源（包括食物供给）之间的不平衡增长的新马尔萨斯主义，以及关注妇女权利，尤其是避免意外怀孕的生育控制运动。1994 年在开罗举行的国际人口与发展大会，标志着全球家庭计划运动向强调满足妇女生殖健康需要的家庭计划和旨在增强妇女权利的经济社会政策的转折（Robinson and Ross，2007）。

2. 主张人口增长对经济增长或福利产生正面影响的理论

一些经济学家从人口、市场规模与规模经济与劳动分工的视角来解释人口增长对经济增长与福利的积极作用。例如，斯密认为，人口（从而劳动者）数量的增加有利于国民财富的增加；人口达到一定规模可以促进劳动分工和劳动生产率的提高（Smith，1776）。

上述新古典主义模型将技术进步或全要素劳动生产率的提高看成是不能用劳动及资本投入的增长来解释的那部分产出增长或“剩余”，且通常假定技术进步不受劳动投入与资本投入的影响，或者说，技术进步“外生于”劳动投入与资本投入。有些经济学家则质疑这一假设，认为人口增长或人口压力可以推动技术进步，从而对经济增长和福利产生正面影响。

例如，保塞如普在《人口压力下农业变迁的条件》（Boserup，1965）一书中，认为需要是发明之母，人口增长的压力可以推动农业生产方式的变革。人口增长和人口密度的提高，促使人类采用多用劳动、少用土地的农业来取代多用土地、少用劳动的游牧业，从而提高农业生产的密度与产量。她的研究有力地挑战了马尔萨斯主义关于农业生产的极限决定人口规模、人口增长不能影响农业生产方式或技术进步的论点。

西蒙认为，人口增长可促进规模经济和更多天才人物的产生，资源稀缺会提升这些资源的稀缺性价格从而刺激供给或促进替代产品的研发与生产（Simon，1981）。西蒙与埃尔里希在关于 1980 年以后 10 年 5 种矿产品的价格变动趋势的著名对赌中，埃尔里希断言人口增长将使这些资源产品的价格上升，而西蒙则推断价格下降，结果西蒙在公开打赌中成为赢家。在这 10 年中全球人口规模增长了 8 亿，但这五种产品的价格却显著下降（Sabin，2014）。目前看来，人口增长面临的紧迫问题不是资源稀缺，而是人类的生产与消费活动造成的温室气体排放和全球气候变暖等问题的挑战。

关于经济增长理论的一个重要创新是罗默的内生经济增长理论，该理论认为，除资本和劳动（非技术劳动）外，人力资本和知识也是推动经济增长的要素（Romer，1986，1990）。如上所述，一般经济增长理论假定技术变迁是外生的，即技术变迁不受人口增长与资本积累的影响。罗默的内生经济增长理论则认为技术变迁“内生”于人口增长与资本积累。他的内生增长理论将新技术的开发与知识部门工作人员的数量联系在一起。这种新技术能提升全要素生产率。所以内生经济增长理论推断，人口的增长或在知识部门工作的人口占总人口的份额上升将促进经济增长。

实际上，不但人口增长可以影响经济增长和技术变迁，工业化、城市化等现代化进程也影响生育行为与人口增长。受工业化与城市化等现代化进程的影响，自 20 世纪 50 年代以来，世界各国人口的生育率先后都经历了长期的下降。1960 年以来，全球人口的生育率下降了一半以上。贝克研究了妇女的生育行为如何受到养育孩子的成本效益的影响（Becker，1960）。全球人口尽管还在增长，但是人口增长的速度正在放缓并将走向零增长和负增长，“人口爆炸”的前景并非人口增长的长期趋势。

4.2.2 人口增长对经济增长的长期与动态影响

人口增长对经济增长的影响比较复杂，其中一个重要原因是人口增长对经济增长的影响是长期的和动态的。根据人口转变理论（demographic transition theory），在工业化进程中，人口增长将先后经历四个阶段，即从高出生率和高死亡率平衡的低增长率阶段（第一阶段），历经出生率稳定在较高水平而死亡率较快下降所导致的人口快速增长阶段（第二阶段），以及出生率逐步下降而死亡率相对稳定所导致的人口增长率逐步下降的阶段（第三阶段），最终过渡到低出生率和低死亡率平衡的低增长率阶段（第四阶段）。后来发现，这四个阶段还不足以反映一些欧洲国家和东亚国家已经或即将出现人口负增长的情况。所以又增加了出生率低于死亡率和人口负增长的第五阶段。

人口转变的四个阶段分别对应于经济发展的前工业化、初步工业化、进一步工业化和后工业化四个阶段。虽然人口转变理论最初所依据的是近代 200 多年来欧洲人口变动的经验数据，但是人口转变理论具有一定的普遍性，揭示了许多其他国家，包括发展中国家人口变动的规律。

根据人口转变理论，我们可以看到，一个国家人口的快速增长，主要是由死亡率先于出生率下降造成的，工业化进程迟早将推动出生率下降，并最终形成低死亡率、低出生率和低增长率甚至负增长的情况。由于人口转变的不同阶段所对应的年龄结构不同，所以人口增长对经济增长的中短期影响与长期影响也是不同的。人口增长对经济增长的影响，在很大程度上取决于这种影响滞后期的长短。

人口转变不同阶段的年龄结构变化，可能引发所谓的人口红利现象。在一个人口快速增长的国家，由于需要将更多的产品用于满足新增少儿人口的消费需要，所以在中短期内造成储蓄与投资的下降，并对经济增长产生负面影响。但是随着生育率下降和这些少儿人口在 15～20 年后成长为劳动年龄人口，将出现一个少儿抚养比与老年抚养比都比较低、劳动力资源特别丰富和有利于经济增长的人口态势，这就是所谓人口红利了。布鲁姆的研究表明，亚洲国家的人口红利对这些国家的经济增长产生了显著的积极影响（Bloom et al.，2010）；蔡昉（2010）的研究表明，中国人口红利对改革开放以来中国经济快速增长做出了重要贡献。

但是当人口红利持续 40～50 年，生育高峰期出生的人口（baby boomer

cohorts）陆续进入老年后，又会出现一个人口高度老龄化、高社会抚养比和经济增长大幅放缓的“人口负债”现象（田雪原等，2006）。

所以，人口增长对经济增长影响是动态的和复杂的，在人口转变的不同阶段的影响可能截然不同。因此，如果我们看到相关实证研究未能发现人口增长对经济增长的稳健与显著的影响，也就不足为奇了。贝克尔等认为，人口增长对经济增长的影响并非一成不变，而是取决于不同国家和不同发展阶段的具体情况（Becker et al.，1999）。例如，在低收入的农业社会，人口增长会减缓人均收入的增长，这是因为增长的劳动力会以更高强度使用土地等有限资源，从而造成劳动的边际报酬递减；而在一个高收入的城市经济体中，人口增长可能带来更广泛的分工和对人力资本的更多投资，导致边际报酬递增，从而带来更快的收入增长。

海迪和霍奇通过荟萃回归（meta regression）分析发现，发展中国家人口高增长和发达国家人口低增长或负增长都会对经济增长产生负面影响（Headey and Hodge，2009）。这个研究发现的重要意义在于将不同发展阶段人口增长对经济增长的影响区别开来。在过去很长一段时间，人们关注的重点是发展中国家人口高增长对经济增长的负面影响，随着发达国家与部分发展中国家人口的老龄化与高龄化进程的不断加快，已经有并且必将有更多的研究关注发达国家和部分发展中国家（如中国）人口低增长或负增长对经济增长的负面影响。

本课题分别从供给侧与需求侧来考察人口变动对老龄社会的经济影响，并在此基础上，通过一个 CGE 模型来模拟和分析相关人口变动老龄社会经济特征的影响。下面我们先根据中国的实际情况来考察分析老龄社会对劳动力、资本与技术进步等生产要素供给的影响。

4.3　老龄社会的经济影响：供给侧的视角

4.3.1　老龄社会的劳动力供给

人口老龄化直接影响劳动力的数量与年龄结构。人口老龄化意味着老年人口相对于劳动年龄人口增长更快，老年人口相对于劳动年龄人口的比率（即老年赡养比）上升，或者劳动年龄人口相对于老年人口的比率（即潜在支持比）下降。所以通常老龄社会的劳动力供给下降、劳动力的稀缺性价格和社会保障成本上升，并由此在供给侧对经济增长产生重要影响。

1. 劳动年龄人口数量及其在总人口中的比重

我国劳动年龄人口占总人口的比例，从 20 世纪 90 年代初的 60%左右一路攀升到 2010 年的峰值 74.5%，此后开始不断下降（图 4-10）。

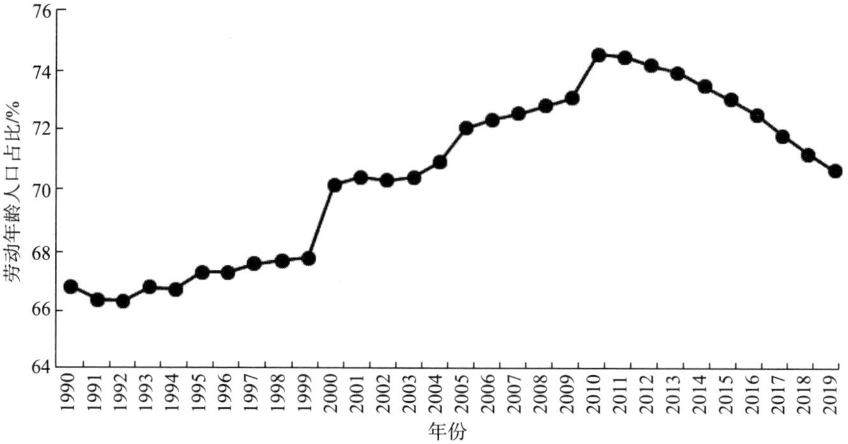

图 4-10　我国 15～64 岁劳动年龄人口占总人口的比例（1990～2019 年）

资料来源：国家统计局

如果按照国家统计局的统计口径，把劳动年龄人口定义为 16～59 岁人口，则从 2012 年开始，我国劳动年龄人口已经连续 7 年下降，7 年共减少 2600 余万人，平均每年减少近 400 万人（李希如，2019）。受劳动年龄人口数量下降的拖累，2018 年和 2019 年全国就业人员总量开始下降①，标志着我国人口就业长期趋势的重要转折。

我国人口与就业总量下降将是 21 世纪内的长期趋势。4.1 节已经描述了 21 世纪内我国劳动年龄人口将持续大幅度下降（图 4-7）的前景。我国 15～64 岁劳动年龄人口将由 2019 年的 9.89 亿人下降到 2033 年的 9.29 亿人和 21 世纪末的 4.07 亿人（中方案），在 81 年中下降 5.82 亿人，平均每年下降近 720 万人；同期劳动年龄人口下降近 60%，平均每年下降近 1%。

劳动力作为一个重要的生产要素，其投入增长直接影响经济增长。根据 Cobb-Douglas 宏观生产函数，一个国家的 GDP 增长率还可分解为全要素劳动生产率的增长率和各要素投入增长率的加权和，这里各要素的权数是其收入份额。假定其他条件不变，在 GDP 的分配中劳动力份额为一半，则劳动力投入每增长一个百分点，将带动 GDP 增长 0.5 个百分点。

① 国家统计局发布的相关年度国民经济和社会发展统计公报显示，2018 年年末全国就业人员 77 586 万人，比 2017 年年末（77 640 万人）减少 54 万人；2019 年年末全国就业人员 77 471 万人，比 2018 年减少 115 万人。

在 1990～2010 年，我国第二和第三产业的就业总量从 2.58 亿人增长到 4.82 亿人，增长了 2.24 亿人，平均每年增长 1100 多万人或增长 3.17%，粗略地估计，可带动 GDP 增长近 1.6 个百分点。相比之下，今后劳动力投入将每年下降一个百分点，可造成 GDP 下降 0.5 个百分点。比较 2010 年以前 20 年与 2020 年以后 20 年的情况，两个不同时期劳动投入增长率的差异可造成 GDP 增长率的差异达 2 个百分点。

改革开放以来，我国人口红利带来的劳动力投入的快速增长和劳动力从农村向城市的大规模迁移，对我国经济的高速增长做出了重要贡献。蔡昉和王德文（1999）的计量经济分析发现，在 1978～1998 年，劳动力投入的增长对经济增长的贡献约占 23.7%，而劳动力从边际生产率低的农业部门向边际生产率高的非农部门的转移约占 20.2%，两者合计对我国经济增长的贡献高达 43.9%。

我国劳动年龄人口的负增长和农村劳动力向非农业部门的转移趋缓，从供给侧放慢经济增长。2007 年以来我国经济增长率逐步下行，2012 年首次下降到 8%以下（7.9%），并一路下行到 2019 年的 6.1%。有研究指出我国人口变动所推动的经济转型和结构调整使我国的“潜在增长率”下降。陆旸和蔡昉（2013）估算，中国的潜在 GDP 增长率在 1978～1994 年的平均水平为 9.66%，在 1995～2010 年是 10.34%，2011～2015 年为 7.55%，“十三五”期间为 6.2%。可以预计，随着我国人口老龄化进程加快和人口总量不断缩减，未来我国经济增长将进一步放慢，劳动投入与投资的增长对经济增长的贡献下降甚至为负，经济增长将越来越多地依靠技术进步与创新驱动。

2. 劳动力稀缺性与成本上升

劳动年龄人口数量及其占总人口比例的不断下降，意味着在生产要素中劳动的稀缺性不断上升，在劳动力市场上劳动力的成本（包括工资及相关的税费）也将不断上升。实际上，从 1990 年以来，我国制造业平均工资保持快速上升趋势（图 4-11），而且中国制造业平均工资的增长率在 2000～2017 年

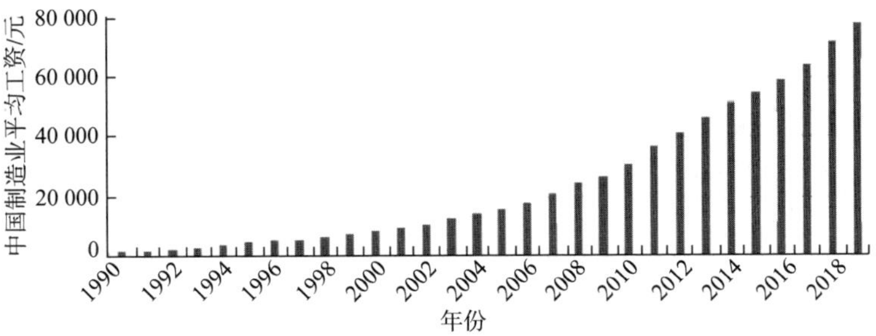

图 4-11　中国制造业平均工资（1990～2019 年）

资料来源：https://www.ceicdata.com/zh-hans

始终高于亚洲的相应增长率（图 4-12）。

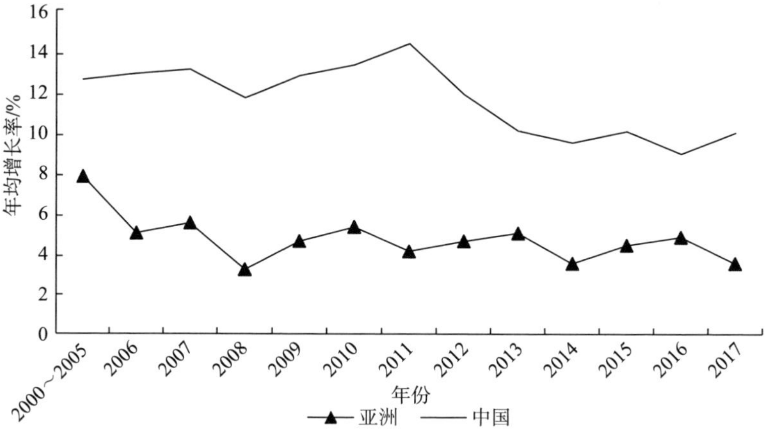

图 4-12　亚洲地区平均工资与中国平均工资增长率（2000～2017 年）

资料来源：世界劳工组织

劳动力和资本与技术的相对价格变动，已经并将继续推动我国经济中资本与技术替代劳动的转型与相应的经济结构调整。

中国劳动力成本的快速上升，也逐步削弱了中国劳动密集型制造业在世界市场上的比较优势，从而改变了中国在全球产业链与价值链中的分工。中国部分劳动密集型生产能力向越南、孟加拉国、墨西哥等发展中国家转移。2000 年以来，中国外贸进出口总额占 GDP 的比例即外贸依存度，在 2006 年达到 64.2%的峰值后，快速下滑到 2019 年的 31.8%（图 4-13）。

图 4-13　中国外贸依存度（2000～2019 年）

资料来源：国家统计局

人口老龄化还意味着，老年赡养人口相对于劳动年龄人口的比率，即老年抚养比不断上升。根据本课题中方案预测，21 世纪内我国人口的老年抚养比将不断攀升，从 2020 年的 18.7%，增长到 2060 年 70.3%，并进一步增长到 2100 年的 81.5%。值得注意的是，老年抚养比的快速增长主要发生在 21 世纪上半叶，在 2020～2060 年的第一个 40 年，老年抚养比将增长 51.6 个百分点，而在 2060～2100 年的第二个 40 年仅增长 11.2 个百分点。相比之下，少儿抚养比将于 2025 年降低到和老年抚养比相同的水平（22.0%），此后长期稳定在 20%上下。所以，我国人口的总抚养比的变动趋势基本取决于老年抚养比的变化趋势，将由 2020 年的 42.5%，快速上升到 2060 年的 90.6%，并在此后平缓上升到 2100 年的 103.4%（图 4-14）。

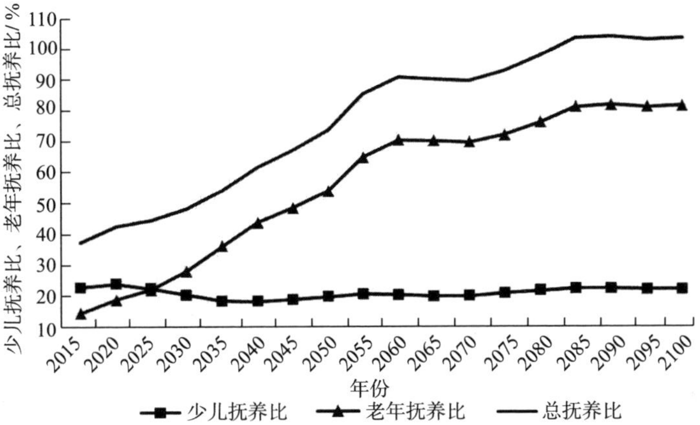

图 4-14　中国人口少儿抚养比、老年抚养比和总抚养比（2015～2100 年）

资料来源：课题组中方案预测

中国人口抚养比的快速上升，将大大加重劳动年龄人口向老年人口的转移支付负担，并给我国未来劳动力成本、社会保障体制的财务可持续性，以及我国未来经济增长带来显著影响。对于这个问题在下一节我们还要做进一步讨论。

4.3.2　老龄社会的储蓄与投资

人口老龄化还会通过影响储蓄率与投资率来影响经济增长。Modigliani 和 Brumberg（1954）、Modigliani（1966）提出的生命周期假说认为，消费者将一生的预期总收入在不同年龄阶段进行最优配置，以取得跨期效用最大化。由于劳动年龄人口的劳动收入大于他们的消费，所以他们一般是储蓄者，而老年人口的劳动收入小于他们的消费，所以一般是提取储蓄者。从这一理论可以推断，当一个国家的老年抚养比上升时，该国的储蓄率会下降。

高储蓄率与高投资率曾经是解释中国经济高速增长的一个重要原因。中国的储蓄率从 2000 年的 36.7%一路攀升，在 2010 年达到峰值 51.55%。但是伴随着中国人口老龄化的进程，2011 年以来中国的储蓄率开始下降，在 2018 年降到 45.69%（图 4-15）。

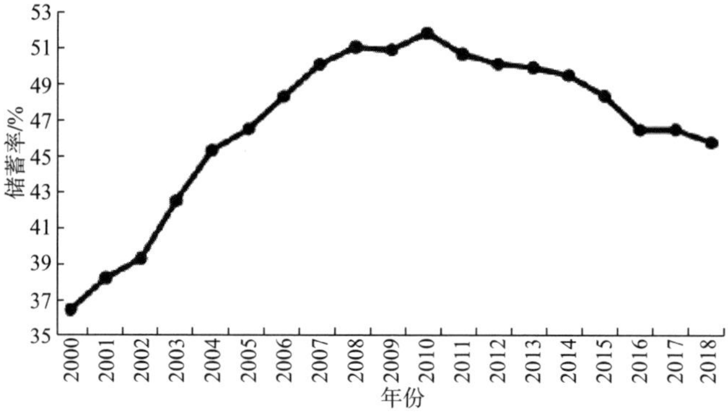

图 4-15　2000～2018 年中国储蓄率

资料来源：CEIC 数据库

换一个角度来看，储蓄率的下降可表现为政府、企业与居民家庭负债率的上升。虽然在 2000～2018 年中国政府、企业和家庭负债率都表现出上升趋势，但是这种上升趋势在 2008 年以后表现得更加明显（图 4-16）。

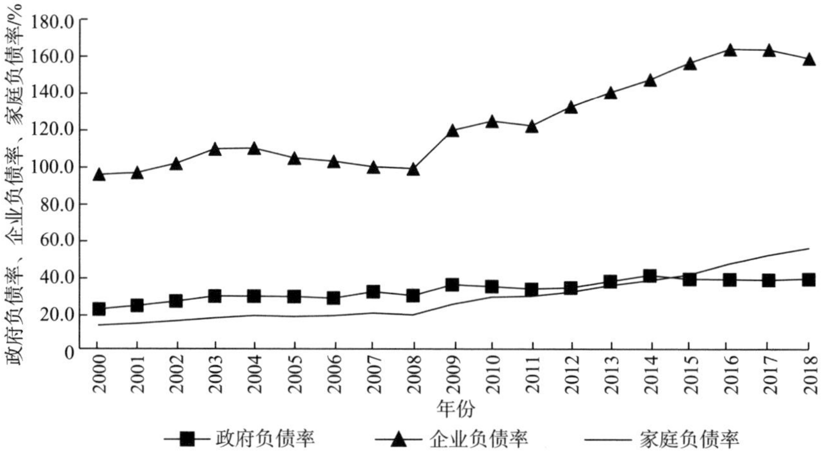

图 4-16　2000～2018 年中国政府、企业、家庭负债率

资料来源：国家资产负债表研究中心

一个国家的投资来源于国内储蓄与跨境投资的净流入。显然，假定其他条件不变，老龄社会储蓄率和投资率将趋于下降，外资也会由于中国的经济转

型与全球产业链的调整而相应下降。如图 4-17 所示，我国的投资率在 2010 年和 2011 年达到 48%的峰值后开始下降，2015 年以来均在 45%以下。可以预料，从供给侧来看，投资或资本存量的增长及其对我国经济增长的贡献将趋于下降。

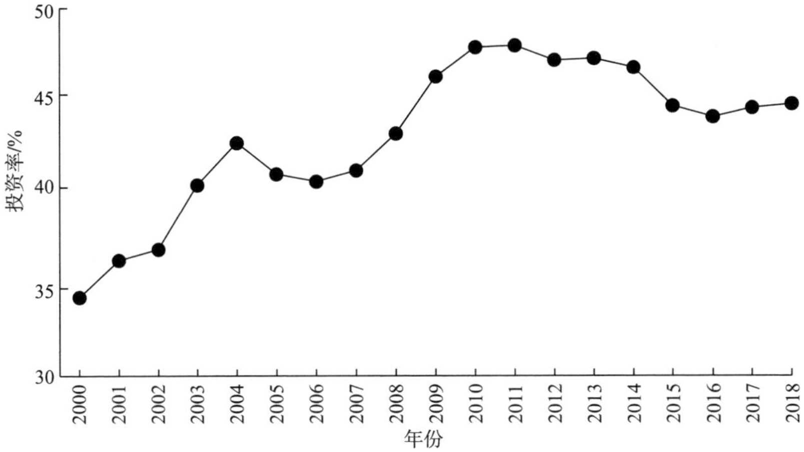

图 4-17　2000～2018 年中国投资率变动

资料来源：CEIC 数据库

4.3.3　老龄社会的技术进步与创新

有关老龄社会的技术进步或创新的一个重要问题是，老龄社会的人口变动能否影响技术进步或创新？如果答案是肯定的，那么进一步的问题是，这种影响是积极的还是消极的？

1. 年龄与技术进步

前面我们已经讨论了马尔萨斯主义与新马尔萨斯主义的主要理论与观点。马尔萨斯人口论认为人口增长受食物供给的约束（即所谓“马尔萨斯约束”），但是农业生产方式或技术进步不受人口增长的影响。新古典主义经济模型强调人口增长会影响劳动与资本的投入，尤其会通过影响资本/劳动比来影响经济增长，但是通常假设技术进步“外生于”人口变动，或者说不受人口变动的影响。

但是正如我们在前面讨论的那样，斯密、西蒙、罗默等都认为人口增长、人口密度或人口压力等会对技术进步与创新产生重要影响。当然，一个国家人口增长对技术进步的作用，不是唯一的和决定性的，而是与政治、经济、文化等多个因素相关。

已有相当数量的文献研究了发明、专利、出版物和其他创造性产品的生产者的年龄分布。一般认为，科学产出往往在 20～30 岁急剧上升，在 40 岁左右达到峰值，此后缓慢下降。各学科之间存在一些差异，但大多数研究发现，科学生产力的巅峰时期通常在 30 岁至 40 岁之间（Lehman，1953；Simonton，1988，1991）。

琼斯利用一个多世纪的相关数据分析了年龄和创新成就的关系（Jones, 2010），他的样本包括 544 位诺贝尔物理学、化学、医学和经济学奖得主和 286 位伟大的技术发明家，结果表明这些人做出相关成果的平均年龄是 39 岁。梁建章和黄文政（2018）认为，最具颠覆性的高科技企业通常是由年轻企业家创办的。梁建章等还分析了多国的人口和经济数据，发现在老龄化社会不仅年轻人少了，而且每个年轻人的活力也会大打折扣（Liang et al.，2018）。

所以，根据已有的实证研究，我们可以谨慎地认为，从供给侧来看，人口老龄化对技术进步与创新有一定的负面影响。这个现象的背后，与青年人和老年人的不同特点有关。青年人具有更强的学习能力和更积极的创新思维，具有更强烈的创新冲动和承担风险的勇气；老年人的优势在于拥有更多的经验，但是更容易偏于保守。

2. 老龄社会的需求推动技术进步

但是另一方面，人口老龄化意味着劳动力的稀缺性增加，意味着用新技术来替代体力劳动和脑力劳动（如机器人、人工智能、无人驾驶等）以及对生命科学和医疗保健领域的创新产品与服务的社会需求增加和投资回报增加。所以从需求侧来看，人口老龄化会在一定程度上促进老龄社会的技术进步与创新，正如同化石能源与资源的稀缺性增加会促进替代能源与资源的研发与供给一样。

所以，供给侧和需求侧两个不同方向的作用，使得人口老龄化对技术进步与创新的影响变得尤为复杂。显然，对于这个问题，今后还需要更多的理论探讨与实证研究。由于老龄社会的劳动与资本投入的增长趋缓甚至转向下降，所以技术进步与创新将成为老龄社会推动经济增长的主要动力，并对老龄社会的经济社会发展具有重要的政策含义。

根据麦迪森数据整理的人口增长、人均 GDP 增长与 GDP 增长数据，在 1990～2015 年的 25 年中，全球平均 GDP 增长率是 2.74%，该数据可分解为人口增长率 1.32%与人均 GDP 的增长率 1.42%（Peterson，2017）。由于人均 GDP 的增长可由人均资本存量的增长和技术进步两方面的变动来推动，所以，可以用技术进步解释的经济增长当远在 1.42%以下。

上述研究还发现，同期高收入国家的 GDP 年增长率仅为 2.05%，人口增长率与人均 GDP 增长率分别为 0.68%和 1.37%。或者粗略地说，在 1990～2015 年，全球高收入国家的经济增长率约为 2%，其中可由技术进步解释的经济增长率当在 1.37%以下。相比之下，同期中低收入国家的 GDP 年增长率为 4.50%，人口增长率与人均 GDP 增长率别为 1.46%和 3.04%，三个指标均为高收入国家相应指标的 2 倍以上。

从以上讨论我们可以看到，高收入国家人口老龄化程度较高，所以人口增长率较低；人均 GDP 的增长也较慢，两者共同作用的后果是高收入国家 GDP 增长较慢。虽然原创性技术进步与创新主要来源于高收入国家，但是这些国家的技术水平较高，所以技术进步的空间也比较小。而中低收入国家可以利用高收入国家的技术转移，实现“后发优势”，较快地提升技术水平和推动经济增长。在我国从中高收入国家转向高收入国家的进程中，我们可以合理地预测，我国主要依靠技术进步推动的经济增长率将显著放慢。

3. 美国国家科学院关于老龄化与宏观经济的专题研究

2012 年美国国家科学院的国家研究理事会的研究报告《老龄化与宏观经济：老龄化人口的长期影响》的第 6 章，以“老龄化、生产率与创新”为题，专门讨论了人口老龄化对创新的影响。该章指出，专家组估计美国劳动力年龄结构的老化对 2012 年以后 20 年劳动生产率的影响很小（National Research Council，2012）。当然这个报告分析的是美国的相关人口与创新数据。与美国相比，中国人口老龄化的速度要快得多，所以对技术进步与创新的影响可能会更大。

在该报告第 6 章的结论部分，专家组还提出了以下三条政策建议。第一，强调继续保持开放的移民政策，在过去一个世纪，移民是美国科学与创新成就的重要来源，技术移民也许是影响美国创新的最重要的途径。第二，要对年轻科学家与工程师提供有效的支持。这里包括确保年轻研究人员能获得联邦政府的研究资助，确保青年学生能以尽量短的学习时间获得科学与工程学位并及早开始独立的科研生涯。在强调延长退休年龄来应对人口老龄化时，要避免在高校与科研机构形成对青年科研人员的挤压。第三，对于促进创新来说，联邦政府的相关支出与税收制度极为重要。那些支持教育、科学项目以及对大学生和研究生的奖学金对于建设创新型社会的作用优于联邦政府的许多其他项目。这些建议对中国促进老龄社会的技术进步与创新有重要借鉴价值。

4.4　老龄社会的经济影响：需求侧的视角

经过改革开放以来的高速增长，中国经济的一个基本特征已从计划经济时期供不应求的“短缺经济”转变为产能相对过剩和按市场需求生产。我国未来老龄社会的人口缩减，可能对我国国内需求，尤其是国内的消费需求产生何种影响，是经济学关注的一个问题。

从需求侧来考察人口老龄化的经济影响。总需求由消费、投资与净出口三部分组成。前面我们已经讨论了人口老龄化对投资与出口的影响。总体来看，人口老龄化将降低储蓄/投资率，降低投资增长率；中国的出口结构也将相应调整，从劳动密集型制造业转向资金密集与技术密集型制造业，面临与发达国家的更多竞争，并对出口需求产生负面影响。接下来，我们将重点讨论人口老龄化对消费需求的影响。

4.4.1　老龄社会的总消费需求

根据前面关于人口老龄化对供给侧的影响的讨论，我们已经指出，人口老龄化将降低储蓄率，国民收入扣除储蓄部分即为消费，所以储蓄率的降低就意味着消费率的提高。但是这种消费率的提高，主要是由年龄结构的变化，即消费人口（包括少儿与老年抚养人口）相对于储蓄人口（主要为劳动年龄人口）的增加所造成的。如图 4-18 所示，2010 年以来，我国消费率有所上升，但是近年来上升趋势放缓。

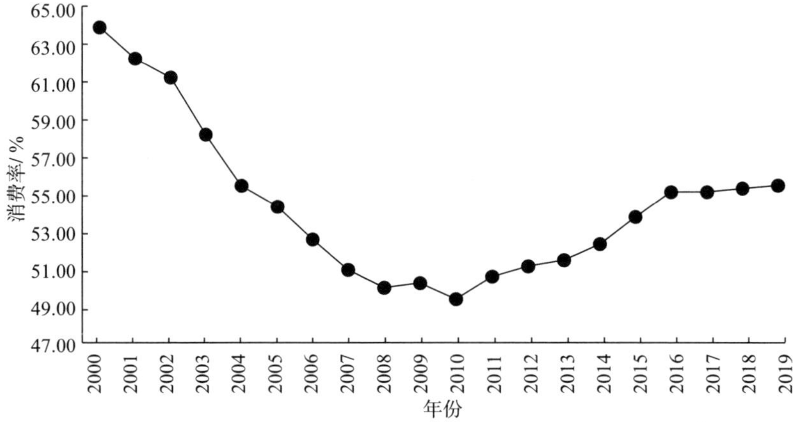

图 4-18　中国消费率（2000～2019 年）

老龄社会可以在消费率提高（或储蓄率降低）的同时，出现消费增长疲软的情况。这是因为，人口老龄化的经济增长率放缓，公共财政与城乡家庭收入的增长率也相应放缓，从而使总消费的增长率放慢。我国社会消费品零售额增长情况如图 4-19 所示。

从图 4-19 中我们可以看到，我国社会消费品零售总额的增长率在 2008 年达到 22.7%的峰值后呈现下降趋势，2018 年、2019 年已经分别降至 4%和 8%左右。

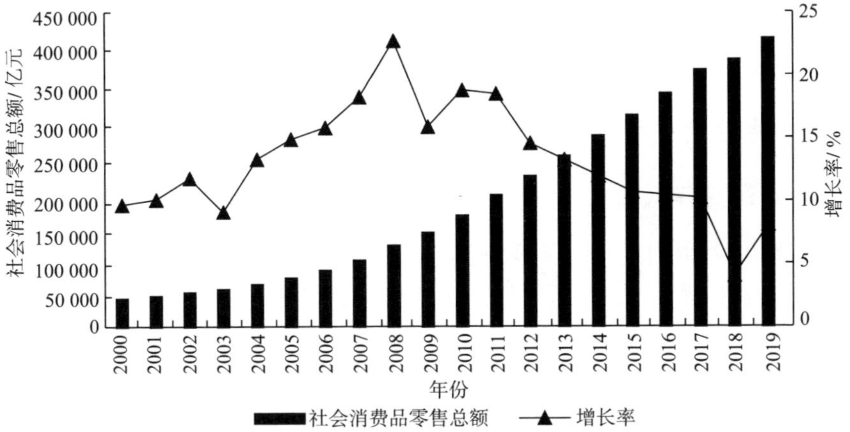

图 4-19　中国社会消费品零售总额及增长率（2000～2019 年）

人口老龄化还可以通过影响收入分配来影响消费。根据皮凯蒂的理论，21 世纪以来全球收入分配公平性不断恶化，背后的主要原因是资本回报率（r）高于经济增长率（g），造成资本所有者的财富增值快于经济增长以及收入分配向资本所有者的集聚。显然，根据这个理论，如果老龄社会资本的回报率不变而经济增长率放慢，那么意味着 r 与 g 的差距进一步拉大和收入分配公平性的进一步恶化。而收入分配公平性恶化的一个后果，是消费倾向较低的富人的收入份额上升，而消费倾向较高的穷人的收入份额下降，结果对社会消费产生负面影响。

国内关于人口老龄化对消费影响的研究得到的结果并不一致。一些研究（如，袁志刚和宋铮，2000；宋保庆和林筱文，2010；毛中根等，2013）发现老龄化对消费需求有显著影响；朱勤和魏涛远（2016）假设城乡居民消费的年龄模式保持不变，则 2010～2050 年人口老龄化对中国居民消费总量的影响不大。还有一些研究（李文星等，2008；李魁，2010）也发现老年抚养比对消费没有显著的负面影响。

实际上，根据我们的上述讨论，人口老龄化一方面会提高消费率，另一方面反而会降低消费的增长率。因此，当我们讨论人口老龄化对消费的影响时，需要对这种影响做出更加明确的定义，否则不同的研究自然会得到不同的研究结论。

所以，人口老龄化和人口总量的缩减最终会使消费增长趋于疲软。根据定义，总消费是人口总量与人均消费的乘积，因此，某一年度的总消费增长率可以看成该年人口总量增长率与人均消费增长率之和。近年来，中国人口增长率已下降到 0.5%以下，未来可能将转向人口负增长或人口缩减，从而人口增长对总消费增长率的贡献也会转为负数。另外，人均消费增长率也将因人均收入增长率的放慢而相应放慢。所以我们可以认为，21 世纪内我国人口总量持续缩减的前景将拖累我国总消费需求的增长。

4.4.2 老龄社会的部门消费需求

1. 年龄消费模式

消费者在生命周期中，对某些部门的产品的消费需求会随年龄变化而变化，如青少年对教育的需求较大，而老年人对医疗服务与长期照料的需求较大，成年人对汽车、住房等耐用消费品的消费需求较大，等等。由此可以推断，老龄社会人口年龄结构的变化会影响不同部门的产品需求和总需求。如对于年龄结构较年轻的人口来说，对教育的消费需求较大；而对于年龄结构较老的人口来说，显然对医疗与长期照料服务的消费需求较大。这里的教育、医疗与长期照料需求均包括由个人或家庭承担的私人消费，以及由政府（医疗保险或长期照料保险或财政）承担的公共消费。显然，人口的年龄结构随时间发生变动时，会造成对不同部门产品消费需求的相应变动。

为了研究年龄结构变动对分部门产品消费需求变动的影响，我们将分年龄的人均消费或年龄消费模式（age profile of consumption）纳入老龄社会 CGE 模型，来模拟和考察人口年龄结构变化对部门消费需求的冲击，主要问题是获得分部门的年龄消费模式数据比较困难。

首先，现有研究一般从大型家庭跟踪调查（如 CHARLS、CFPS、CHIP[①]等）中获得消费数据，但是家庭跟踪调查中的数据，一般只记录家庭消费支出，而没有记录家庭成员个人的消费支出。为此，需要将调查数据中家庭消费及家庭成员年龄的相关数据，通过 M&W 模型（Mankiw and Weil, 1989）分解为不同年龄的家庭成员的个人消费。

其次，家庭跟踪调查数据一般只记录家庭消费中由家庭负担的支出，而没有记录其中由社会保险或公共财政支付的部分。所以本专题在研究年龄消费模式时，需要将家庭消费数据与国家统计部门发布的统计数据拼接，或者按家庭消费的一定比例来估算公共消费的相关数据。

再次，家庭跟踪调查消费品的部门分类与投入产出表的部门分类有很大出入，后者的分类多达 142 个部门，即使我们出于简化的目的加以归并也有 45 个部门，而家庭调查的数据一般只有 8 个部门。为此，我们只能选取数据对接相对比较容易的部门。

基于家庭调查数据与投入产出表数据衔接相对容易的考虑，我们在老龄社会 CGE 模型中选取了与家庭消费调查数据对接比较容易的教育、医疗、社

① Chinese Household Income Project，中国居民收入调查。

会工作和居民服务四个部门，其中后两个部门提供长期照料服务。对这些部门的产品或服务的人均消费随年龄变化（或人均消费模式）也比较显著。

在估算长期照料的相关消费时，我们将长期照料中的医疗照料纳入医疗部门，而将生活照料按一定比例分解到社会工作和居民服务部门。在估算居家照料时，还考虑了居家照料中相当大的比例是由家庭成员提供的服务或通过非正规市场购买的服务，这些未经正规市场交易获得的服务显然没有纳入官方统计，所以是“隐性服务”，需要与通过正规市场购买的“显性服务”相区别。我们判断未来由于家庭小型化与长期照料保险的实施，部分隐性服务将逐渐转向显性服务，这也是长期照料显性服务需求快速增长的一个重要原因。在估算机构照料与居家照料时还考虑了两者之间由规模经济与管理水平及技术水平的差异带来的劳动生产率的差异。

2. 分部门年龄消费模式及人口变动对部门消费需求的影响

根据上述办法，我们可以得到相关部门分年龄的人均消费支出。以某一年龄（如 30 岁）或年龄组的人均消费为基准（即将该年龄组作为“标准消费人”），将其他年龄的人均消费除以该基准，可求得各年龄的标准消费系数。图 4-20 显示了 2016 年（实际数）与 2050 年（预测数）教育部门的分年龄人均消费（以 30 岁的人均消费为 1）的变动情况。

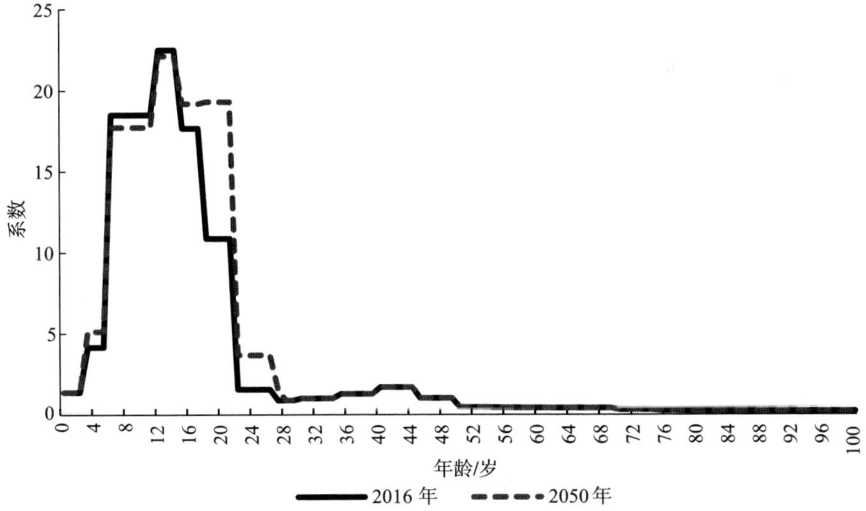

图 4-20　分年龄人均教育消费支出（以 35 岁为 1），2016 年和 2050 年

资料来源：2016 年家庭支出来源于 CFPS，政府支出来源于《中国教育统计年鉴》，2050 年数据来自课题组推测

从图 4-20 可以看到，中小学学龄阶段（6~18 岁）青少年的人均教育消费

（包括私人消费与公共消费）为 30 岁标准消费人的人均消费的 20 倍上下，或者说，一个学龄青少年相当于（或者可折算为）20 个左右的标准消费人。可以预料，如果老龄社会青少年人口占总人口的比例下降，那么，这种年龄结构的变化本身将导致对教育的消费需求下降。与 2016 年相比，2050 年由于高中阶段与高校的毛入学率提高，相应年龄组的人均消费水平会提高。

图 4-21 揭示的是医疗部门的年龄消费模式。与教育部门的年龄消费模式不同，70 岁以上老年人的医疗人均消费大大高于 45 岁以下年龄组，而 45～70 岁年龄组的人均消费随年龄增长而不断增长。

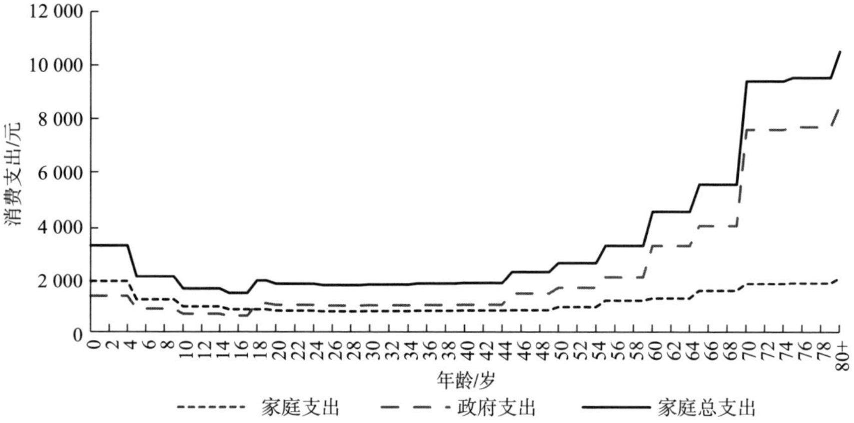

图 4-21　分年龄人均医疗消费支出

资料来源：课题组估算

通常在分部门消费函数中，消费主要由收入、产品价格及消费倾向决定，而消费者的年龄结构并不进入消费函数，或者说消费函数不能反映消费者年龄结构变化的影响。但是如上所述，年龄结构的变动或人口老龄化将推动某些部门的需求发生相应变动。为此，我们将某部门分年龄消费系数与分年龄人口数量相乘后加总，可得到反映年龄结构的标准消费人数量，并将标准消费人数量变动对部门消费需求的影响或冲击引入消费函数。下面我们将进一步讨论 GCE 模型的相关模拟结果。

4.4.3　国民转移账户研究

中国近年来的实践表明，人口老龄化可使政府向老年人提供公共服务和社会保障计划陷入严重的财务亏损，需要通过各级政府财政来加以弥补。Lee 和 Mason（2011）提出用国民转移账户（NTA）方法研究抚养人口的转移支付需要。根据储蓄的生命周期假说，个体在少年与老年时期，其劳动收入远低于消费水平，个体的赤字只能通过净转移支付、资产收入或者消耗储蓄来融资，

即

$$C(x) - Y^{l}(x) = \tau^{+}(x) - \tau^{-}(x) + Y^{a}(x) - S(x)$$

在上述等式中，x 为年龄。等式左端为生命周期赤字，即消费 C 与劳动收入 Y^{l} 之差。等式右端是生命周期赤字融资的三种渠道：①净转移支付，τ^{+} 为转移支付，τ^{-} 为转移支出；②资产收入 Y^{a}；③储蓄 S。其中，净转移支付可分为私人转移支付与公共转移支付。公共转移支付，也即公共财政支出，主要包括用于教育、医疗与养老的财政支出。

2004 年启动了 NTA 全球项目，采用国际可比的统计方法来构建国民转移账户。2019 年全球已有包括中国在内的 60 个国家加入这一项目。

对中国 NTA 的研究表明，未来中国人口的老龄化将大大增加转移支付，尤其是公共转移支付的需要。本课题的专题研究发现，假定人均劳动收入与消费的年龄模式都保持在 2009 年的水平不变，随着人口老龄化的进程，我国经济的总盈余（劳动收入减去公共消费与私人消费）将从 2009 年的 2.65 万亿元降至 2030 年的 1.84 万亿元，并在 2050 年骤减至 0.39 万亿元（Cai et al., 2014）。

4.5　老龄社会经济影响的可计算一般均衡模拟

我们采用了可计算一般均衡（CGE）模型来模拟分析老龄社会的经济影响。与局部分析模型相比，一般均衡分析可以更好地揭示人口变动通过各种不同机制与渠道对经济发展产生的影响。

我们使用的老龄社会 CGE 模型，是以迪克生等开发的中国经济动态可计算一般均衡模型“CHINAGEM”（Dixon et al., 1982; Dixon and Rimmer, 2002）为基础构建的。CHINAGEM 模型的基础数据库源于 2012 年中国经济分 142 个部门的投入产出表，模型的动态机制通过三种类型的动态链接来实现：实物资本积累；金融资产/负债积累；劳动力市场的滞后调整过程。模型中采用了嵌套的不变替代弹性和里昂惕夫（Leontief）生产函数，该函数允许劳动力、资本和土地之间，以及国产和进口投入之间的替代。家庭需求采用了扩展线性支出系统。国际贸易的进口需求采用了阿明顿（Armington）假设，出口供应采用了不变转换弹性函数。在模型中，资本存量是历年投资（扣除折旧）的积累。投资者对预期回报率的变化做出回应。

根据我们的研究需要，老龄社会 CGE 模型在“CHINAGEM”的基础上，增加了人口模块，并添加了中国城乡分层的劳动力市场、年龄消费模式、城镇职工基本养老保险与城乡居民基本养老保险以及公共财政等模块。同样根据研究需要，中国老龄社会 CGE 模型将 CHINAGEM 的 142 个部门归并为 45 个部门。限于篇幅，这里不拟对老龄社会 CGE 模型做更详细的描述，对模型细节感兴趣的读者请参见课题组的专著《中国老龄社会的经济特征及支持体系》。

下面我们将讨论利用老龄社会 CGE 模型进行的三组模拟。第一组模拟按人口中方案情景，将未纳入人口消费模式的老龄社会 CGE 模型的模拟作为基线，并将纳入人口消费模式的老龄社会 CGE 模型的模拟作为替代模拟。第二组模拟以人口中方案情景为基线模拟，而将人口高方案情景与低方案情景分别作为替代模拟，来模拟比较这两种人口变动情景对老龄社会的经济特征和社会支持体系的影响。第三组模拟以现行养老保险体制为基线模拟，而以延迟退休年龄为替代模拟，来考察实施延迟退休年龄政策对养老金财务可持续性的影响。

4.5.1 中国老龄社会 CGE 模型第一组模拟：引入年龄消费模式的影响

迄今为止，CGE 模型的研究（Dixon et al.，1982）都基于人口变动引起的劳动力、资本投入变动对经济发展的影响，而没有考虑年龄别消费和人口年龄结构变动对不同部门消费需求和总需求的影响。

如上所述，我们首次将医疗、教育、社会工作和居民服务部门的人均消费随年龄变化情况即年龄消费模式纳入中国老龄社会 CGE 模型，以分析年龄结构变化对部门需求的影响，从而不但从供给侧，还从需求侧考察老龄社会年龄结构变化对经济增长与经济结构的影响。

由于相关数据的获得比较困难，所以目前只能将医疗、教育、社会工作和居民服务四个部门（后两个部门提供老年照料服务）的消费模式纳入了老龄社会 CGE 模型。今后随着数据可获得性的改善，可以将更多年龄消费模式比较显著的部门，如汽车等耐用消费品、房地产服务等纳入模型，从而可以进一步分析人口年龄结构变动对这些部门的消费需求形成的冲击以及这些冲击对整个宏观经济的影响。

这一组模拟的模拟结果表明，当考虑年龄消费模式时，人口老龄化对不同部门产出的影响会出现显著差异。与基线模拟相比，随着人口老龄化程度的加深，教育部门的产出显著下降，而医疗、社会工作和居民服务三个部门的产出会显著上升。具体模拟结果如下。

1. 基线模拟 S1.0：人口变动对供给侧的影响

在基线模拟中，我们首先利用统计数据进行历史模拟，将中国经济情况更新到 2018 年。然后对 2019～2100 年进行预测模拟。

对宏观经济的影响方面，模拟结果显示，从要素投入来看，劳动力投入持续下降，而资本投入与 TFP 的增长率趋于下降并稳定在较低水平（图 4-22）。

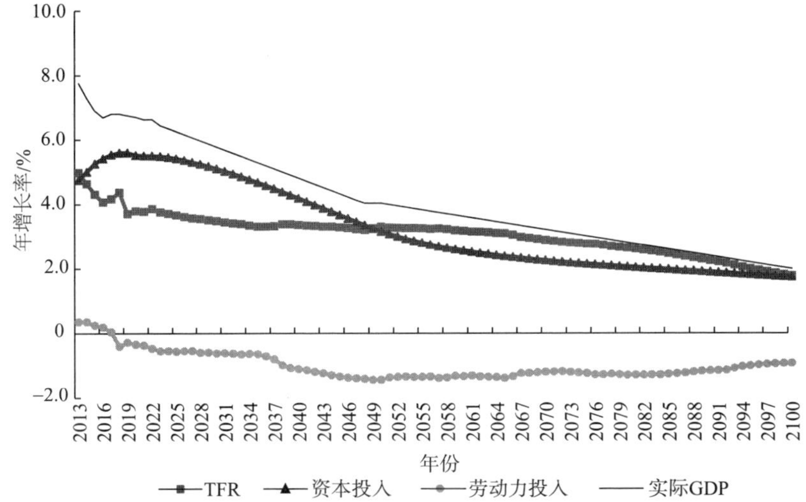

图 4-22　基线模拟 S1.0：人口中方案情景对宏观经济变量的影响

从支出来看，消费、投资及进口、出口的增长率也呈下降趋势（图 4-23）。

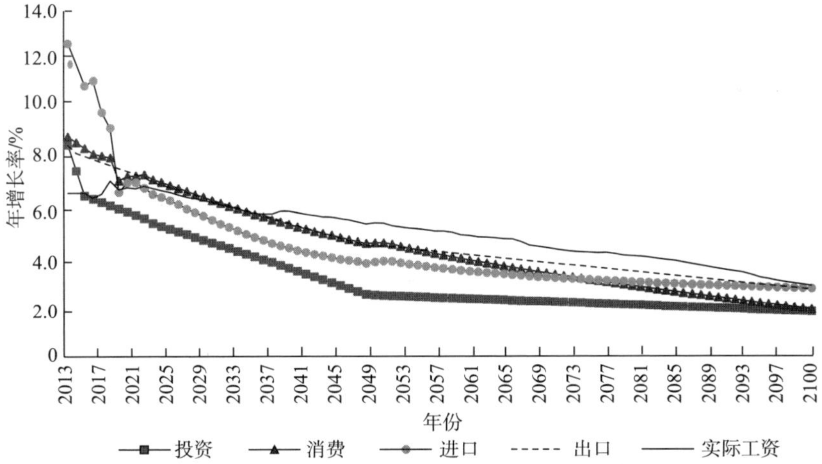

图 4-23　基线模拟 S1.0：人口中方案情景对其他宏观经济变量的影响

模拟结果还显示，城镇职工基本养老金保险与城乡居民基本养老金保险的累计赤字及其占 GDP 比重均呈现快速上涨趋势。21 世纪末，城镇职工养老金累计赤字占 GDP 比重将高达 262%（图 4-24）；养老金水平较低的城乡居民养老金的累计赤字占 GDP 比重也将达到 7%（图 4-25），表明未来老龄社会将对我国基本养老保险的财务可持续性带来严峻挑战。

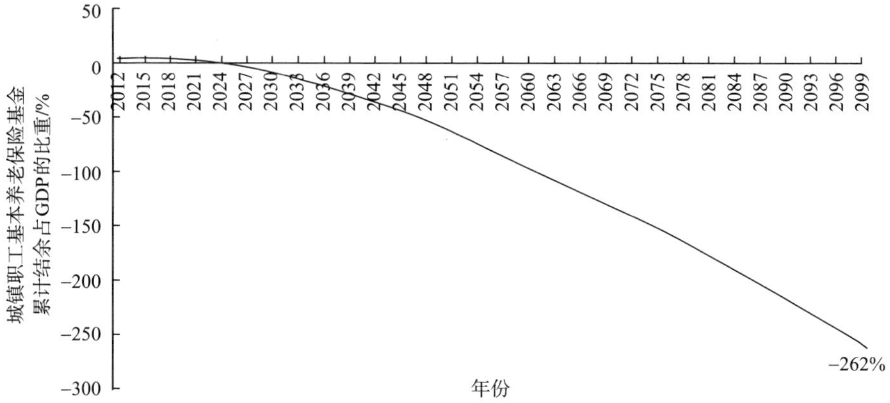

图 4-24 基线模拟 S1.0：城镇职工基本养老保险基金结余占 GDP 的比重

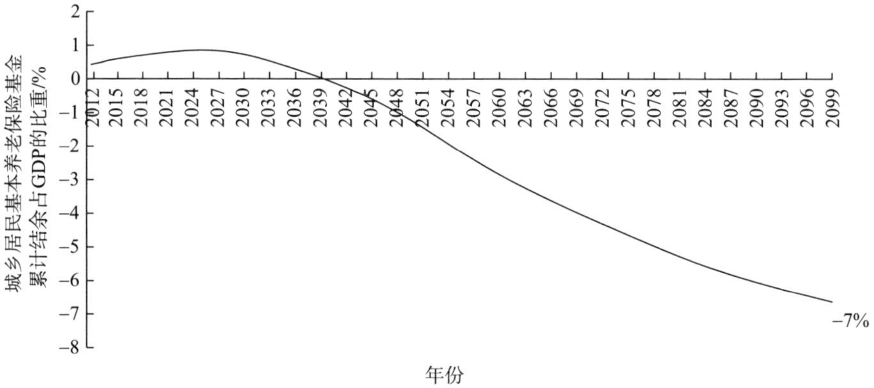

图 4-25 基线模拟 S1.0：城乡居民基本养老保险基金结余占 GDP 的比重

对政府预算的影响方面，模拟结果显示，基本养老保险的亏损将对政府财政形成沉重负担。2100 年年度政府预算赤字占 GDP 比重将高达 21.6%。

2. 替代模拟 S1.1: 人口变动对需求侧的影响

替代模拟 S1.1 将年龄消费模式引入教育、医疗以及与长期照料服务有关的社会工作和居民服务部门，从而可以通过年龄消费模式考察人口变动对需求侧的影响。从模拟结果来看，引入年龄消费模式后，人口老龄化对上述四个部门的产出都产生了较大影响（图 4-26）。到 21 世纪末，教育部门的产出会比基线 S1.0 降低 23%，而医疗卫生部门的产出会比基线高 41%，社会工作和居民服务①分别高 34%和 17%。

① 在中国的投入产出表中，长期照料一部分计入社会工作，一部分计入居民服务。

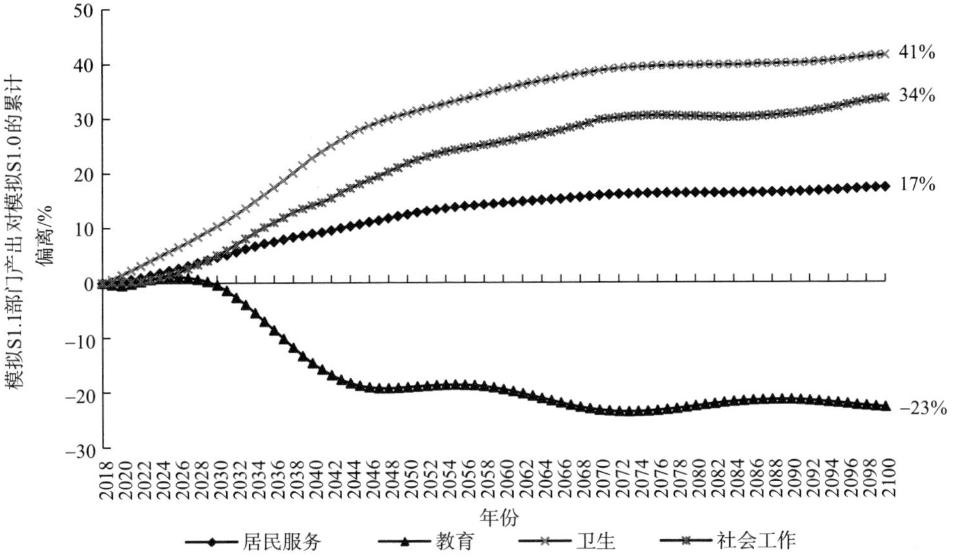

图 4-26　年龄消费模式变化对部门产出的影响：模拟 S1.1 对模拟 S1.0 的累计偏离

对部门投资需求的影响方面，模拟结果显示，这些部门的投资需求也会受到年龄消费模式的较大影响（图 4-27）。到 21 世纪末，替代模拟 S1.1 的教育部门的投资需求比基线模拟 S1.0 低 25%，而医疗卫生部门的投资需求会比基线模拟 S1.0 高 44%，社会工作和居民服务的投资需求会比基线模拟 S1.0 分别高 28%和 18%。

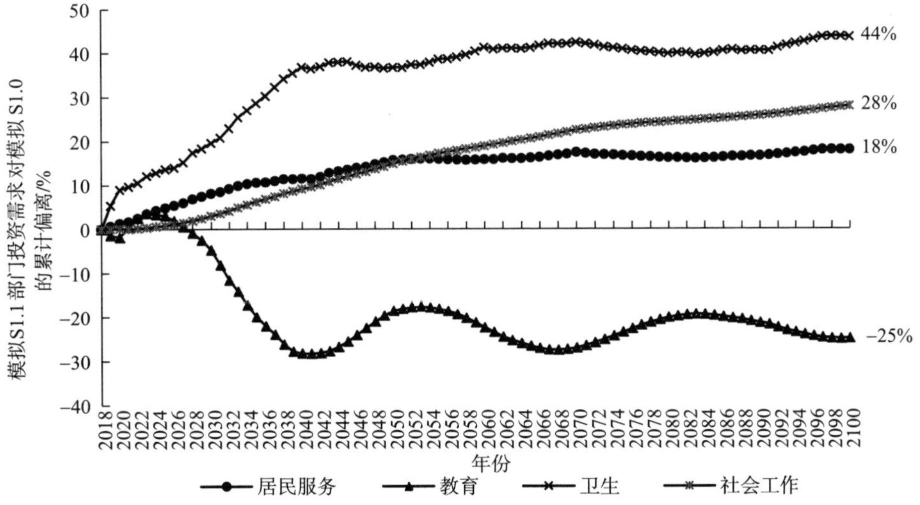

图 4-27　年龄消费模式的变化对投资需求的影响：模拟 S1.1 对模拟 S1.0 的累计偏离

对家庭消费和政府消费的影响方面，模拟结果显示，这些部门的家庭消费需求和政府消费需求都会受到较大影响。与基线模拟 S1.0 相比，到 21 世纪末，教育部门的家庭消费需求会降低 21.6%，医疗卫生部门的家庭消费需求会提高 25%，而社会工作和居民服务部门的家庭消费需求会分别提高 19%和 20%。其他部门的家庭消费需求影响较小。

年龄消费模式对相关部门的政府消费需求有较大影响。模拟结果显示，与基线 S1.0 模拟相比，教育部门的政府消费需求降低 26%，医疗卫生部门的政府需求提高 68%，而社会工作部门的政府需求提高 36%。同样，其他部门的政府消费需求受到的影响较小。

由于教育、医疗卫生、社会工作和居民服务四个部门在国民经济中所占的比重都相对较小（2012 年，教育、医疗卫生、社会工作和居民服务等部门的最终产品占投入产出表最终产品总计的比例分别为 3.5%、1.9%、0.06%和 0.95%），而且教育部门与其他三个部门的变动方向相反而相互抵消，所以这些部门的年龄消费模式对宏观经济的影响还不显著。不过我们有理由认为，如果能获得更多的分年龄部门消费数据并将更多部门的年龄消费模式引入模型，则相关部门和宏观经济的影响将更加显著。当然，这也是未来研究的努力方向。

4.5.2 中国老龄社会 CGE 模型第二组模拟：三种人口变动情景的经济影响

中国老龄社会的 CGE 模型第二组模拟以人口中方案情景下纳入年龄消费模式的 CGE 模拟为基线模拟（S2.0），该模拟等同于第一组模拟的替代模拟 S1.1。然后我们分别进行人口高方案情景下的 CGE 模拟（S2.1）和人口低方案情景下的 CGE 模拟（S2.2）。由于上面已经讨论了基线模拟的主要结果（请参见 S1.1 的相关讨论），下面主要分析比较两个替代模拟对基线模拟的偏差。

1. 替代模拟 S2.1：人口变动高方案对人口变动中方案的偏离

对宏观经济影响方面，人口变动高方案情景下的 CGE 模拟（模拟 S2.1）结果显示，如果未来人口生育率提高，那么在长期内与人口变动的中方案基线模拟相比，会有更多的人口总量和更年轻的年龄结构，将有力地促进经济增长。

首先，生育率的提高将增加未来的劳动年龄人口和劳动力供应，进而增加就业与资本。到 21 世纪末，替代模拟 S2.1 的就业将会比基线模拟 S2.0 增加 36.2%，资本存量将增加 14.9%，实际 GDP 将会增加 22%。结果还表明，实际工资将会比基线模拟降低近 30%。值得说明的是，如果老龄社会 CGE 能充分考虑制造业产品在国际市场的竞争，实际工资的下降就会比这个模拟结果平缓。

其次，生育率的提高会刺激投资需求与家庭消费、政府消费需求的增加。从产出端来看，资本的增长会刺激投资需求的增加。到 21 世纪末，投资需求将比基线模拟 S2.0 增加 14%，家庭消费需求和政府消费需求将会比基线模拟 S2.0 增加 18%，出口和进口需求分别会增加 30%和 18%。替代模拟 S2.1 与基线模拟 S2.0 的偏离请参见图 4-28 和图 4-29。

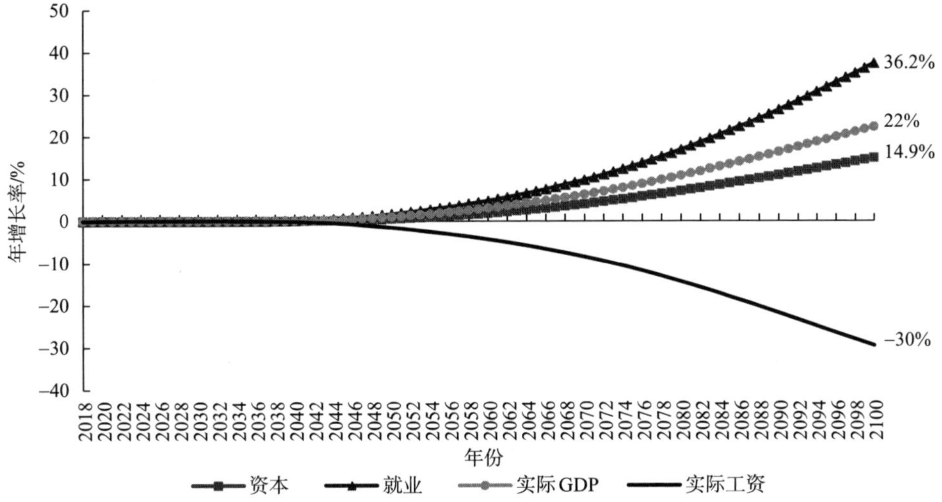

图 4-28　人口高方案下宏观经济变量的变化：模拟 S2.1 对模拟 S2.0 的累计偏离

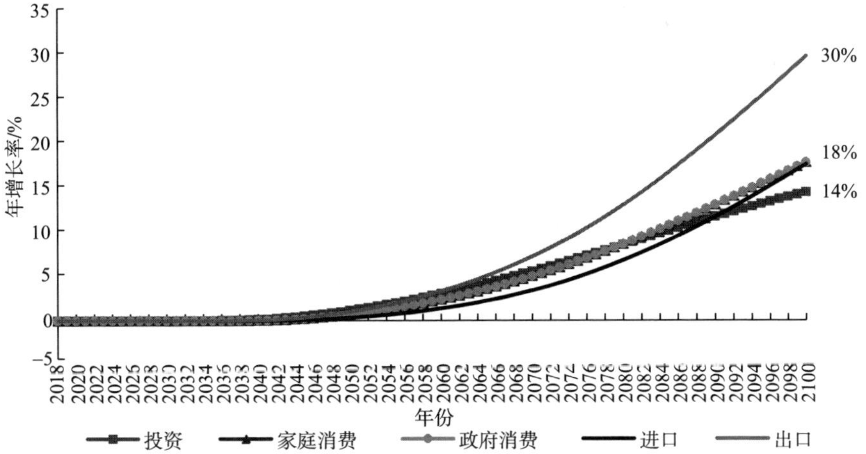

图 4-29　人口高方案下其他宏观经济变量的变化：模拟 S2.1 对模拟 S2.0 的累计偏离

对产业结构的影响方面，S2.1 的模拟结果显示，人口发展高方案下，不仅宏观经济总量呈现增长，而且几乎所有部门的产出都会增长（图 4-30）。S2.1 模拟中较大的人口总量和较年轻的年龄结构，使教育部门的增长尤为明显。

与基线模拟 S2.0 相比，到 21 世纪末，教育部门的产出会提高 61%，医疗卫生部门的产出提高 6.3%，社会工作部门的产出也将提高 9.9%。

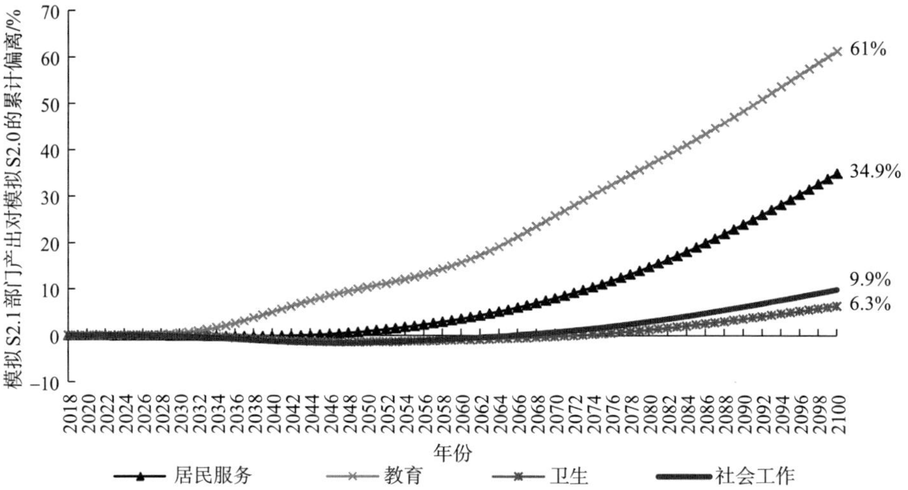

图 4-30　人口高方案下各部门产出的变化：模拟 S2.1 对模拟 S2.0 的累计偏离

对部门投资需求的影响方面，较快的人口增长会刺激几乎所有部门投资需求的增长（图 4-31）。与基线模拟 S2.0 相比，到 21 世纪末，模拟 S2.1 对教育的投资需求将提高 63%。但是对医疗卫生的投资需求略有增长（提高不到 0.8%），对社会工作的投资需求则有所下降（降低 3.4%）。对家庭消费需求的影响与对投资需求的影响类似（图 4-32）。

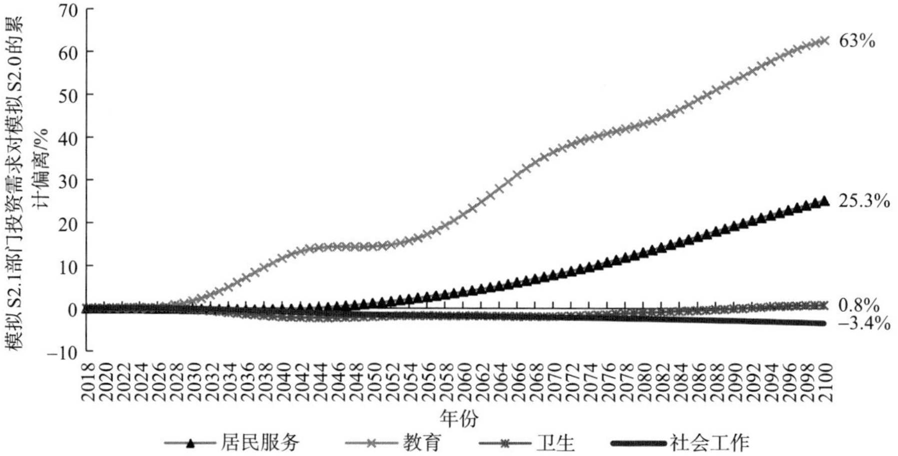

图 4-31　人口变动对部门投资需求的影响：模拟 S2.1 对模拟 S2.0 的累计偏离

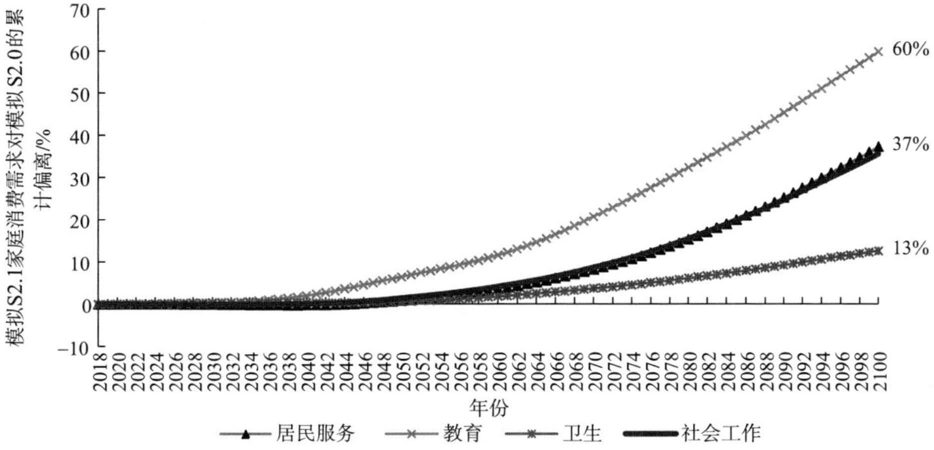

图 4-32　人口变动对家庭消费需求的影响模拟 S2.1 对模拟 S2.0 的累计偏离

对政府财政支出的影响方面，相对较快的人口增长通过以下两方面缓解对政府公共财政的压力。第一，通过就业人口的增加缓解政府养老金账户的亏空程度（图 4-33）；第二，通过较年轻的人口结构减少对医疗和老年人长期照料的需求，进而减少政府公共财政压力。然而，由于人口总量相对基线 S2.0 增加了，从而对教育，医疗需求又会增加。因此，最终对政府公共财政的影响是这几方面因素共同作用的结果（图 4-34）。

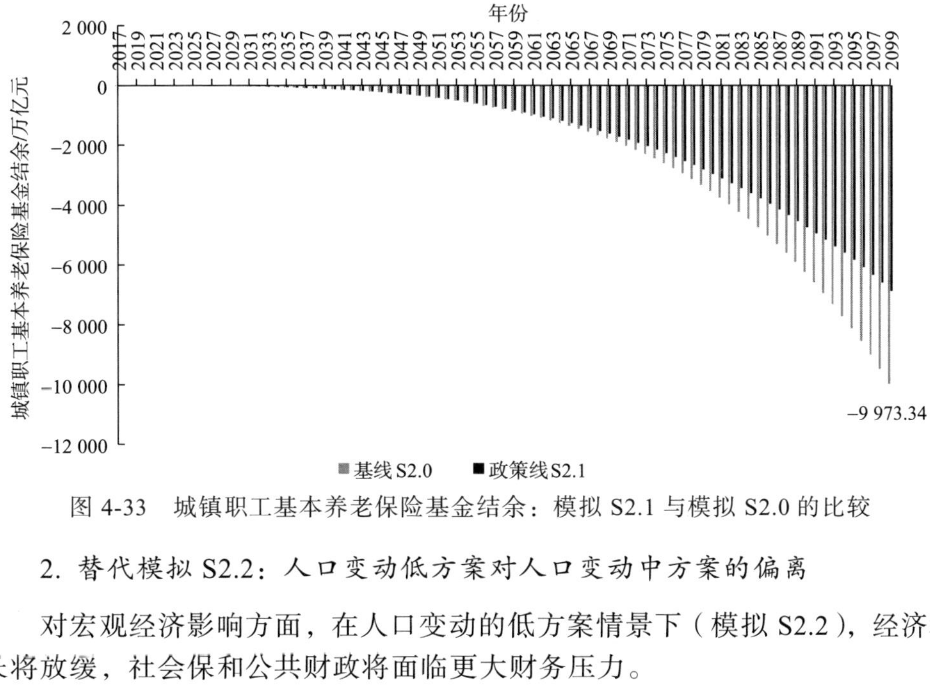

图 4-33　城镇职工基本养老保险基金结余：模拟 S2.1 与模拟 S2.0 的比较

2. 替代模拟 S2.2：人口变动低方案对人口变动中方案的偏离

对宏观经济影响方面，在人口变动的低方案情景下（模拟 S2.2），经济增长将放缓，社会保和公共财政将面临更大财务压力。

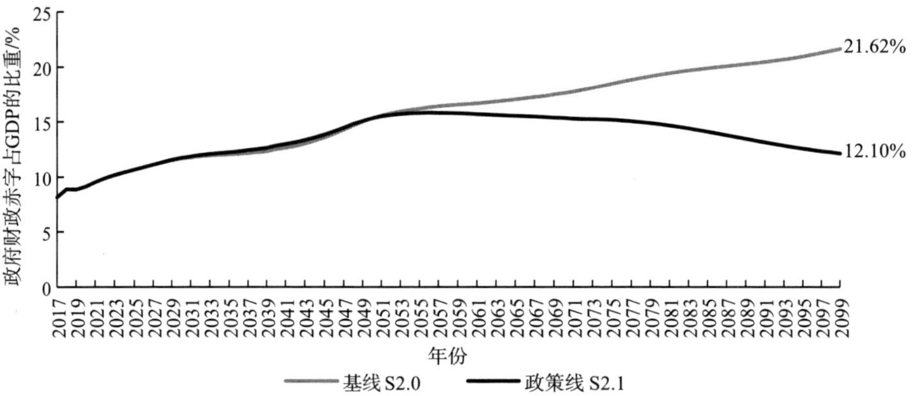

图 4-34　政府财政赤字占 GDP 的比重：模拟 S2.1 与模拟 S2.0 的比较

首先，生育率的下降将会进一步减少未来的劳动力人口，进而减少就业与资本。与基线模拟相比，到 21 世纪末 S2.2 的就业将会下降 36%，资本存量将下降 21%，实际 GDP 下降 28%，但实际工资将提高约 44%（图 4-35）。

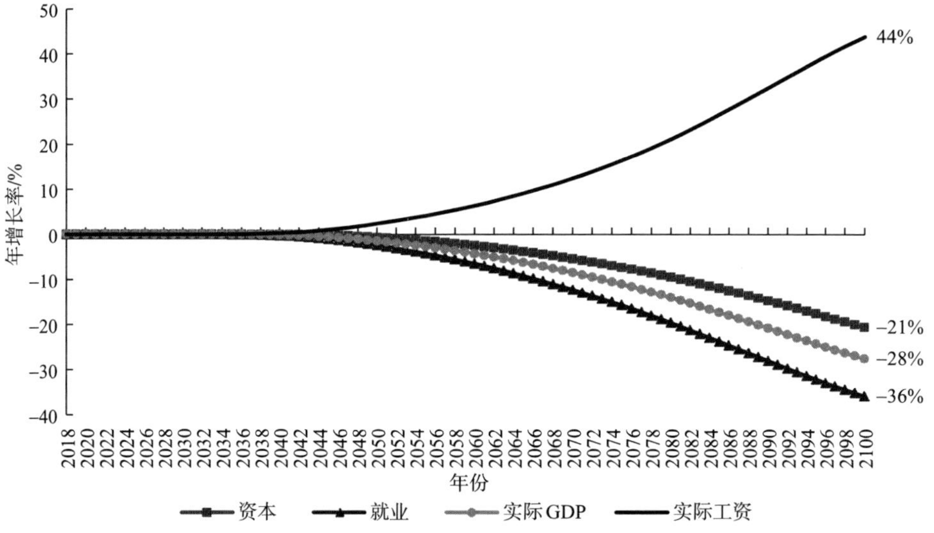

图 4-35　人口变动对宏观经济变量的影响：模拟 S2.2 对模拟 S2.0 的累计偏离

其次，资本的减少会引起投资、消费与进出口需求的下降。与基线模拟 S2.0 相比，到 21 世纪末，模拟 S2.2 的投资需求将降低 20%，家庭消费需求和政府消费需求将下降 23%，出口和进口分别下降 31.5%和 16%（图 4-36）。

对产业结构的影响方面，人口变动的低方案情景不但会减缓宏观经济增长，而且会阻碍几乎所有部门的增长。

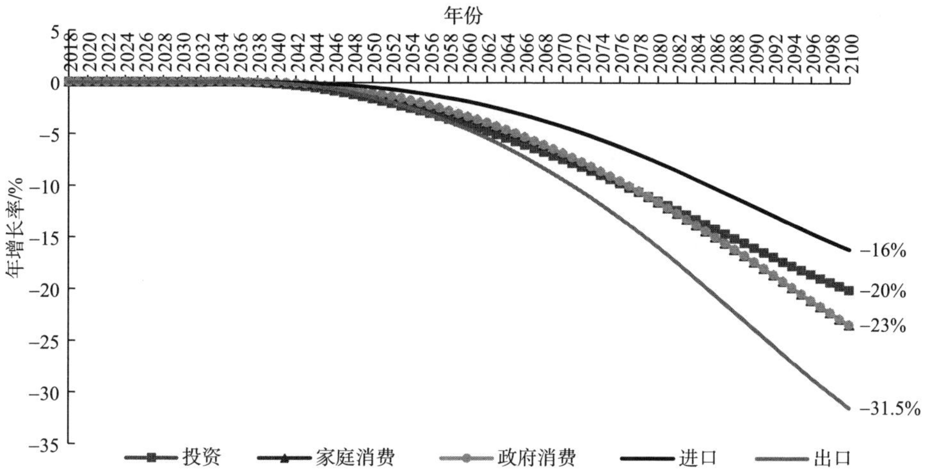

图 4-36　人口变动对其他宏观经济变量的影响：模拟 S2.2 对模拟 S2.0 的累计偏离

到 21 世纪末，与基线模拟 S2.0 相比，替代模拟 S2.2 的教育部门产出下降 47%，医疗卫生部门的产出下降 13%（图 4-37），但低于绝大多数其他部门产出的下降幅度。虽然 S2.2 的人口总量更小，但是更加老龄化的人口结构却在一定程度上推高了对医疗卫生的需求。在替代模拟 S2.2 中，例外的是社会工作部门的产出一度比基线模拟有所上升。显然由于替代模拟的人口老龄化水平更高，对老年人长期照料需求也相应更高。

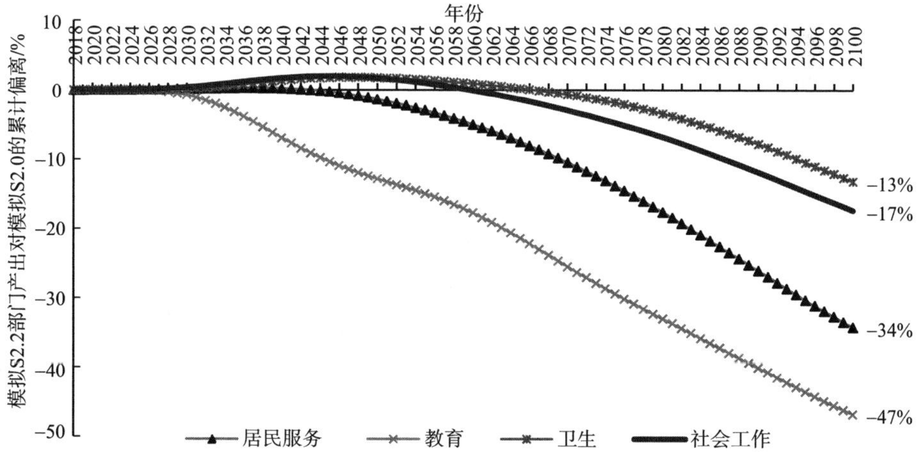

图 4-37　人口变动对部门产出的影响：模拟 S2.2 对模拟 S2.0 的累计偏离

对部门投资需求的影响方面，较低的人口增长会减少对几乎所有部门的投资需求。到 21 世纪末，与基线模拟 S2.0 相比，替代模拟 S2.2 对教育的投资需求下降 51%，而对社会工作的需求会下降 1.3%（图 4-38），对家庭消费需求的影响与对投资需求的影响类似（图 4-39）。

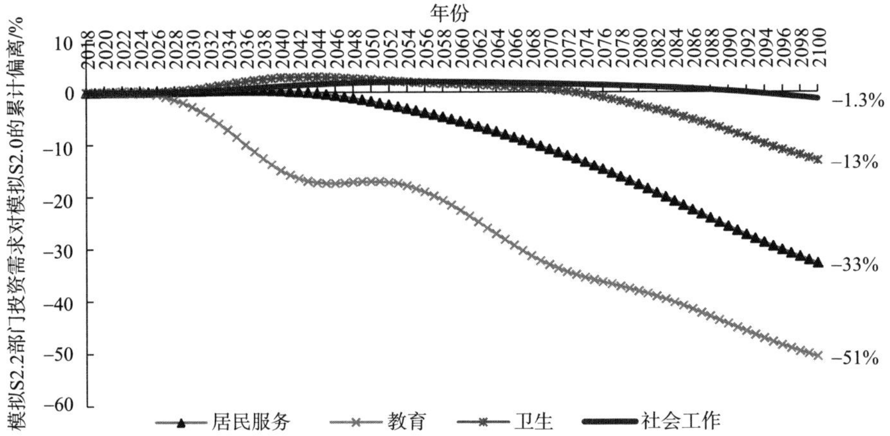

图 4-38　人口变动对部门投资需求的影响：模拟 S2.2 对模拟 S2.0 的累计偏离

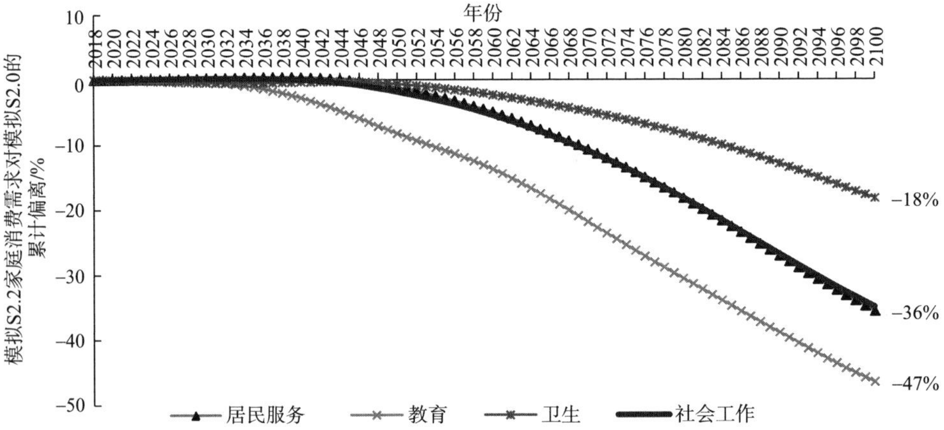

图 4-39　人口低方案情景对家庭消费需求的影响：模拟 S2.2 对模拟 S2.0 的累计偏离

对政府财政支出的影响方面，相对较低的人口增长通过以下两方面增加对政府公共财政的压力。第一，通过就业人口的减少进一步加重政府养老金账户的亏空程度（图 4-40）；第二，通过更老化的人口结构增加了对医疗和老年人长期照料的需求，进而增加政府公共财政压力。但是由于人口总量相对基线减少，对教育、医疗的需求也会相应减少。最终对政府公共财政的影响是这几方面因素共同作用的结果（图 4-41）。

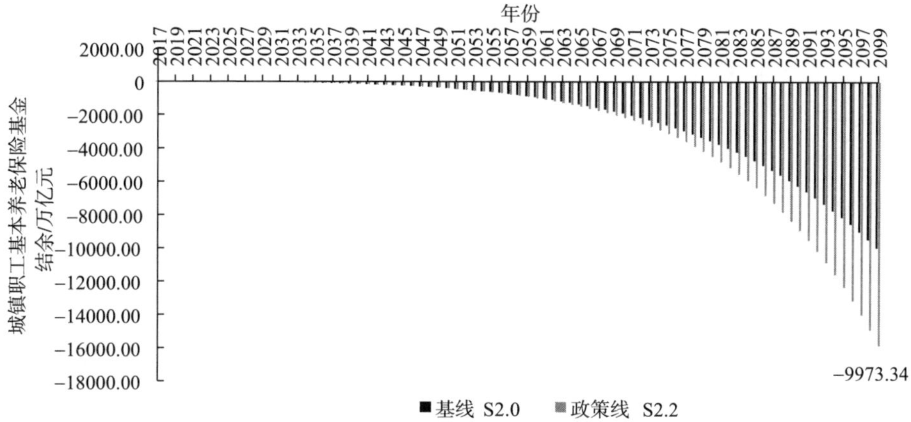

图 4-40　城镇职工基本养老金账户：模拟 S2.2 与模拟 S2.0 的比较

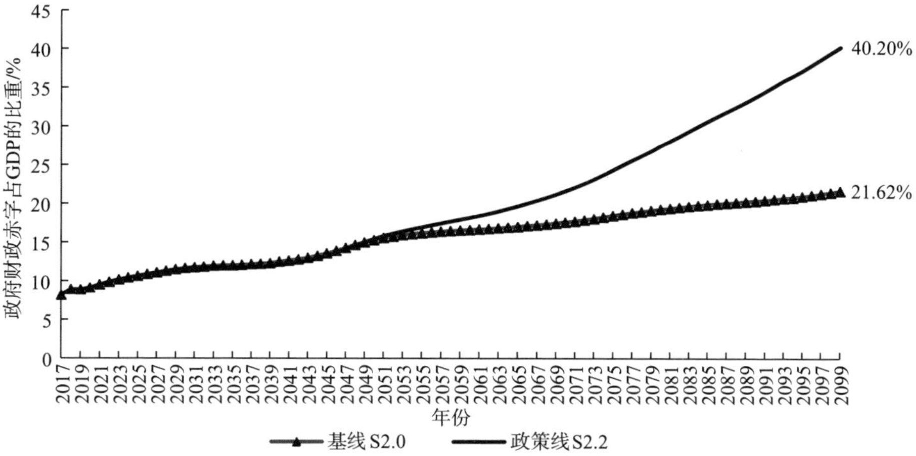

图 4-41　政府财政赤字占 GDP 的比重：模拟 S2.2 与模拟 S2.0 的比较

4.5.3　中国老龄社会 CGE 模型第三组模拟：延迟退休年龄的政策模拟

早在 2001 年，王燕等就区分了三种所有制形式（国有、私营和个体、其他非国有）的生产和就业，并将劳动力投入分成 22 个年龄/性别组，构建包括支柱 1（基本养老统筹基金）和支柱 2（强制性的个人账户）社会统筹体系模块的 CGE 模型，进而比较分析支付隐性养老金债务和转制成本的各种选择方案的中国养老金改革影响。肖明智（2012）则在结合人口迭代模型预测数据基础上，构建了一个纳入“老人”“中人”“新人”的中国养老金收支模块的 CGE 模型，分析研究中国未来养老金体系的可持续性。但是这些早期的研究无法反映中国基本养老保险体制后来发生的重大变化，如城乡居民基本养老保险制度的建立与发展等。

朱勤和魏涛远（2017）在综合考虑人口劳动年龄变动、不同年龄人口劳动参与率及其变动的基础上，进一步考察不同部门不同年龄劳动力劳动效率的差异，并将其作为有效劳动供给因素纳入 CGE 模型，模拟分析中国老龄化背景下劳动供给的变动趋势及其影响。但是朱勤等的研究未能考虑中国劳动力市场的分割和两类基本养老保险中各类劳动力参保率的显著差异。

为此，我们的老龄社会 CGE 模型将劳动力市场细化为以下 10 类：农村农业劳动力、农村非农业劳动力、进城农民工、农村待业劳动力、新增农村劳动力、农民工待业劳动力、城镇熟练劳动力、城镇非熟练劳动力、城镇待业劳动力、新增城镇劳动力。上述各类劳动力参加两类基本养老保险的参与率按实际数据加以区别。老龄社会 CGE 模型还根据相关规定，将参与城镇职工养老金改革过渡期的“老人”“中人”“新人”的养老金缴费和待遇加以区别，这样使模型能更加贴近我国的实际情况。

在本专题研究中，我们将人口中方案情景下的模拟作为基线模拟（S1.0），将延长退休年龄作为替代政策模拟（S3.1）。在政策模拟中，假设从 2020 年开始，平均退休年龄从 58 岁起每两年延迟 1 年，直至延迟到 65 岁后保持不变。同时假设由于退休年龄延迟，55 岁及以上各类劳动力分年龄的劳动参与率也相应提高，其余设置与基线模拟相同。

政策替代模拟 S3.1 主要探讨了延长退休年龄的影响。

1. 延迟退休对宏观经济的影响

延长退休将促进经济增长。模拟结果显示，到 21 世纪末，延迟退休下的实际 GDP 比基线 S1.0 提高 2.7%，这主要由于：一，有效劳动力投入（就业以工资为权重指数）将比基线提高 3.8%；二，资本存量将比基线提高 2.2%（图 4-42）。延迟退休还将增加实际家庭消费，刺激中国出口增长。到 21 世纪末，实际家庭消费将比基线提高 2.4%，出口将提高 3.2%。但延迟退休会由于劳动供给的增加而降低工资率，实际工资率将比基线降低 3.2%（图 4-43）。

2. 延长退休对养老金的影响

延迟退休一定程度上延缓了养老金赤字程度。在基线 S1.0 情景下，养老金将在 2025 年耗尽转为负值，而在延迟退休情景下，养老金存量将在 2028 年转为负值，比基线模拟有所推迟。到 21 世纪末，延迟退休下养老金累计赤字占 GDP 的比例为 161%（图 4-44），比基线模拟减少近 100 个百分点。

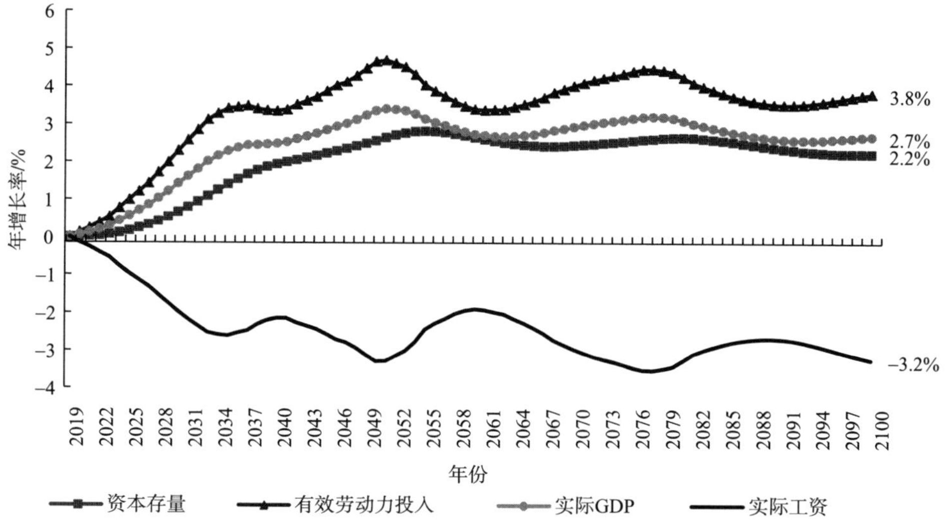

图 4-42　延长退休对宏观经济变量的影响：模拟 S3.1 对模拟 S1.0 的累计偏离

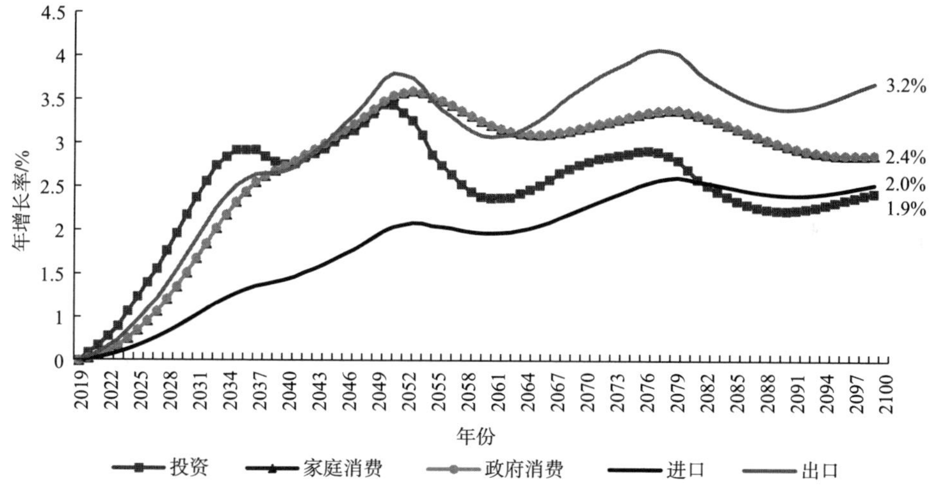

图 4-43　延长退休对 GDP 支出相关变量.的影响：模拟 S3.1 对模拟 S1.0 的累计偏离

3. 延迟退休对政府财政影响

延迟退休一定程度上缓解了政府财政赤字程度，到 21 世纪末，政府一般预算赤字占 GDP 的比重为近 17%，比基线 S1.0 的 22%减少 5 个百分点（图 4-45）。

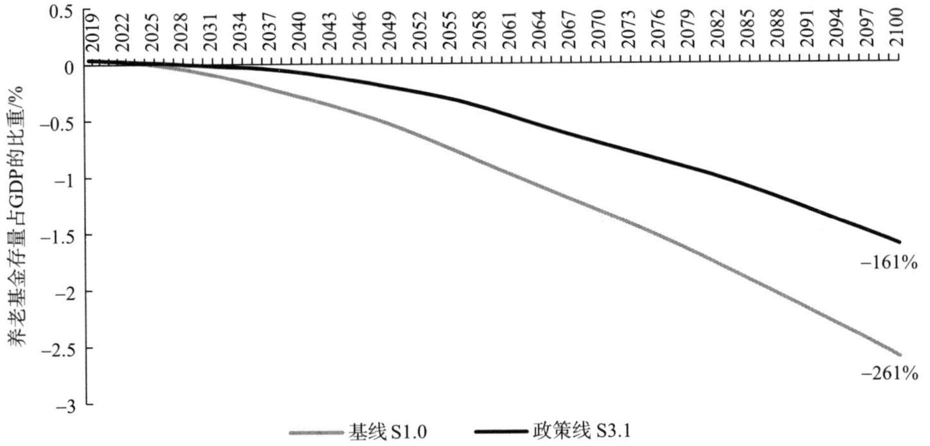

图 4-44　养老基金存量占 GDP 的比重：政策模拟 S3.1 与基线模拟 S1.0 的比较

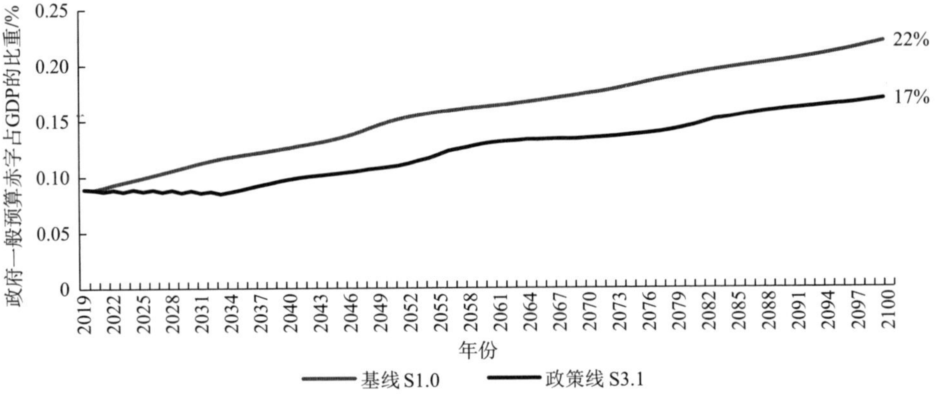

图 4-45　政府一般预算赤字占 GDP 的比重：政策模拟 S3.1 与基线模拟 S1.0 的比较

根据以上报告的政策模拟结果，我们可以得出结论，延迟退休将显著改善我国基本养老保险的财务状况，延迟退休势在必行。当然，在延迟退休年龄的同时，需要出台相关配套措施，为老年职工继续工作以及雇主单位继续雇用老年职工提供更多激励。

4.6　老龄社会的人口空间分布与区域发展

4.6.1　改革开放以来我国人口迁移及其对老龄化地图的重塑

1. 国内人口的大规模迁移

改革开放以来，东部和东南部沿海地区，特别是京津冀、珠江三角洲和长江三角洲三大城市群，由于资源禀赋和改革开放先行先试的双重优势，经济社会发展领先于中西部地区，东部与中西部地区之间、城乡之间的差距进一步拉大，经济要素也在不断由中西部向东部、农村向城市、欠发达地区向发达地区集聚。随着限制城乡人口迁移的相关制度的松动，国内人口与劳动力的流动性不断增强，形成人类历史上在和平时期前所未有的、规模最大的人口迁移浪潮。

1982 年第三次全国人口普查（以下简称“三普”）及此后的历次全国人口普查（以下简称“四普”“五普”“六普”）和全国 1%人口抽样调查（以下简称“小普查”）的结果充分反映了国内人口大规模迁移的历程。1982 年“三普”时我国流动人口数量仅为 657 万人，经过 20 世纪 80 年代缓慢的增长，1990 年“四普”时达到 2135 万人。20 世纪 90 年代，流动人口数量迅速攀升，至 2000 年“五普”时达到 1.21 亿人。2000 年以来，我国流动人口规模继续攀升，2010 年“六普”时达到 2.21 亿人，直至 2014 年达到 2.53 亿人的最高点，此后几年略呈下降之势。2019 年末全国流动人口数为 2.36 亿人，相当于每 6 个中国人中就有 1 个是流动人口（图 4-46）。

图 4-46　中国国内流动人口规模（1982～2019 年）

资料来源：1982～1995 年数据来自段成荣等（2008），2000～2018 年数据来自《中国统计年鉴（2019）》，2019 年数据来源于中华人民共和国 2019 年国民经济和社会发展统计公报

2. 国内大规模人口迁移具有明显的年龄选择性和方向偏好

人口迁移推力-拉力理论认为，迁移行为的发生是迁出地的推力与迁入地的拉力共同作用下的结果。地区间经济发展的差异导致的资源配置失衡是引发

人口大规模迁移的根本原因。国内目前正在经历的大规模人口迁移是以经济动机为主的、自愿性迁移。也正因为如此，国内正在经历的规模巨大的人口迁移活动具有明显的方向偏好性。其一，农村劳动力向城市/城镇转移是我国人口流动的主要流向。“六普”数据显示，乡村流出人口占总流动人口的 63.0%（杜旻，2013）。其二，从跨省人口迁移来看，人口主要由“欠发达”省份向“发达”省份迁移。跨省流入的主要目的地是广东、浙江、上海、江苏、北京、天津等东部省份。安徽、四川、河南、湖南、湖北等中西部省份是主要的跨省人口流出地；其中，安徽是全国人口流出第一大省。其三，从地级市层面来分析，国内人口迁移的活跃程度更加凸显了迁移的方向偏好性。“五普”至“六普”间，全国 287 个地级及以上城市①中属于人口净流入城市从 125 个下降至 103 个，属于人口净流出城市从 162 个上升至 184 个；主要都市圈、城市群是人口强势吸引中心，流动人口越来越向珠三角、长三角、京津冀三大都市圈与中西部重要的区域经济中心城市、枢纽城市、省会城市集中；人口净流失城市集中在人口密集的中部地区、成渝地区、江苏北部地区等，尤其是农村剩余劳动力较多的河南、安徽、四川、湖北、湖南几省的部分经济发展比较落后、以农业为主的地级市，成为全国流动人口的主要来源地。

迁移行为的发生并非均衡地分布于人的整个生命周期，而是具有明显的年龄选择性，通常青壮年时期的迁移率较高。我国国内人口迁移亦遵循这一规律，劳动力是流动人口的主体。2010 年“六普”时，全国 20～29 岁流动人口占流动人口总量的 27.7%，30～39 岁流动人口占 21.3%，40～49 岁流动人口占 16.0%。20～49 岁青壮年流动人口占全部流动人口的 65.0%。2015 年“小普查”数据揭示了类似的年龄选择性：全国国内流动人口中 16～44 岁者占 68.5%，45～59 岁者占 15.6%，16～59 岁者合计占到 84.1%。流动人口平均年龄和年龄中位数均为 31 岁（国家卫生健康委员会，2018），流动人口的年龄构成明显比全国总人口年轻。

3. 大规模人口迁移重塑了中国人口老龄化地图

中国人口整体上于 2000 年跨入老龄化社会，此后人口老龄化进程明显加快，2019 年末，65 岁及以上老年人口规模已突破 1.76 亿，占到全国总人口的 12.6%。然而，我国幅员辽阔，各区域间社会经济发展程度和医疗卫生水平差异巨大，生育率与死亡率下降的幅度、速度不一，使得我国的老龄化进程呈现出明显的空间差异性。总体来看，各地区人口老龄化程度与经济发展水平

① “五普”至“六普”的十年间，部分地级市的名称或行政区划发生了调整。为确保分析空间口径的统一性，笔者基于民政部 2000～2010 年历年县级及以上行政区划调整资料，以 2010 年的行政区划为准逐年校正各地级市的行政区划。

具有一致性。国内中西部地区中青年人口向东部沿海地区的大规模迁移，提高了迁出地的人口老龄化程度并缓解了迁入地的人口老龄化进程，从而在很大程度上重塑了国内人口老龄化地图。

首先，分城乡来看，国内人口迁移对城市与农村的人口老龄化进程产生了方向相反的作用：减缓了城市老龄化速度，稀释了城市老龄化程度，同时加快了农村老龄化进程，加剧了农村老龄化程度，致使中国城乡人口老龄化水平出现倒置（刘爽，1998；蔡昉和王美艳，2006；刘昌平等，2008；杜鹏和王武林，2010）。

其次，从省级单位来看，“五普”时，全国人口老龄化水平最高的五个省市是上海、浙江、江苏、北京和天津，全部位于东部沿海地区；但“六普”时，全国人口老龄化水平最高的五个省市出现了“大换班”：重庆替代上海位居首位，四川、江苏、辽宁和安徽分别位列第二至第五位，其中除江苏外，其余均位于中西部或东北地区。

最后，以 287 个地级以上城市为单位分析来看，2000 年“五普”时，东部地区进入老龄化社会的地级及以上城市数量远远多于其他地区。但是，2000～2010 年，中西部和东北地区新跨入老龄化社会的城市数量快速增加，并超越东部地区，显著缩小了东、中、西和东北[①]四大地区间老龄化程度的差距。值得关注的是，在全国普遍进入老龄化社会的过程中，2000～2010 年全国有 31 个地级及以上城市的老年抚养比不升反降，其中，24 个属于东部地区，6 个位于中部，仅 1 个处于西部。在这 31 个城市中，23 个属于人口净流入型城市。“五普”和“六普”之间的 10 年间，中国最年轻的两个城市深圳和东莞，老龄化程度几乎没有任何提高。它们的共同点是，集聚了数倍于本地户籍人口的、来自全国其他地区的年轻劳动力，深圳的外来人口高达本地户籍人口的 5 倍之多，东莞也高达 4 倍。同样，在两次普查的十年间，北京和广州的老龄化的提高均慢于全国平均水平，而上海的老龄化水平甚至出现了下降。正是大规模的以青壮年劳动力为主的人口迁入延缓了本地户籍人口原本不可避免会加速的人口老龄化进程。

另外，人口流失严重的地区面临着非常严峻的挑战。我国各地许多村庄由于人口流失和老龄化严重，最终将面临被废弃的结局。事实上，据民政部统计，2002～2012 年，我国自然村落的数量由 360 万个减少为 270 万个，10

① 此处采用国家统计局 2011 年 6 月 13 日的划分办法，将我国的经济区域划分为东部、中部、西部和东北四大地区。其中，东部包括：北京、天津、河北、上海、江苏、浙江、福建、山东、广东和海南 10 个省市；中部包括：山西、安徽、江西、河南、湖北和湖南 6 个省；西部包括：内蒙古、广西、重庆、四川、贵州、云南、西藏、陕西、甘肃、青海、宁夏和新疆 12 个省区市；东北包括：辽宁、吉林和黑龙江 3 个省。

年减少了 90 万个，平均每年减少 9 万个。当然自然村落数量减少的原因可能是多方面的，如合村并乡（镇）、土地征用及各类自然灾害造成的搬迁等。不过，人口外迁造成的人口缩减无疑是其中最重要的原因。

大规模的人口迁移已成为我国经济社会发展中最突出的人口现象，尤其在当前中国人口死亡率和出生率都已降到一个相对低的水平，人口迁移逐渐走到“人口大舞台的中央”，在重塑中国人口格局中发挥着主要作用。上述分析显示，国内由农村向城市、中西部向东部地区、以中青年为主体的大规模人口迁移重塑了中国人口老龄化地图，使 2000 年之前的“各地区人口老龄化程度与经济发展水平具有一致性，自西向东呈阶梯上升”（邬沧萍等，2004）的格局，向经济欠发达地区的人口老龄化进程加快而经济发达地区的老龄化进程放缓的新格局演变（钟水映等，2015）。

从经济增长规律来说，由于规模效应的作用，集聚是大势所趋。世界银行《世界发展报告 2009》中指出，随着人均 GDP 的逐步升高，一国国内人口与生产活动将不断集聚，当人均收入达到 10 000～15 000 美元时，这种集中趋势就会逐渐放慢，但那时集中程度也已很高了。根据日本总务省《国势调查报告》和国土交通省国土计划局的预测，日本人口将继续向三大都市圈集中，三大都市圈人口占总人口的比重将由 2005 年的 50.2%增加到 2050 年的 56.7%（陈蓉和王美凤，2018）。故中国国内人口迁移集聚的态势还将继续，欠发达地区势必将会面临人口越来越少、越来越老的萧条与困境。这需要政府与学界及早进行前瞻性研究并提出对策。

4.6.2　老龄社会人口与经济活动的区域分布

1. 老龄化对人口与经济活动区域分布的影响机制和路径

人口分布的突出特征是人口在不同区域空间上的规模变化。区域总人口规模是由该区域的人口自然增长和机械增长决定的。老龄社会人口区域分布的决定机制也不例外。然而，当人口老龄化趋势加剧，并与人口未来可能不同的增长模式交织在一起时，老龄化将影响人口增长和人口迁移，从而对城市、镇、乡村地区的人口分布产生影响。

从改革开放以来人口与经济活动的分布规律来看，与人口自然增长相比，人口迁移对中国人口的再分布有着主要贡献，而人口自然变动对城镇化和城乡人口再分布的作用相对较弱。从当前趋势来看，人口向外迁移和流动的主要来源地乡村地区的人口的快速老龄化，将直接导致城乡人口迁移总规模的明显下降。长期来看，在保持当前人口低增长的趋势下，人口迁移变动也许将仍然是影响中国未来城乡人口再分布的动力，特别是未来的乡-城人口迁移、乡-镇人口迁移以及镇-城人口迁移的规模和强度将直接影响和决定了未来我国人口空间再分布的主要特征。

老龄社会经济活动的空间分布将更多地与劳动力的流动及其带来的经济影响直接相关。某地区人口老龄化程度的提高意味着劳动年龄人口在总人口中的比重下降和劳动力下降，进而会减少该地区的投资与就业机会，成为促进地区中青年劳动力进一步向外迁移的“推力”，形成一个中青年劳动力外迁→人口老龄化、投资与就业机会下降→中青年人口进一步外迁这样一个自我加强的循环。

2. *老龄社会人口和经济活动空间分布的总体趋势特征*

人口老龄化进程对城乡和区域经济系统的影响是一个复杂系统工程。借助于纳入人口老龄化变量的人口老龄化对城乡人口和经济发展影响的系统动力学模型，可以探讨和把握老龄社会人口和经济活动空间分布的总体趋势特征。

该系统动力学模型的基本构架包括经济子系统、产业结构子系统、人口增长子系统、人口老龄化子系统、劳动力投入子系统 5 个子系统，5 个子系统之间相互影响、共同构成了城乡人口和经济发展母系统。根据人口和经济活动的国民空间基本构成，我们把区域空间划分为城市、镇、乡三个空间层次，把上述 5 个子系统相应又拆分为相互影响的 15 个子系统。具体来讲，子系统之间的逻辑关系如下：经济子系统中的资本存量影响着第一产业、第二产业和第三产业的资本存量，进一步影响对应产业产值的增长，即影响产业结构子系统。产业结构子系统中的第二产业产值和第三产业产值增长率影响了产业劳动力需求，于是，产业劳动力需求将影响传递到劳动力投入子系统。劳动力的需求则影响了市、镇、乡之间的人口迁移方向和速度，人口的迁移不仅受第二产业和第三产业的劳动力需求影响，而且受到第一产业劳动生产率的影响。第一产业劳动生产率的提高会导致农村劳动力向外迁移速度增加，进一步影响人口增长子系统中城市、镇、乡的人口增长。

基于人口老龄化现状进行系统动力学模型的模拟，未来老龄社会人口和经济活动空间分布的总体趋势将呈现如下三大特征。

一是人口的空间集聚趋势特征：未来三十年，中国人口将出现不断向城市和镇集聚的趋势、乡村人口将不断下降。模拟结果显示，预计在 2040 年之前，人口向城市集聚较为明显，但是 2040 年以后，这种趋势将有所改变，预计在 2040～2045 年，镇域人口开始超过城市地区人口，此后镇域人口与城市地区人口的差距可能将不断加大。

二是产业的空间集聚趋势特征：未来三十年，第二产业将主要向镇域地区集聚，第三产业则可能主要集中在城市地区。

三是 GDP 的空间分布趋势特征：未来三十年，市、镇、乡的 GDP 空间分布位序可能变化并不明显，城市地区的 GDP 最高，其次是镇域地区，然后是乡村地区，但是，未来三十年市、镇、乡之间的 GDP 绝对差距将可能呈现不断扩大的趋势。

为进一步揭示和预测人口老龄化进程给城乡和区域经济社会发展带来的空间影响，我们假设了人口老龄化发展变化的四种情景进行模拟分析，四种情景具体如下。

情景 I：城市、镇和乡村地区的人口老龄化水平都提高。

情景Ⅱ：城市地区人口老龄化水平提高、其他地区的人口老龄化水平保持不变。

情景Ⅲ：镇地区人口老龄化水平提高、其他地区的人口老龄化水平保持不变。

情景Ⅳ：乡村地区人口老龄化水平提高、其他地区的人口老龄化水平保持不变。

四种情景下的模拟结果概括为表 4-1。

表 4-1　人口老龄化对城乡人口和经济空间布局总体影响的情景模拟结果

情景状态	人口空间分布趋势	生产总值空间分布趋势
情景 I	乡人口上升，城市、镇人口下降	城市、镇域地区的生产总值都明显下降，其中镇的下降幅度更大，乡村地区生产总值无明显变化
情景Ⅱ	乡、镇人口上升，城市人口下降	城市生产总值将呈略微下降趋势，镇的生产总值变化幅度不大，乡村地区生产总值无明显变化
情景Ⅲ	城市、乡人口上升，镇人口下降	镇生产总值明显下降、城市生产总值下降不明显，乡村地区生产总值无明显变化
情景Ⅳ	乡人口上升，城市、镇人口下降	城市、镇、乡村的生产总值空间分布态势基本不变

资料来源：课题组自制

4.6.3　老龄社会人口和经济活动空间分布趋势的区域特征

我们进一步研究和分析了人口老龄化状态下东部、中部、西部地区未来三十年的人口、产业、生产总值空间分布趋势；并结合四种情景模拟分析了人口老龄化对不同区域城乡人口和经济空间布局的影响。未来老龄社会人口和经济活动空间分布趋势的区域特征模拟结果如表 4-2 所示；人口老龄化对东部、中部、西部不同区域城乡人口和经济空间布局影响的情景模拟结果见表 4-3～表 4-5。

表 4-2　未来老龄社会人口和经济活动空间分布趋势的区域特征模拟结果

区域	人口空间分布趋势	产业空间分布趋势	生产总值空间分布趋势
东部地区	人口向市区集聚，镇域人口保持稳定，乡村人口略有下降	大约在 2045 年到 2050 年之间，镇的第二产业将可能赶上并最终超过市区的二产；第三产业的空间分布趋势则呈现出一直集中在城市的趋势，同时在镇域有所发展，城市与镇地区的第三产业差距不断加大	东部地区的城市与镇生产总值的差距出现先分异、后趋同的趋势：在 2035 年左右，分异差距达到最大，但是之后的城市与镇生产总值增长趋势开始趋同
中部地区	人口不断向城镇集聚，人口向镇域集聚的速度要明显快于向市区集聚的趋势，农村人口下降趋势较为明显	二产一直集聚在镇域；第三产业主要集中在城市地区，且与镇域地区的差距一直在扩大	城市与镇的发展一直较为均衡，虽然城市生产总值一直领先于镇生产总值，且差距在扩大，但是城市与镇发展差距不大；城镇与乡村之间的差距却很大，而且在不断扩大
西部地区	2050 年之前，西部地区人口大多集聚在农村，随着经济发展和人口的迁移，西部地区农村人口在不断萎缩，市区人口略有上升，镇域人口扩大同时城镇化水平有所提高	第二产业主要集中在镇域地区，其次是城市地区；第三产业相对高度集中在城市地区	生产总值的城市、镇、乡村分布态势基本没有变化，但是城乡差距和城市与镇的差距呈加大的趋势

表 4-3　人口老龄化对东部地区城乡人口和经济空间布局影响的情景模拟结果

情景状态	人口空间分布趋势	生产总值空间分布趋势
情景Ⅰ	城市与镇的人口均有所下降，乡人口有所上升	城市、镇域地区的生产总值均下降；乡村地区生产总值无明显变化
情景Ⅱ	城市的人口出现下降，镇的人口上升，乡的人口上升，乡镇人口上升的幅度要大于城市人口减少的幅度	城市生产总值出现下降的态势，镇生产总值略有下降，乡村地区生产总值无明显变化
情景Ⅲ	城市、乡人口上升，镇人口下降	镇生产总值明显下降、城市生产总值下降不明显，乡村地区生产总值无明显变化
情景Ⅳ	乡人口上升，城市、镇人口下降	城市、镇、乡村的生产总值空间分布态势基本不变

表 4-4　人口老龄化对中部地区城乡人口和经济空间布局影响的情景模拟结果

情景状态	人口空间分布趋势	生产总值空间分布趋势
情景Ⅰ	乡人口上升，城市、镇人口下降	城市、镇域地区的生产总值都下降，乡村地区生产总值无明显变化

续表

情景状态	人口空间分布趋势	生产总值空间分布趋势
情景Ⅱ	乡人口上升，城市人口下降，镇人口变化不明显	城市生产总值将呈略微下降趋势，镇域生产总值和乡村地区生产总值无明显变化
情景Ⅲ	乡人口上升，镇人口下降，城市人口变化不大	镇生产总值明显下降、城市生产总值略有下降，乡村地区生产总值无明显变化
情景Ⅳ	乡人口出现上升态势、城市与镇的人口分别出现下降的态势	城市、镇域生产总值均有下降，乡村地区生产总值无明显变化

表 4-5 人口老龄化对西部地区城乡人口和经济空间布局影响的情景模拟结果

情景状态	人口空间分布趋势	生产总值空间分布趋势
情景Ⅰ	乡人口上升，城市、镇人口均下降	城市、镇域地区的生产总值都下降，乡村地区生产总值无明显变化，生产总值空间分布的城市、镇、乡村位序无变化
情景Ⅱ	乡人口有所上升，城市人口有所下降，镇域人口变化不明显	城市生产总值将呈下降趋势，镇的生产总值略有下降，乡村地区生产总值无明显变化
情景Ⅲ	乡人口上升，镇域人口下降，城市人口几乎不受影响	镇生产总值明显下降、城市生产总值略有下降，乡村地区生产总值无明显变化
情景Ⅳ	乡人口上升，城市、镇人口均下降	城市、镇域生产总值均略有下降，乡村地区生产总值无明显变化，城市、镇、乡村的生产总值空间分布态势基本不变

我们基于乡村层级数据对乡村人口老龄化的实证考察发现：中国乡村人口老龄化的空间进展正在逐渐深入影响乡村的发展前景，特别是伴随着乡村老年人口分布的演进和深度老龄化与超级老龄化的进展，新时代的城乡空间发展格局正在改变。

快速和极化发展的乡村人口老龄化进程将可能进一步极化当前大城市规模继续不断扩张、小城镇和乡村地区加剧凋零的态势：根据已有数据测算，目前有 2%左右的乡村正在走向消亡，特别是云南、宁夏、新疆等边疆地区的乡村地区正在加剧分散分布发展，在四川、重庆、湖南等呈现人口收缩型的乡村地区，伴随着青年人口外迁、老年农民工日渐回流的新人口流动趋势，人口老龄化加剧、乡村将加速衰落。从城乡发展模式的表现来看，总体上农村的人口规模在不断萎缩，经济增长存在着协调发展和分化发展两种趋势。

从区域分布趋势来看，我们系统动力学模型的模拟结果发现，全国东、中、西部不同地区的发展趋势不尽相同。分区域来看，未来随着老龄化的进展，东部城镇地区的人口与经济分布有趋于均衡发展的态势，西部地区的城镇分布和乡村分布则呈现极化发展态势，中部地区的分布相对较为复杂，可能呈现有些区域极化分布也有地区则呈现均衡分布的现象。中部部分地区和东部大部分地区的城镇在进一步扩张，乡村分布则呈现扩张与收缩不一的变化趋势。

总体来看，如果保持目前城镇化发展政策不变，那么，未来 500 万～1000 万人超特大城市数量还将增加，但 1000 万人以上城市人口规模的增长将趋缓，未来中国将有一半左右的人口分布在 50 万人到 200 万人之间规模的城市地区，10 万人以下的小城市数量占比会明显下降。随着人口转变和城市化水平的不断提高，我国的部分村落、乡镇甚至规模较小的城市可能出现萧条乃至被废弃现象（目前我国已有一些村落和资源性城市出现这样的趋势，只是今后这种趋势将变得越来越明显）。

未来中国城市空间布局的极化趋势仍将继续，随着我国人口负增长和人口向东部城市地区的集聚，会形成中西部地区部分村落、乡镇甚至城市因人口过少、基础设施缺少规模经济等原因而逐步萧条乃至废弃。这一发展趋势，应该引起重视，及早做好政策应对，特别是在城镇体系规划和布局中，应当前瞻考虑合理布局小城镇以及相应的城市基础设施、教育、医疗卫生和公共服务设施，以应对老龄化可能带来的巨大挑战。

4.7　讨论与政策建议

如上所述，根据本课题的中方案预测，到 21 世纪中叶以后，我国 65 岁及以上老年人将占总人口的 30%以上，老龄化程度比今天“超级老龄化”的日本更严重。这对我国未来经济社会发展提出了空前严峻的挑战，需要我国在研究问题和学习借鉴国外经验的基础上提出前瞻性的对策。本课题根据以上研究，以实现公平、活力和可持续的老龄社会为目标，提出相应的政策建议。

4.7.1　开发第二次人口红利，推动科技创新和经济转型

人口老龄化将从根本上改变我国经济增长的驱动力。由于资本、劳动力等传统要素的增长率不断放缓甚至转为负数，未来经济增长将越来越多地依靠技术进步和创新推动。根据内生经济增长理论（Romer，1986，1990），人力资本和知识将成为推动经济增长越来越重要的生产要素。为此，需要提高劳动力资源的利用效率和劳动力资源的质量和竞争力。针对世界上部分国家由于生育率下降，人口红利逐步枯竭的情况，一些研究提出开发第二次人口红利的理论和相关建议（Mason and Naohiro，2001；蔡昉，2004；Mason and Lee，

2006）。在人口老龄化的背景下，我国经济增长已经从要素驱动转向技术进步或创新驱动，因此，提升我国人力资本的存量至关重要。为此，要努力增加对人力资本的投入，提高投入的效率与公平性。

1. 加大对人力资本的投入，尤其对义务教育的投入

与世界上其他国家相比，我国财政性教育投入仍处于较低水平，2018 年仅为 GDP 的 4.1%。此外，在有限的教育投入中，城乡之间、地区之间教育投入的均等化程度较低。

为了应对人口老龄化的挑战，要进一步加大政府对人力资本的投入，首先是义务教育的投入。建议中央财政在义务教育筹资方面发挥更大作用，缩小公共财政对人力资源投入的城乡与地区差距，将原来由地方（县市级）层面的筹资提升为中央与地方共同筹资。中央财政统筹义务教育的部分（如一半）经费，向全体城乡学龄儿童均等化发放。

建议将义务教育由目前的 9 年制延长到 12 年即延长到高中阶段。欧美日等发达国家二战后普遍实行了 12 年免费教育。尽快将义务教育延长到 12 年，不但是提升我国未来竞争力和应对老龄社会的重大战略举措，而且对扩大内需和稳定增长有利。

2. 更加重视经济增长的质量，努力提升经济活力

近年来我国的经济增长率，已经从过去的 10%左右，下降到目前的 7%以下，未来还将进一步下降。经济增长率下降的背后，我国劳动力与投资增长会出现下降甚至负增长，使得技术进步成为推动经济增长的主要动力。

大量经济学实证研究发现，政府加大对教育和医疗卫生服务等人力资源的投入，不但有利于经济增长的公平性，也有利于实现经济效率和增长。

经济增长质量的另一个方面是提升经济增长的活力，通过全面深化改革，减少政府对微观经济活动的干预和直接参与，促进公平的市场竞争，鼓励中小企业的发展，鼓励研发与创新，真正形成大众创业、万众创新的局面。

政府的优势是做好基础性工作，如维护公平竞争的市场环境、鼓励研发和创新。政府应避免过多地参与微观经济活动，应避免优先发展那些具有高度不确定性的行业，减少选择技术发展方向具有高度不确定性的活动。

4.7.2 发展与完善城乡一体化的劳动力市场，更有效利用稀缺劳动力资源

人口老龄化本身意味着老年人口在总人口的比例上升，相应地劳动年龄人口在总人口的比例下降。我国劳动年龄人口数量下降趋势将在 21 世纪内长

期持续。劳动力的稀缺性将会增加，劳动力成本也将不断提升，因此，需要更加有效地利用稀缺的劳动力资源。

1. 减少和消除劳动力空间流动与社会流动的障碍

一个有效的劳动力市场，要求劳动力能比较自由地从边际生产率较低的部门或地区流动到边际生产率较高的部门或地区。这样不但有利于提高市场配置资源的效率，也有利于提高劳动力市场的公平性和收入分配的公平性。

目前我国劳动力在城乡之间的空间流动与社会流动的障碍依然存在，我国劳动力市场的二元结构依然存在。要提高劳动力资源的利用效率，需要进一步减少和消除劳动力空间流动和社会流动的障碍，形成全国城乡一体化的劳动力市场，推进新型城镇化建设。

2. 改革社会保障体制，更好地适应劳动力的流动性

目前我国劳动力市场分割与属地统筹或“碎片化”的社会保障体制有关。为此，要深化社会保障体制的改革，提高社会保障体制的统筹层次。中央早就明确基础养老金实现全国统筹的改革方向，应该尽快付诸实施。

建议将城乡居民养老保险升级为全国统筹的非缴费型（零支柱）养老保险，覆盖全国所有 65 岁及以上的老年人。

建议对一级（城乡社区卫生服务中心）和二级医院（县市级医院）的筹资层次从县市级提升为中央与地方（省级、地方级）共同筹资，把它们办成真正的“廉价医院”。

3. 促进积极老龄化，更有效地利用老年人力资源

世界各国都将实行积极老龄化或“生产性老龄化”（productive aging），并将其作为应对老龄化挑战的重要举措（O’Reilly and Caro，1994）。

我国人口的预期寿命，已经从 20 世纪 50 年代的 40 岁左右提高到 2015 年的 76.34 岁，目前我国关于退休政策源于 20 世纪 50 年代制定的法规[①]，目前我国退休年龄过早。我国人口少子老龄化的大趋势使得延迟退休成为必要，而我国人口预期寿命的延长和健康水平的提高则使延迟退休成为可能。

延迟退休年龄能否得到公众支持的一个关键是为延迟退休提供更大激励。要进一步加强养老保险缴费与领取的联系，为延迟退休提供更多激励。

进一步发展个人账户养老金（包括基本养老保险中的个人账户养老金与企业年金、职业年金等自愿性养老金）对延迟退休也有激励作用。

---

① 参见 1951 年 2 月政务院颁布的《中华人民共和国劳动保险条例》第十五条之规定，1955 年 12 月国务院颁布的《国家机关工作人员退休处理暂行办法》第二条之规定。

4.7.3　发展公平与可持续的老龄社会支持体系

本课题的模拟表明，人口老龄化将对我国社会保障体制产生重大冲击。为了更好地应对人口老龄化的挑战，我们需要进一步改革我国的养老保险体制，提高社会保障体制的公平性、有效性和可持续性。

1. 充分发挥政府与个人（家庭）的养老保障功能，发展完善多层次养老保险体制

目前我国已建立的社会保障体制主要由政府构筑的社会统筹账户与个人账户组成，由于企业与劳动者的强制缴费率较高，参保退休人员的养老金也过多地依赖社会养老保险提供。今后要在发挥政府作用的同时，充分发挥劳动者个人的积极性，发展和完善“五支柱”的养老保险体制，包括：①由财政筹资的非缴费型（零支柱）养老保险；②实行全国统筹的覆盖全体劳动者的国民基础养老金（第一支柱）；③强制性个人账户（第二支柱）；④自愿参加的企业年金或职业年金（第三支柱）；⑤家庭的养老功能（第四支柱）。

建议我国养老保险的长期目标为：由各类养老金提供总计 60%～70%的替代率，其中由非缴费型养老金提供 10%的替代率，由全国统筹基础养老金提供 30%～40%的替代率，由各类缴费确定型（defined contribution）个人账户养老金提供 20%以上的替代率。

2. 实现健康老龄化

本课题的模拟表明，人口老龄化将使我国的卫生总费用占 GDP 的比例不断上涨。

我国医改已进行多年，但是迄今尚未取得令人满意的成效。每年超过 300 万中国人在 70 岁之前因心血管疾病、慢性呼吸系统疾病、癌症和糖尿病等非传染性疾病“过早”死亡。近年来医患矛盾问题表现更加突出。为了更好地应对人口老龄化的挑战，我们需要进一步改革我国的医疗保险体制。

我们建议，政府对一、二级医院承担主要筹资责任，把它们办成真正的廉价医院。政府对一、二级医疗服务承担主要筹资责任，实行“补供方”的补偿办法，从根本上改变“以药补医”等扭曲医疗行为的不当体制和经济激励，把它们办成真正的公立医院和廉价医院。切实加强对慢性非传染疾病的群体性预防，实现有病早治，有效减轻老龄化疾病负担。

同时，让市场在三级医疗资源的配置中发挥更大作用。对三级医疗服务采取医保购买服务的办法，放宽三级医疗服务的准入限制，鼓励社会办医，满足不同收入人群对三级医疗服务的多元化需求。

4.7.4　将生育政策从控制转向鼓励，确保中华民族人口的长期延续

从 1980 年以来，我国实行严格的生育控制政策 30 多年，我国人口的生育率降低到 1.5 左右。我国政府在 2013 年决定放宽生育政策，允许单独家庭（夫妻双方有一方是独生子女）生育二孩，2015 年又决定实施全面二孩政策。实际数据表明，两次放宽生育政策虽然对提升二孩生育率有一定作用，但是对提升总和生育率的作用相对有限，对于提升一孩生育率的作用就更加微乎其微了。

为了应对 21 世纪人口老龄化的挑战，建议尽快修改《人口和计划生育法》，全面取消对城乡家庭生育数量的限制，调整计划生育工作的重点，从数量控制转向家庭计划、生殖健康和妇婴健康服务，同时采取切实措施，帮助解决城乡家庭养育子女的实际困难，增加托幼设施服务及学前教育设施服务，适时出台鼓励生育的政策。从长期来看，我国生育率应该逐步回升到更替水平，这不但是经济社会健康发展的需要，更是中华民族得以延续的终极需要。

第 5 章　中国老龄社会的社会支持体系

浙江大学课题组

随着人类文明迈入 21 世纪，我国从整体上进入了老年型社会。近 20 年来，人口老龄化程度日益提高，而且各种人口预测表明，我国的人口老龄化趋势已经不可逆转，老龄化现象将伴随整个 21 世纪。随着人口老龄化程度加深，社会形态将会发生变化，社会矛盾和冲突发生的可能性就会加大。虽然，各主体的行为会随着社会变迁而自行调整，但仅有这种调整未必能够有效应对老龄社会的变化，这就需要调整社会政策，建立健全社会支持体系。近些年来，我们已经有一系列的社会政策，旨在应对人口老龄化，并发挥了积极的作用。但是，我们注意到，这些社会政策的大多数主要是为了满足老年人的需求，因而在实践中遇到了一些困难，某些领域甚至已经出现了代际矛盾。另外，现行社会政策绝大多数需要依靠政府的力量才能有效落实，市场和社会的力量没有充分调动。此等状况，不仅导致现实中诸多问题难以解决，更难以适应未来常态化的老龄社会。

事实上，人口老龄化对社会的影响是全方位的，每一个年龄段的社会成员都会受到影响。因而在老龄社会，不仅是老年群体需要社会支持，中青幼这三个群体也需要社会支持。所以，构建老龄社会的社会支持体系，必须改变以老年人为中心的思维，通过科学的制度安排，充分尊重和保护各群体的基本权益，努力满足各群体的合理诉求，统筹协调各方利益，实现代际均衡；通过清晰界定社会各主体的职责，建立有效的机制，充分发挥政府、市场、社会和家庭的功能与作用，实现多元共治，建设安全、和谐、充满活力的老龄社会。这是社会发展可持续的基本要求，也是国家长治久安、走向现代化的应有之义。

5.1　老龄社会的社会特征分析

构建老龄社会的社会支持体系，须以老龄社会为背景，并把握其社会特征。老龄社会是指人口老龄化达到一定程度的社会。人口老龄化是社会经济发展的必然趋势，出生率和死亡率下降是人口老龄化的原动力，人口迁移流动等因素则会改变各地区的人口老龄化程度以及区域间的均衡程度。我国进入老龄社会已经有 20 多年了，今后一个时期老龄化程度还会继续提高。与此同时，工业化、信息化、市场化、城市化和国际化深入发展，未来老龄社会的结构将变得更为复杂，人口特征、社会关系和文化心理都将发生新的变化，由此产生相应的社会支持需求。

5.1.1　人口特征

人口老龄化的积极效应是人口预期寿命延长，由此导致个体生命周期与生活方式的变化。从长远看，我国老年人口总量将经历先增后降的过程，在这一过程中，老龄化已经使全社会的人口结构从“金字塔形”转变为“橄榄形”，未来则将由“橄榄形”向“倒梯形”转变，而城乡经济水平的差异则将对地区间的老龄化程度差异产生重要影响。

1. 人口老龄化的变化趋势

目前，我国人口年龄结构呈“橄榄形”分布，劳动年龄人口居中，且占比最大，少儿人口与老年人口居于两端，同时，少儿人口数高于老年人口数。然而，随着人口老龄化的发展，老年人口将逐渐增长并超过逐步减少的少儿人口，使人口结构向“倒梯形”发展。从目前的发展趋势看，老龄人口数将超过少儿人口数。预计 2035 年，老龄人口将达到少年儿童人口数量 2 倍以上[①]。

我国人口老龄化的特征主要是人口规模大、发展速度快、高龄化显著、发展不均衡与波动幅度大。长远来看，未来我国老龄人口总量将先升后降，而社会老龄化程度将逐步上升，并保持在稳定水平。与此同时，高龄老年人所占比率将持续上升。

老年人口总量先增后降。自 20 世纪 90 年代起，我国老龄人口快速上升。2018 年，全国 60 岁及以上老年人口达到 2.49 亿人，占总人口比重为 17.9%，65 岁及以上老年人口为 1.58 亿，占总人口比重为 11.9%。预计 2033 年，老龄人口将达到 4 亿人，而在达到 2053 年的 4.87 亿人峰值后，中国老龄人口将出现负增长，2100 年将降至 3.82 亿人。

与此同时，我国老龄化程度将不断加深，后逐步趋于平稳。根据全国老龄工作委员会预测，到 2030 年，全国 60 岁以上老年人口将达到 3.63 亿人，占总人口的比重为 25.1%；到 2050 年，老年人口将达到 4.68 亿人，比重提高到 33.3%，2054 年，老年人口规模将达到峰值 4.72 亿人，2058 年，老龄化程度达到峰值 34.5%，之后直到 21 世纪末，老龄化程度仍将在 33%上下浮动。

---

① 本节使用的老年人口预测资料，均来自国家应对人口老龄化战略研究总课题组《国家应对人口老龄化战略研究总报告》，华龄出版社，2014 年 3 月。

可见未来我国人口老龄化程度在经历一段时间的增长后，将逐渐地趋于稳定。

如果以 65 岁作为老龄的衡量标准，我国老年人口规模在 2030 年将达到 2.49 亿人，占总人口的比率为 17.2%；到 2040 年达到 3.38 亿人，这一比率将提高到 23.5%；到 2050 年达到 3.54 亿人，比率提高到 25.2%，2058 年，将达到峰值 3.78 亿人，随后缓慢下降，老龄化水平将在 2063 年达到峰值 28.4%，之后在 26.3%～28.4%变动。虽然与 60 岁作为老年人标准的口径相比，数据层面的人口老龄化程度相对降低，但是老龄化趋势仍将保持一致，即先升后逐渐趋平。

此外，高龄老人的数量将保持持续增长，在老年人口中的占比稳步提升。我国 80 岁以上高龄老年人口在 2030 年将达到 4132 万人，占老年人口的 11.4%；到 2040 年增加到 6416 万人，占老年人口的 15.1%；2050 年达到 1.06 亿人，占老年人口的 22.7%。预计到 2073 年将达到峰值 1.28 亿人，占老年人口的 31.1%。

2. 老年人口分布的城乡差异

我国人口老龄化的城乡发展不均衡问题突出，农村老龄化水平和速度均高于城镇，城乡老龄化程度的差异先扩大后缩小，但农村老龄化程度始终高于城镇。

我国城镇 60 岁及以上老年人口在 2030 年将达到 2.02 亿人，占城镇总人口的 21.2%；2040 年增加到 2.67 亿人，比重上升到 26.2%；2050 年提高到 3.28 亿人，比重超过 30%，达到 31.1%；2058 年将达到峰值 3.44 亿人，随后缓慢下降；比重在 2059 年达到峰值 32.9%，随后在上下一个百分点内变动。农村 60 岁及以上老年人口 2030 年将达到 1.62 亿人，占比为 21.2%；2034 年达到峰值 1.67 亿人，随后缓慢下降，到 2040 年的减少到 1.58 亿人，但比重不降反升，占比提高到 38.2%；到 2050 年进一步减少到 1.40 亿人，比重将超过 40%，达到 40.2%；到 2055 年农村老龄化水平达到峰值 40.6%之后出现下降。

城乡经济发展水平以及就业机会等因素的差异，导致了农村劳动人口不断向城市迁移，在加速农村老龄化发展的同时，缓解了城镇的老龄化水平。预计 2030 年起，随着我国老龄化进程加速，城乡人口老龄化程度差距也将达到最高。虽然 2053 年后，城乡老龄化程度差异会逐步减小，但农村老龄化程度始终高于城镇。

3. 老年人的健康状况

随着社会经济发展和医疗卫生技术进步，人口的健康寿命在不断延长。2015 年中国人口的平均预期寿命达到 76.34 岁，其中男性 73.64 岁，女性为

79.43 岁[①]。2018 年中国 65 岁时平均余命男性为 15 岁，女性为 17 岁。根据联合国预测资料，未来人均预期寿命仍将持续提高。到 2030～2035 年，中国人口平均预期寿命将达到 78.83 岁，其中女性超过 80 岁，达到 80.35 岁，到 2045～2050 年，中国人口平均预期寿命将超过 81 岁，其中女性将达到 82.35 岁。

伴随着人口老龄化和高龄化，失能老年人口数及所占比重快速增长。中国老龄科学研究中心 2011 年的数据显示，2010 年底，全国部分失能和完全失能的城乡老年人约 3300 万人，占老年人口的 19%，其中完全失能人口为 1080 万人，占老年人口的 6.23%（黄匡时和陆杰华，2014）。截至 2016 年，中国部分或完全失能的老年人群约有 4063 万人，到 2030 年，这一数字预计将飙升至 6168 万（庄绪荣和张丽萍，2016）。

由此可见，未来社会中，个体的老龄时期在其生命周期中所占比重将不断上升，逐步接近 1/4。而面对不断延长的老龄时期，如何为老年人口提供相应的保障服务，建立全生命周期的健康管理体系，将是未来医疗卫生体系建设的重点。与此同时，老年人个体也需要适时调试心态，合理规划老年生活，通过积极的社会参与来实现健康老龄化的目标。

生命周期的转变也会带来个体生活方式的变化，未来，面向老年群体的健康以及文化等软性需求将不断增加。与此同时，互联网、人工智能等新兴科技的进步发展重塑了传统行业与个体生活方式，而这对于老年人群将产生重大影响[②]。

5.1.2　社会关系

从社会关系的层面看，未来我国家庭少子化、核心化的趋势将会进一步加强，这将削弱传统家庭养老模式的基础。人口老龄化程度的加深，会使越来越多的老年人在晚年面临独居和空巢的风险。但是，我国传统家庭伦理和家庭文化构筑起来的强大凝聚力依然存在，现代科技对日常生活方式的影响扩展着家庭的空间联系，使得代际关系以新的形式联结（胡湛和彭希哲，2018）。此外，为应对老龄化社会劳动力数量的减少、劳动力成本的提高、资本和技术的转移升级以及信息化的发展所带来的产业结构的变革，个体参与社会生产的方式更加多样化，形成新的社会关系。

随着新中国成立后出生的一代人进入老年阶段，无论是受教育程度、工作经历以及接受新事物的能力与老一代呈现不同特征，信息化的发展、手机和互联网技术的普及，使得老年人参与社会的能力不断提高。60 岁及以上老

① 资料来源：中国统计年鉴 2018（电子版）：表 2-4，国家统计局。

② 《大转折：从民生、经济到社会——老龄社会研究报告（No.1）》，2019 年。

年网民不断增多，一机遍知天下事，一机连通几代人，极大提升了老年人的社会参与和社会交往能力。

1. 老年人婚姻家庭状态变化

首先，我国面临高风险的独居和空巢老年人的家庭持续增加。全国无配偶老年人口占全部老年人口的比率将长期维持在 30%以上，2010 年为 5023.39 万人，2030 年将翻一番，达到 1.02 亿人，2050 年将增长到 1.52 亿人，2055 年左右到达峰值，接近 1.57 亿人。其中，丧偶老年人也不断增加，2010 年全国丧偶老人为 4652 万人，到 2030 年将翻番，达到 9478 万人，到 2035 年增长到 1.17 亿人，在 2055 年达到 1.55 亿人的峰值后下降。从丧偶老年人口的性别构成来看，女性老年人口丧偶占全部丧偶老年人口的 70%以上。

此外，我国独生子女夫妇或无子女夫妇增多，家庭少子化、小型化及核心化趋势不断加强，进而导致家庭内部养老支持能力不断减弱，削弱着传统家庭养老模式的基础。一方面，终身未生育老年夫妇数量及比重上升，2015 到 2030 年在 170 万人到 200 万人之间，占全部老年人口的比率为 5‰～6‰。2035 年以后，终身未生育老年夫妇人口总量和占全部老年人口比率开始持续上升，到 2040 年终身未生育老年夫妇数量将会在 200 万人到 300 万人之间。另一方面，终身只生一个孩子的老年夫妇大幅增长，2010 年有 622.18 万人，占全国老年人口的 3.58%；2020 年，这一数字急剧上升到 3101 万人，是五年前的 1.8 倍；到 2025 年，终身生育一个孩子的老年夫妇增长到 4785 万人，到 2040 年将达到 9612 万人，到达高峰时接近 1 亿人口，占全国老年人口的比率将上升到 22.6%左右。

与此同时，65 岁以上老年人的空巢比率也持续增加，尤其是高龄空巢的比率增幅更大。2050 年时，有 13 个省区市的 65 岁以上空巢老年人占总人口的比率为 2000 年相应比率的 5～10 倍；有 18 个省区市为 3～5 倍。最高的 6 个省区市 80 岁以上空巢高龄老年人口比率等于 2000 年的 22.4～35.7 倍；另外有 18 个省区市提高了 10～20 倍；其余最低的 7 个省区市也提高了 6～10 倍（不含港澳台）。

2. 代际关系变迁

在老龄社会，代际关系的变迁与冲突既存在于家庭内部，同时也是社会整体性的。在家庭层面，家庭结构变化、大规模人口流动和社会保障制度改革带来了子女与老年父母之间传统代际关系的转型，包括亲情关系的重新审视与代际资源配置的新模式。子女由为老年人提供经济支持和照料支持的传统角色转变为从亲代获得更多支持的新角色，但传统差序格局下的情感支持依然是联结代际关系的重要纽带（刘晓婷和侯雨薇，2016）。另外，当家庭内嵌于社会转型中，必然带来代际间的冲突与矛盾，而在家庭养老功能不断弱化的背景下，在政府和市场之外，“找回家庭”应该成为重要的制度安排，而目前我国对于家庭的代际支持政策却非常有限（胡湛和彭希哲，2012）。

在全社会层面，老龄社会需要改变传统的代际利益分配格局，以应对不同代际的利益冲突。对老年人而言，信息化、数字化的迅速发展会形成新的电子鸿沟，造成进一步的社会隔离。以往的社会政策强调为老年人提供更多的社会支持，但是当人口老龄化成为社会的常态时，就需要跳出这一思维定式，还要强化其他代际群体的代际支持需求，统筹各代人的利益关系，才能促进整个社会在老龄化状态下持续健康运行。

3. 老年人劳动力市场参与增加

在老龄社会，老年人是仍然追求自我实现的能动的社会主体，通过社会创新，创建多种新型老年社会组织形式，吸收老年人进入，形成新的生产力，既可以创造通常意义上的社会物质财富和社会精神财富，又可以形成爱心、温暖、真情与社会和谐。因此，老年人不仅是需要社会关照的被动客体，更是一个能动的劳动力供给主体。

到 2030 年后，中国进入深度老龄社会，劳动年龄人口减少，劳动力短缺，企业用工成本增加。同时，随着科技发展、信息化、互联网技术发展，参与经济活动的方式得以改变，就业方式、工作标准等也发生变化，老年人参与经济活动的可能性也增加[①]。因此，我们需要重新设计适合老年人的工作岗位和工作内容，打破大龄劳工就业带来的社会保障和相关政策壁垒，也减少全社会对老年人的就业歧视，创造一个适应老龄社会的公平的社会环境。

5.1.3　文化心理

由于工业化发展、社会文化的变迁以及家庭结构的转变，传统孝道遭受了冲击，伴随着社会转型，孝道观念也随之发生变化。经济社会发展同时会丰富老年人的文化形态，提高老年人的社会参与，从而深刻影响老年人的身心健康。

1. 孝道观念

在工业化、民主化、城市化及个体化的冲击之下，我国传统孝道观念的内在文化基础受到削弱，因而其内容和形式都随着社会转型经历着转变。

工业化带来的经济与科技发展，削弱了老年人在知识和生产层面的权威，

① 《大转折：从民生、经济到社会——老龄社会研究报告（No.1）》，2019 年。

而社会化养老保障体系的建设与完善，降低了老年人对于家庭赡养的依赖。现代社会中，子代面对的多重角色压力，弱化了其在家庭养老方面的支持功能。

民主化进程消解着传统家庭内的等级制度以及与之相联系的父系家长制，强调父母与子女之间的辈分关系以及子女对父母意愿的遵从的“权威型孝道”也受到了冲击，子女不再对父母唯命是从，而崇尚平等相处，互利互惠的“相互型孝道”逐渐发展（胡安宁，2017）。

城市化的快速推进使得人口的流动性加速，基于共同居住的传统家庭养老模式难以维系，同时，时空的隔断使得传统熟人社会对于个人赡养行为的约束力减弱。与此同时，单纯的经济赡养存在效率不高等弊端，并且难以满足老年人在生活照料与精神慰藉方面的需求，给其个人福祉带来负面影响。

此外，家庭本位主义逐步被个人本位主义所取代，越来越多的个体寻求脱离传统家庭的束缚，追求个体的自由。由此，传统孝道逐渐不被子代所认同，其内在的约束力进一步被削弱，尊重与互惠逐渐成为新时代孝道的新内涵（田北海和马艳茹，2019）。

2. 文化形态

老年亚文化是以年龄为标准划分的亚文化的一种类型。老年亚文化是老年群体共享的文化，反映的是老年群体特有的生活方式、思维方式、行为模式、理念和价值观（浙江省老龄事业发展战略研究课题组，2013）。随着人口老龄化不断发展，新的老年人观、新的老龄社会理念、新的养老文化、新的孝道文化、老年人新的社会参与文化、老年人新的文化活动样式、老年人新的生活方式等被主文化接受，并成为主文化的一部分进而上升为主文化时，老年亚文化对主文化的作用影响就实现了。

老年人口不同于成年劳动人口和未成年人特殊的生存方式和生活方式，老年人口的精神面貌、行为模式和语言表达等，都构成老年人口影响文化发展的媒介。因为老年人口的言行、精神面貌和生活方式表现或反映着他们的信仰倾向、价值观念、情感特征，而这些文化要素对非老年人口，特别是未成年人不仅具有示范效应，更具有不可估量的潜移默化的影响。

5.2 老龄社会的社会支持需求分析

人口老龄化过程，不仅是人口结构的转型，更是整个社会的转型。这种转型使得全社会的风险发生变化，因而其社会支持需求也随之变化。这是老龄社会中社会支持体系建设的出发点。

5.2.1　人口老龄化带来新的社会支持需求

众所周知，人口结构是一个社会系统的重要组成部分，人口系统是整个社会系统中的子系统。人口系统往往与社会系统相互影响，例如人口结构会受到社会系统中社会经济因素的影响而发生变动，反之，人口结构变动也将影响社会系统并产生深刻的社会变革。在人口老龄化的过程中，社会系统随之发生转型，这种转型会影响原有社会系统中和谐相容的关系，并对其中某一群体或某一部分社会成员造成伤害，这是老龄社会新风险的来源，也是社会支持新需求的来源。

在老龄社会中，有各种各样的风险，其中多数风险是任何社会都存在的风险。这里我们关注的重点是由社会的老龄化转型所带来的风险。这种风险不同于过去学界较多关注的社会成员个体“老化风险”。老化风险是针对微观个体而言的，是每一个社会成员都面临的风险，如因收入减少而导致生活困难的风险、遭遇疾病的风险、失能失智的风险和孤独终老的风险等。老化风险的风险事故大多数发生于进入老年阶段之后，每一个理性的社会成员都会在变老之前的漫长岁月里，为抵御老化风险做出一定的准备，而且其中部分风险可以通过社会成员之间的互助共济或其他社会支持政策而得到解决。然而，由老龄化转型带来的风险则是指整个社会的“老化”，是整体性的社会风险，是针对社会的宏观层面而言的。虽然每个社会成员都会感受到其存在，但他们所遭受的损害是不同的，而且，这种风险存在于社会成员的整个生命周期，即其损害对象不仅是老年人，而且包括儿童和中青年人，这是一种前所未有的系统性风险。

我国是世界上老年人口最多的国家，与其他国家相比，其老龄化呈现出许多特点。随着人口老龄化程度的逐步加深，我国社会将整体地转向老龄社会，因而将会出现新的风险。这种风险虽然也是由转型带来的，但有别于以往我国前些年所经历的由计划经济转向市场经济而形成的风险。事实上，这种风险的形成以及所产生社会影响的机理已经发生变化，这就意味着我国现行的社会支持体系亟待转型。在老龄社会中，老年人个体的老化风险继续存在，但就全社会而言，此类风险事故发生的概率变大、影响面扩大、所需成本增加。同时，由老龄化转型所带来的风险还会笼罩中青幼这三个社会群体，其中中青年群体所受威胁尤甚。在老龄化引起的社会转型过程中，如果社会生产力提高速度跟不上，则中青年群体会遭受资源挤压的风险，他们将承担更多的税费负担和家庭养育负担。由此可见，我们的社会支持政策，不仅要考虑组织更多的资源去满足老年群体的需求，还要考虑如何为中青年人减轻负担，通过优化资源配置，降低代际矛盾，实现代际均衡和社会和谐。因此，社会支持政策就要由碎片化治理转向整体性治理，从重点关注老年群体转变为保障全体社会成员，从而形成整体性的老龄社会支持体系。

5.2.2 老年个体老化风险及其社会支持需求

无论是在传统社会，还是老龄型社会，每一个社会成员都面临个体老化的风险，但随着人口老龄化程度的加深，老年群体的数量规模将不断扩大，其在社会总人口中的比重将持续提高，因而社会支持的需求总量会变得更大。因而，对于个体老化的风险及其所需要的社会支持，需要有清晰的理解和认识（何文炯，2017b）。

1. 生活困难风险与收入支持

在按劳分配的基本原则之下，凡有劳动能力的社会成员均应通过诚实劳动与合法经营获得生活资料和财富，社会根据其劳动的数量和质量（即对社会的贡献）进行分配。一般情况下，劳动者达到一定年龄之后，其劳动能力随年龄增长而下降，对社会的贡献随之减小，因而老年人的收入会逐渐下降最终为零。无论是农耕时代、工业时代，还是信息时代，都是如此，只是变化速度不同而已。所以，老年人如果没有足够的资金积累或其他来源，则将生活无着，陷入生活困难。这就需要一套制度来保障老年人的基本生活，或者持续提供生活资料，或者给予一笔稳定的资金，以保障其购买基本生活资料的能力。传统的家庭保障，由老年人的亲属负责提供生活资料；五保供养制度，由农村集体经济为孤寡老人提供生活资料；基本养老金制度是国家为老年人提供稳定收入以确保其具有购买基本生活资料能力的一种制度安排；各类补充性养老金则是社会成员自主安排的一种老年收入保障机制。

2. 疾病风险与健康支持

疾病风险是每一个人面临的基本风险，但老年人的患病概率更高。进入老年期后，人体组织结构逐步老化，器官功能逐步出现障碍，身体抵抗力逐步衰弱，活动能力降低，协同功能也开始减弱，老年人特有的疾病即老年病随之出现，因而老年人需要更多的医疗服务。所以，老年人更担心患病，更担心“无钱治病”。据此，世界上多数国家有关于老年人的健康支持政策，有专门针对老年人的健康服务机构，有的国家为老年人单独设置医疗保障制度，有的国家在面向全民的医疗保障制度中给老年人以优惠，有的国家则向老年人或包括老年人在内的全体国民提供统一的免费医疗服务。

3. 失能风险与生活支持

由于生理机能变化，老年人的生活自理能力往往随年龄增长而逐步下降，其中部分老人处于失能或半失能的状态，其生活需要他人照顾。随着人口老龄化，尤其是高龄化，失能老人的数量和比重将持续提高，老年照护的需求不断增长，又由于家庭小型化，失能老人需要更多有效的社会化照护服务，相应地就需要有老年照护保障制度。同时，为降低老年人的失能风险并为失能老人提供便利的生活条件，无障碍环境建设成为一个重要的社会问题。这里既要有“硬件”，也要有“软件”，如年轻人对待老人的态度。硬件建设中，既有户外公共设施，也有居家生活设施。所以，面向老年人、残疾人的无障碍环境建设是国家一项重要的社会工程。

4. 孤独风险与精神慰藉

社会交往是人的基本需求。但随着年龄增加，老年人的社会交往会逐渐减少。一是因为退出劳动力市场，与同事和业务伙伴交往的机会减少；二是由于生理机能变化，老年人的社会交往能力下降，尤其是面对新的社会环境和人际交往方式，一些老年人不会用、不适应，直接减少了其社会交往的广度和深度，因而老年人常常会有不同程度的孤独和失落之感。在基本生活满足之后，孤独比贫穷更可怕。因此，老年人更需要热闹，需要更多的陪伴、更多的尊重。这与经济社会发展阶段有关，与人口结构、家庭规模和家庭结构相关。对此，各国都有相应的制度安排，各民族也都有其独特的文化传统。在我国，由于城镇化的持续推进，许多年轻人离开农村、离开父母去外地就业，家庭规模出现小型化趋势，许多老年人常常感到孤单。当前，大多数人已告别贫困并实现小康，因而需要更多关注精神层面的问题，尤其是老年人的孤独。

此外，老年人有社会参与的需求，因而需要相应的社会支持。随着时代的进步，老年人社会参与的方式越来越多样化，如继续就业、参政议政、参加文体活动和社区活动、旅游等（周怡，2018）。鼓励老年人社会参与，是实现“积极老龄化”的有效途径。因此，要充分创造条件为老年人社会参与提供必要支持。

5.2.3　老龄化转型形成的中青年社会支持需求

在人口老龄化的过程中，全社会用于老年人的资源将会不断增加，包括物质的和精神的，而这些资源主要依靠劳动群体即中青年人提供。如果全社会产出的总资源增加跟不上，则用于中青幼这三个群体的资源就会受到影响。当然，在适宜的生产关系之下，加上科学技术进步，物质资源产出也许可能超过人口老龄化的速度，但事实上这并非易事。再看精神层面的资源，如亲情关爱等，其增长似乎比物质资源更困难一些。为此，我们需要设法让中青年群体能够生产出更多的社会资源。这就需要分析中青年人群所面临的风险以及所需要的社会支持。

1. 税费负担与教育和就业支持

作为个体的社会成员，中青年在任何社会形态都面临着失业、疾病和失能等基本风险，他们需要有与其他社会成员相同的社会支持。但在老龄社会之中，我们需要重点关注中青年人作为一个整体的税费负担，因为老龄社会中这一群体会面临资源挤压的风险。事实上，由国家法律规定、依靠国家强制力实施的多项公共政策，要求中青年人为老年人群提供社会支持，例如，依法纳税为老年人提供各类基本公共服务，依法缴纳社会养老保险费和社会医疗保险费，为老年人提供养老金和医药服务。从这些年的情况看，企业普遍反映税负过重、社会保险费过高，虽然有多种因素所致，但涉老领域的多项政策定位不清、制度设计缺陷是重要原因之一。这是代际矛盾冲突的典型表现。因而对中青年群体而言，需要有教育和就业等方面的社会支持，以提高其职业技能和就业能力，从而增强其承担社会责任的能力。

2. 家庭负担与家庭支持

作为家庭成员的中青年，他们需要承担家庭责任，包括赡养老人和养育子女，除了养活自己之外，他们还必须为自己的家庭、长辈和孩子提供物质资料、生活照护和精神抚慰。在人口老龄化过程中，中青年人的家庭负担日益加重，这就会增加中青年人的财务和时间压力。近几年，税务部门对家里有老人赡养者在个人所得税计算时有一定的应纳税所得额扣除，这是积极的并产生了良好的效应，但其力度和针对性都还有待加强。

国家统计局和中国老龄科学研究中心的数据显示，2019 年末中国 60 岁及以上的老年人口数达到 2.54 亿，占总人口比率达到 18.1%，其中近 20%的老年人存在着不同程度的功能受损，完全失能的老年人数已经达到 1080 万。这就意味着照护服务需求急剧增加，而且其中许多是需要长期照护的。第六次中国老年健康影响因素跟踪调查的结果显示，当前中国老人的照顾主体仍是家庭内部成员，其中子女及子女配偶是最主要的照护提供者（庄绪荣和张丽萍，2016）。对于绝大多数中青年人而言，此类照护不仅会加重其经济负担，而且会给其带来身心双重压力。根据中国老年健康影响因素跟踪调查的数据，超过 50%的老年人其主要生活来源是由子女提供的，而且依赖程度会随着年龄的增长而逐步提高。照护老人是一项需要长期耗费财力、物力的工作，因此当子女人数较少或者子女的收入较低时，家庭生活困难就难以避免。另外，长期在家庭中为老年人提供照护服务也会对中青年人群的身体机能和心理状态造成不良的影响。随着照护者承担任务的增多，时间的延长，繁重的照顾任务会侵占照护者下班后的休息时间，使其出现疲劳、睡眠障碍、食欲减退等状况，极易出现健康问题。由于照护者不是专业人员，在照护老人的过程中还需要不断学习安全知识和提升看护技能，这无疑也加重了照护者的负担。不仅是身体机能的损害，长期在家庭中为老年人提供照护服务也不利于中青年人群的心理健康。由于上班之外绝大多数时间都用于照护老人，因此私人空间和时间会被挤占，这会导致人际交往的缺失，从而容易导致情感受挫。同时，长期处于一个担心老人的身体健康及安全的环境中，照护者会普遍感受到抑郁、焦虑、忧愁和内疚等消极心理状态，因而会承受巨大的心理负荷（赵怀娟和陶权，2013）。

不仅如此，中青年人还需要养育子女。从最近这些年的情况看，养育孩子的成本在持续飙升。这种成本可以分解为直接的显性支出和间接的隐性成本两个部分。刘娜等（2021）通过等价尺度估算出在中国生育一个孩子将会导致家庭总支出提高 63.91%到 67.62%，生育两个孩子会导致家庭总支出提高 139.28%至 149.99%。这里所说的显性支出有三类：一是孩子的日常生活支出，日常生活支出主要包括孩子的衣食住行等各方面的支出，例如当决定增加家庭成员时，许多家庭可能会选择搬移到面积更大的房子中居住，但当前快速上涨的房价往往会限制这一意愿。二是孩子的教育支出，由于中国家庭对教育高度重视，因此除基本的学费外，孩子的补习、兴趣班、升学等各项教育支出也愈发增多。三是孩子的看护支出，调查显示，当前担心孩子上幼儿园前无人照料的父母达到 67.2%。因此，如果夫妻双方都坚持参与工作，孩子无人照护的情况下，只能选择由老人进行照护或者选择保姆、月嫂等，而选择保姆、月嫂或者儿童照护机构又是一笔极大的开销。这三类显性支出会极大地减弱育龄父母的生育意愿。与此同时，育儿活动还会产生间接的隐性成本。由于中国女性的劳动参与率相对于其他国家较高，因此生儿育儿的机会成本对她们来说很高。对于很多参与工作的年轻女性来说，生育孩子的同时往往会出现工作机会减少、发展受限甚至是收入降低等不利于职业发展的情况（兰庆庆，2018）。因此，对于职业女性来说，生育行为具有较高的隐性成本，而这也会减弱她们的生育意愿。

因而中青年人群不仅需要有教育和就业的支持，而且需要通过针对家庭的社会支持，优化全社会的资源配置，并减轻中青年的负担，使其能够维护自我，从而能更有效地承担家庭和社会责任。

5.3 社会支持体系中法定项目的代际均衡

在老龄社会治理中，如何减少代际冲突、实现代际均衡是一个重要议题。传统意义上的代际冲突，通常是指两代人在思维方式、感情上的隔阂所引发的矛盾冲突。而在对老龄社会的社会支持体系分析中，我们发现，经济和物质方面的代际问题也很值得重视。事实上，在特定的时空范围内，资源总是有限的，代际矛盾和冲突在所难免。老龄社会中的社会支持项目众多，其中部分项目是法定的，即政府依法组织实施的公共政策，其资源来自国家财政或借助国家强制力筹措的资金，旨在保障社会成员，尤其是老年人的基本生存和基本尊严。此类项目必须努力保持代际均衡，以体现每一代人之间基本权益的公平，并使这些项目的运行成本在代与代之间的负担能够均衡。这是此类项目长期持续健康运行的重要条件，是减少代际矛盾、实现代际和谐的重要基础，更是国家治理现代化的必然要求。事实上，在很多国家不同代人之间的政治话语权是不一样的，民粹主义倾向容易导致所谓的选票型政策偏向问题（周小川，2020），这就很容易导致代际不均衡。值得重视的是，我国现行社会支持体系中的若干项目，由于制度设计缺陷，在实际运行过程中已经出现了诸多问题，这是代际矛盾和冲突的一种表现。为此，我们引入“代际均衡”的理念，强调不但要处理好同一时点老年人、中青年人和未成年人的代际协调问题（“横向均衡”），还要处理好不同时点各代人的关系协调问题（“纵向均衡”）。由此出发，这里我们重点讨论基本养老保险和基本医疗保险这两项最典型制度的代际均衡问题。长期照护保障制度是老龄社会中的一项重要制度，但我国目前还没有建立起相对统一的制度，实践中所发挥的作用还很有限，这里暂时不讨论。

5.3.1 基本养老金制度的代际均衡问题

基本养老金制度是一个重要的社会支持项目，旨在保障社会成员年老之后具有购买基本生活资料的能力。因而世界上绝大多数国家都有此类项目。基本养老金制度作为长期性的社会支持项目，不仅涉及同一代人之间的利益关系，而且还涉及几代人之间的利益关系，因而其代际均衡问题一直受到学界的重视。

1. 职工基本养老保险的代际矛盾

我国于20世纪50年代初建立了一套面向工薪劳动者的基本养老金制度。20世纪80年代中期以来，又进行了较长时间的改革探索，实现了制度转型和惠及范围的扩展。现行制度有二：一是面向非农就业者的职工基本养老保险制度，二是面向农民和非就业城镇居民的城乡居民基本养老保险制度。其中职工基本养老保险是惠及面较广、所需资金量最多、社会关注度最高的社会支持项目。这一项目从 1997 年开始实施以来，为国家的改革发展和稳定做出过积极的贡献。但是应该看到，由于制度设计缺陷和实施过程中的偏差，这一制度面临着诸多问题，代际矛盾是其中重要一项。

按照当时的制度设计，职工基本养老保险采用社会统筹与个人账户相结合的部分积累制筹资模式，但从 20 多年来的实践看，它名义上是部分积累制，而实际上是现收现付制，即在职的中青年人缴纳养老保险费，供养当期已经退休的老年人。据此，如果财政对于此项制度的投入一定，则在职参保者及用人单位的缴费负担直接取决于基本养老金的给付水平和参保人群的年龄结构。就参保者个人而言，在职期间的缴费可看作一种权益积累。当参保人群年龄结构相对年轻时，基金往往会有结余，而随着人口老龄化程度提高、参保人群年龄结构老化时，基金收支平衡的难度就会增大。因此，保持基本养老金适度的给付水平和基金积累的适度规模，有益于养老金权益和缴费负担的代际均衡，有益于应对人口老龄化，也有益于制度的长期可持续运行。如果盲目地提高养老金给付标准，则必然产生不良的后果，这是代际矛盾冲突的典型表现。事实上，从 2005 年至 2015 年，企业退休人员的基本养老金每年至少以 10%的速度上调，已对未来基金安全产生了不利影响。虽然 2016 年之后基本养老金给付标准的增幅有所下降，但增加的绝对额依然不小，因而每年的调整仍会对基金平衡造成较大压力。而且，这样的增幅，导致不少地区出现了基本养老金与在职职工收入“倒挂”的现象。最近几年，各类用人单位普遍反映社会保险缴费负担过重，并成为每年全国人大和全国政协会议讨论的重要话题之一，为此中央政府把降低社会保险缴费作为减轻企业负担的一项重要举措[①]。

2. 基本养老保险代际均衡的机理分析

从制度设计的原理出发，基本养老保险资源在同代人之间和代与代之间的配置，直接关系到制度运行的可持续性。应注意到，人口老龄化是影响基本养老保险制度代际均衡的重要因素。如果采取现收现付模式，基金一年一平衡，平衡公式为

$$\text{缴费人数} \times \text{缴费工资} \times \text{缴费比率} = \text{养老金领取人数} \times \text{人均养老金} \quad (5\text{-}1)$$

① 《国务院办公厅关于印发降低社会保险费率综合方案的通知》（国办发〔2019〕13 号）。

由于制度抚养比=缴费人数/养老金领取人数，养老金替代率=人均养老金/缴费工资，因此式（5-1）变换可得到：

$$制度抚养比（a）\times 缴费比率（\tau）=养老金替代率（r） \quad （5\text{-}2）$$

根据上述公式，随着人口老龄化程度加深，制度抚养比会不断降低，如果要保持养老金替代率不变，那么要维持养老保险基金收支平衡，必然要求缴费比率上升，这会造成不同代年轻人缴费负担不一；而如果要保持年轻人负担的均衡，则养老金替代率就会下降，不同代老年人权益均衡受到破坏。从国际上基本养老保险制度的执行现状看，一般以 100 年或 75 年为周期，在一定养老金替代率水平下，可考察年轻人的缴费负担变化情况。我们考虑以下两种情形。

第一种情形：假设基金仍然一年一平衡，要保持各代待遇享受人员待遇的基本平衡，则

$$a_1 \times \tau_1 = r$$
$$a_2 \times \tau_2 = r$$
$$\vdots$$
$$a_{100} \times \tau_{100} = r$$

根据确定的 r 和每一年预测的制度抚养比 $a_1, a_2, \cdots, a_{100}$，可计算得到每一年在职人员的缴费率 $\tau_1, \tau_2, \cdots, \tau_{100}$。如果制度抚养比不断降低，即 $a_1 > a_2 > \cdots > a_{100}$，则每一年的缴费率需要逐步上升，即 $\tau_1 < \tau_2 < \cdots < \tau_{100}$，据此可以计算各年缴费率 τ 的方差 $D(\tau)$。如果 $D(\tau)$ 过大，表示各年年轻人缴费负担变化较大。我们可以根据不同制度的特点，确定代际不均衡的标志，即 $D(\tau)$ 超过一定范围，表示代际不均衡程度较高。

为了确定代际均衡下各代的缴费负担，我们需要考虑第二种情形，即从长期平衡的视角来审视基本养老保险制度。在代际均衡视角下，我们假设一种理想化情形，即各代人缴费水平一致。这样，在考察期 100 年内，所缴保费与所享受待遇现值相等。

$$\tau \cdot \sum_{k=1}^{100} c_k \cdot w_k \cdot v^k = \sum_{k=1}^{100} b_k \cdot B_k \cdot v^k$$

其中，v 表示折现因子；c 表示缴费人数；b 表示待遇享受人数；w 表示缴费工资水平；B 表示待遇水平；τ 表示世代缴费人员负担均衡条件下的缴费率。可见，τ 与缴费人数（c）和待遇享受人数（b）的比例有重要关系。

我们可以按照上述两种情形分别测算现行职工基本养老保险制度在未来的代际均衡程度，以及为了实现代际均衡而需要创造的条件（包括待遇标准的设定和长期均衡费率的设定）。当然，在现行制度下，除了人口老龄化（制

度抚养比）对代际均衡的影响，还有其他因素的作用。比如，职工基本养老保险有历史债务问题，对“老人”和“中人”视同缴费年限[①]的承认，加剧了制度平衡的难度，也是导致各代缴费负担不均衡的原因。在对具体制度分析中，我们要分离出历史债务、制度执行打折扣等因素的影响，从人口老龄化视角出发，分析如何保持各项社会保险制度的代际均衡。

3. 基本养老保险制度实现代际均衡的路径选择

现行职工基本养老保险制度已经出现了代际矛盾的迹象，如果不做及时处理，则矛盾会越来越严重，最终影响到每一个参保人员的基本养老金权益，影响到整个社会支持体系的有效运行。为此，需要从未来老龄社会的社会支持体系建设的整体出发，按照代际均衡的原则深化改革，明确制度定位、优化制度设计、建立健全有效的运行机制，确保不同时期每一个社会成员有大致均等的基本养老金权益和养老保险费负担，并实现基本养老保险制度的长期持续健康运行。

一是明确基本养老保险制度定位（何文炯，2020c）。这里包括养老保险在老年支持体系中的定位和基本养老金在整个养老金体系中的定位。前者是指根据老年人所面临的风险设计老年支持项目，以养老保险应对老年生活困难风险，以医疗保障应对疾病风险，以照护保障应对失能风险，以精神慰藉应对孤独风险。现行职工基本养老保险制度承担职能过多，容易造成资源错配、降低老年保障体系的效率。因而，需要为此项制度“减负”，使其定位于确保就业者年老之后具有购买基本生活资料的能力。后者是指按照多层次养老金体系建设的思路，明确基本养老保险与补充性养老保险的职责分工，确定适度的基本养老金待遇水平，让职工基本养老保险回归“保基本”[②]，各类参保人员在同一规则之下公平享受基本养老金待遇，并为职业年金、商业性和互助合作性养老保险等补充性养老金发展预留空间。

二是优化基本养老保险制度设计（何文炯，2020c）。职工基本养老保险是以保险方式为就业者提供老年收入保障的制度安排，必须充分尊重保险的基本原理，在短寿者与长寿者、高收入者与低收入者、代际和地区之间实现有效的互助共济。中央已经明确此项制度要尽快实行全国统筹，在这一过程中，需要全面改造现行制度，实行“统账分离”，使职工基本养老保险回归“现收现付制”筹资模式，逐步缩小个人账户规模，并将参保者个人缴费纳入统

① 视同缴费年限系相对于实际缴费年限而言，是指社会保险参保人在新制度实施之前的实际工作年限。这些年份，劳动者虽然没有缴纳社会保险费，但国家承认其工龄，认为相当于已经缴纳社会保险费，故称其为“视同缴费年限”。

② 《国务院关于建立统一的企业职工基本养老保险制度的决定》（国发〔1997〕26 号）明确指出“贯彻基本养老保险只能保障退休人员基本生活的原则”。

筹基金；加快实施提高退休年龄的方案，逐步提高养老金领取的初始年龄，改善参保人员的在职与退休两个人群的比例关系，并增加劳动力供给；建立基本养老金调整机制，以保证养老金购买力不下降为原则，兼顾其他因素合理确定调整幅度，保持基本养老金的适度水平，以减轻用人单位的缴费负担，并促进代际均衡；建立基本养老保险精算制度和基金风险预警监测机制，密切关注宏观经济、人口结构、劳动力市场和参保情况的变化，及时进行理性分析并采取有效措施，确保基金收支平衡和参保者待遇均衡和缴费负担合理。此外，要统筹退休职工与城乡老年居民的基本养老金调整幅度，控制并逐步缩小群体间的差距。

三是采用妥善办法确保平稳过渡。基本养老保险制度改革势在必行，但改革必然会触及部分人的既得利益，社会高度关注。因此，要努力处理好政府、用人单位、家庭和个人等各方的责任关系，明晰各方责任边界，由各方合理承担改革的成本。要分类处理好“老人”、“中人”和“新人”待遇水平在新旧制度间的平稳过渡，遏制养老保险基金支出非理性增长的趋势，设定制度过渡期，逐步回归“保基本”，避免急于求成造成社会矛盾激化。对涉及利益调整的相关政策，如延迟退休年龄、调整缴费费率、划拨国有资本解决历史遗留问题等，要特别注意制度出台的时机和前置条件，条件具备后再稳步实施。此外，改革还要与城乡居民基本养老保险相衔接，为未来养老保险制度全覆盖预留制度接口。

5.3.2 基本医疗保险制度的代际均衡

疾病风险是每一个社会成员的基本风险，因而医疗保障成为现代社会中一个重要的社会支持项目。由于人的生理机能在一定的年龄之后会逐步退化，从总体上看，老年人患病的机会要比年轻人多，因而老年人对于医疗服务和医疗保障有更高的需求。但是，从技术上看，医疗保障制度是远比养老金制度复杂的社会支持项目，不仅受到疾病谱、医疗服务方式的影响，而且还受到人口结构变化的影响，因而其代际均衡问题很值得研究（何文炯等，2009）。

1. 基本医疗保险制度的代际矛盾

20 世纪 50 年代初开始，我国通过劳保医疗制度和公费医疗制度，为工薪劳动者提供免费的医疗服务，并从 20 世纪 60 年代起在农村推行合作医疗制度，借助农村集体经济为农民提供低水平的医疗保障。这三项制度是当时我国健康领域最重要的社会支持项目，但这些制度依附于计划经济体制。20 世纪 80 年代之后，随着经济体制改革的深入，这些社会支持项目表现出种种不适应，迫切需要改革。1998 年，在改革探索的基础上，国家建立了适用于工薪劳动者的职工基本医疗保险制度（简称“职工医保”）。又于 2003 年开始在部分地区试行新型农村合作医疗制度，旨在为农民提供基本医疗保障，后来此项政策被逐步扩展到几乎是全体农民和城镇非就业居民，并于 2016 年改称“城乡居民基本医疗保险”（简称“居民医保”）。由此实现了基本医疗保障的制度转型和惠及范围的扩展。

从这两项基本医疗保险制度的实施情况看，居民医保的资金 2/3 以上来自国家财政，而且大多数地区的保障待遇和筹资水平都不高，因而其代际矛盾虽然存在但并未显现。然而，职工医保的代际矛盾已经开始逐步显现。从 20 多年的运行情况看，前半段参保人数逐步增加，而且是大量年轻人进入制度保障范围，职工医保基金出现了较多的结余。最近几年，由于保障待遇提高较快、部分时段减征保费，又由于参保者年龄结构逐步老化，绝大多数统筹地区的职工医保基金结余迅速下降，少数统筹地区出现当期基金收不抵支，无法自求平衡，基金风险显现，尤其是人口老龄化严重、经济发展相对滞后的地区。值得指出的是，10 多年前，有关方面认为基本医疗保险基金出现高额结余是极大的浪费，于是部分地区以结余过多为由盲目扩大支付范围或是提高待遇，而且还划出部分资金用以支付生活照护费用、健康体检费用，甚至还从职工医保统筹基金中划出部分资金交给保险公司去办理“大病保险”和“长期护理保险”。职工医保的保障待遇频繁变动，基金征收规则随意变动，基金收支结余忽高忽低，不仅表现出这一制度之不成熟，而且反映出不同时期职工医保参保者所享受的保障待遇不同，在职参保者所承担的缴费责任不同。这是典型的代际不均衡现象。

2. 职工基本医疗保险代际均衡的机理分析

一般认为，基本医疗保险采用现收现付制筹资模式，因而属于短期性的保险项目，其基金只求当期收支平衡即可。事实上，作为社会保险性质的基本医疗保险，无论是职工医保还是居民医保，都是长期性的制度安排，其保障对象是特定范围内的全体社会成员，且无核保之类的参保对象选择机制。此外，根据现行职工医保制度设计，参保者在退休以后其本人和工作单位都不再缴纳医疗保险费，但却可以享受基本医疗保险待遇，而且其待遇比在职职工还要高一些。各统筹地区虽然可以按照以支定收的原则每年厘定费率（筹资标准），但费率必须相对稳定，否则意味着参保者的缴费负担变动过频，而且费率的提高是有“天花板”的。因此，要从基金长期收支平衡的目标出发，考虑基本医疗保险的制度设计，以及相应的待遇规则和筹资规则，不能仅仅视其为一个短期性的社会支持项目。

据此，人口结构变化对于基本医疗保险制度具有重要的影响。也就是说，与基本养老保险制度类似，基本医疗保险制度也会受到人口老龄化的影响，如若处理不当，则会引发代际矛盾和冲突。事实上，现行职工基本医疗保险制度是典型的“年轻人供养老年人”的制度。这就需要注意职工医保的“系统老龄化”现象，即该项目的参保人群中，缴费做贡献的人群相对缩小、享受保障待遇人群相对扩大的趋势（何文炯等，2009）。结合制度运行的现实，我们可以清晰地看到这种趋势（表 5-1），2014～2018 年，在职职工人数与退休人员人数之比呈现逐年下降的趋势，到 2018 年底，制度抚养比已降至 2.78∶1。

表 5-1　职工基本医疗保险参保人员情况（2014～2018 年）

年份	在职职工/万人	退休人员/万人	制度抚养比
2014	21 041.3	7 254.8	2.90
2015	21 362.0	7 531.2	2.84
2016	21 720.0	7 811.6	2.78
2017	22 288.4	8 034.3	2.77
2018	23 307.5	8 373.3	2.78

未来一个时期，人口老龄化程度加深，劳动年龄人口还会相对减少，退出劳动力市场的退休人数相对增多，职工医保参保人群中退休人数与在职职工人数之比还会提高，“系统老龄化”程度将进一步提高。如果继续采用现行制度，维持目前的保障待遇水平，则筹资水平将相应提高，这意味着在职人员的缴费负担需要增加。如果再考虑高速增长的医疗服务和药品成本，则在职人员的缴费负担会更重。

此外，从平均意义上说，老年人的医疗费用高于年轻人。根据相关统计，退休人员基本医疗保险基金人均支出额是在职职工的 4 倍以上。但是，现行职工医保制度对于退休人员还有一定的优惠，例如，从统筹基金中划入个人账户的比率或额度，退休人员比在职职工要多；统筹基金支付范围内的自付比率，退休人员比在职职工要低。因此，随着人口老龄化程度加深，要保证退休人员待遇不降低，就必然继续加重在职人员的缴费负担或者加大财政投入。这些年来，基本医疗保险领域虽然采取了各种控费措施，但职工医保的基金状况并没有好转，而在部分地区已经出现了令人担忧的信号。因此，必须高度重视在人口老龄化背景下，基本医疗保险领域的代际矛盾。

3. 基本医疗保险制度实现代际均衡的路径选择

随着人口老龄化程度的不断提高，基本医疗保险领域的代际矛盾不可避免。无论是职工医保，还是居民医保，都必须努力降低“系统老龄化”的程度。为此，要改进制度设计并采用更加有效的运行机制，保持适度的保障待遇并努力稳定筹资水平，实现代际均衡，进而实现制度长期持续健康的运行。

一是明确基本医疗保险待遇规则并长期稳定。现行职工医保和居民医保的制度尚未定型，其待遇标准和相关规则经常处于变动之中，容易诱发代际矛盾。为此，首先要明确基本医疗保险制度职责，把更多资源用于保“大病”，逐步实行社会成员医药费用个人责任封顶制，努力从根本上解决因病致贫、因病返贫问题（何文炯，2019）。其次是改造职工医保制度，逐步淡化其中的个人账户，将个人缴费逐步纳入统筹基金，以增强制度的互助共济性。再次是从基本医疗保险权益公平性出发，控制和缩小居民医保与职工医保的待遇差距，积极探索这两项制度的整合，逐步形成全民统一的基本医疗保险制度，实现横向均衡。最后是在此基础上，清晰地划定基本医疗保险的待遇标准，包括医保目录、定点规则、报销规则等，并且保持长期稳定，其变动必须有科学的论证并经过严格的法定程序，从而实现代与代之间的纵向均衡。只有这样，才能使社会成员有稳定的预期，并制定适合自己的疾病风险管理计划，在具有基本医疗保险的基础上获得适宜的补充性医疗保障。

二是建立公平合理的基本医疗保险筹资机制。目前，居民医保实行终身缴费制，但职工医保却规定退休职工不需要缴费，这就造成了多重不均衡，容易诱发社会矛盾。从长远看，职工医保也应当实行终身缴费制。现阶段的重点是把最低缴费年限制度执行到位，即参保人员在职期间累计缴费（包括视同缴费）必须达到一定的年限，在退休后才能够终身享受基本医疗保险待遇（何文炯等，2011）。此项规则虽然在《社会保险法》中已经明确，但需要有具体的细则来统一全国各地的做法，并修改相应的政策。为此，需要研究能够使基本医疗保险基金保持长期平衡的纵向平衡费率（何文炯等，2010），进而确定终身缴费费率、职工医保中的最低缴费年限、居民医保中的最低参保年龄，制定延期缴费、补缴保费、待遇调整等有关规则。同时，要注意区分各种不同类型的情况，采用“老人老办法、新人新办法、中人过渡办法”的思路，落实各类人群的基本医疗保险成本分担机制。

三是建立基本医疗保险精算制度（何文炯，2012）。精算是任何保险制度的技术基础，基本医疗保险也不例外。受认知的局限，现行《社会保险法》没有对我国社会保险精算作出规定，因而长期以来基本医疗保险领域缺乏应有的精算制度。正是这一重大缺陷，多年来，各地基本医疗保险基金时而结余过多、时而收不抵支，既影响了制度的可持续性，也降低了基金运行效率，更导致了代际矛盾。部分地区部分项目已经出现收不抵支，基金危机显现，需要引起高度重视。因此，迫切需要建立基本医疗保险精算制度。首先要确立基本医疗保险“以支定收、略有结余”（何文炯等，2011）的基金管理原则，以稳定保障待遇，通过精算方法确定稳定的筹资标准，逐步消除长期以来“以收定支”原则的负面影响。其次是确立长期精算平衡理念，不再把基本医疗保险看成一个简单的现收现付制短期保险，建立基本医疗保险准备金制度。再次是加强基本医疗保险基金的风险评估，建立预警监测机制，确保制度长期持续健康运行。最后，要估算并妥善处理基本医疗保险制度转轨成本，合理化解历史债务（杨一心，2010）。

5.4 老龄社会的社会支持体系之建设思路

我国是世界上老年人口最多的国家。根据第六次全国人口普查资料，我国 60 岁及以上人口占比达到 13.26%，人口平均预期寿命达到 74.83 岁，比 10 年前提高了 3.43 岁。到 2018 年，人口平均预期寿命已达到 77 岁。在一个相当长的时期内，我国人口老龄化的趋势不可逆转，老龄化现象将伴随整个 21 世纪。由于人口老龄化超前于经济社会发展水平（即所谓的“未富先老”现象），其带来的影响是深刻而复杂的。过去，我们常常强调其带来的消极影响，将其视为沉重的负担，致力于通过调整人口政策或者涉老政策减轻其负面效应。但是必须看到，当人口老龄化成为一种社会常态，其本身没有好坏之分。人口老龄化是一个跨越功能边界的非结构化公共事务问题。要从整体的、动态的视角来重新思考应对人口老龄化的战略布局（彭希哲，2017）。为此，我们不仅要通过人口政策的调整努力缓解人口老龄化趋势，更要从整个经济社会发展的大局统筹考虑、综合设计，建设能够适应人口老龄化趋势的社会支持体系，完善老龄社会治理模式，为形成应对人口老龄化“中国方案”贡献力量。

5.4.1 改变以老年人为中心的思维

建设老龄社会的社会支持体系，其根本目的在于有效满足各方面的社会支持需求，实现代际均衡、社会持续发展。然而，过去关于老龄社会的治理重点，常常被简化为老年人的养老问题，即如何为老年人提供必要的支持与服务（胡湛等，2019）。事实上，在人口老龄化的背景下，不仅老年人有社会支持的需求，而且中青幼各群体都有社会支持的需求。因此，要改变以老年人为中心的思维，关注全人群、全生命周期的社会支持需求。以下两类事实能够有力地支撑这一观点。

1. 某些社会支持政策引致的代际矛盾已经显现并将日趋严重

在现行社会支持体系中，有针对全民的社会支持项目，也有分别针对各类人群的社会支持项目。随着人口老龄化的逐步深入，关于老年人的社会支持项目开始受到重视，表现为项目增加、支持力度加大。这是社会文明进步的一种表现，总体上说应当予以肯定。但是应当注意到，由于某些制度和政策本身存在缺陷，在实践中出现了问题，其中若干政策导致了代际矛盾。

最为典型的是关于工薪劳动者的社会保险制度，对于退休职工有许多优惠的政策，虽然其中许多政策从 20 世纪 50 年代就开始了，但在人均寿命不断提高的情况下，代与代之间的矛盾变得越来越突出了。例如，2005 年以来，退休人员的基本养老金有了较大幅度的提高，在不少地方，退休人员的实际收入高于在职职工的收入，出现了“职退收入倒挂”的现象。又如，职工基本医疗保险制度规定退休人员不需要缴纳保险费，但却要从统筹基金中划入大大高于在职人员的个人账户资金，而且其大多数诊疗项目的医药费用报销比率都显著高于在职职工。还有，最近几年，某些地方开展长期照护保险试点，从职工基本医疗保险基金中划出一部分资金，为失能的退休职工提供照护服务。这些政策，虽然增加了退休职工的收入，或者是减轻了他们在某些方面的个人负担，但却增加了用人单位的社会保险缴费负担。最近几年各类用人单位，尤其是中小企业已经难以承受这样的缴费负担，纷纷提出要求降低社会保险缴费的要求，并得到中央政府的理解与认可。事实上，从国际上看，我国法定社会保险缴费比率高于欧洲国家平均水平，接近欧洲福利国家水平（宋晓梧，2017），明显高于 OECD 多数国家，见图 5-1。更值得重视的是，过高的社会保险缴费负担对中青年的就业具有挤出效应。有学者指出，制造业上市公司的社会保险缴费率变动与就业变动存在反向互动关系，企业社会保险缴费率增加 1 个百分点，会导致就业人数下降 3.84 个百分点，对民

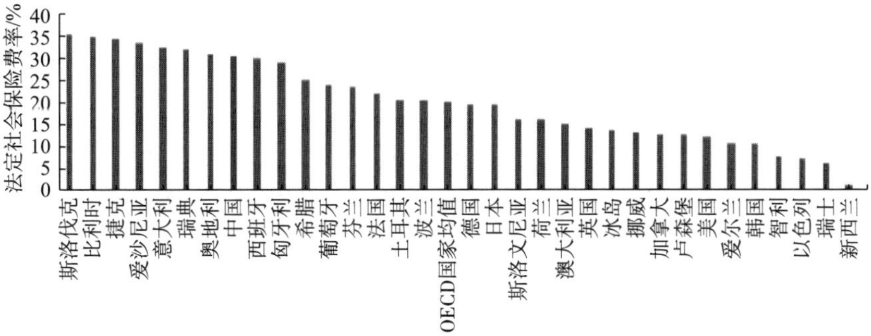

图 5-1　中国企业法定社会保险费率与部分 OECD 国家的比较

营企业、资产规模较小的企业、劳动密集型企业尤其如此[①]。

除此之外，在公共交通和一些公共服务设施方面，老年人享有免费和优先的政策，这是基于对老年人的尊重，出发点是正确的。但是，在某些时候出现了老年人与中青年人和孩子争抢资源的情况，例如高峰期间，老年人与急着上班的职工、上学的孩子一起挤公交车和争抢座位。由此可见，某些社会支持政策虽然关注到了老年人这个群体，但仅以年龄作为政策识别标准，导致社会资源配置失衡，甚至代际矛盾冲突，其实施效果并不理想。此类社会支持政策应该按照代际均衡的思维进行调整。

2. 中青年社会支持需求亟待加强

除了税费负担，人口老龄化使中青年人所承担的家庭养老和育儿责任日益加重。就赡养老人而言，中青年人所需要承担的责任可以分解成直接赡养成本和间接赡养成本。直接赡养成本是指维持老年人生活的费用和照料的费用，间接赡养成本则是指在赡养老年人过程中所产生的机会成本，如时间成本和情感成本。从我国现行制度安排看，部分老人的直接赡养成本可以通过基本养老保险制度、基本医疗保险制度和目前还不太健全的长期照护保障制度来解决，但是对大多数老年人而言，尤其是农村老年人而言，直接赡养成本基本上要靠子女承担。至于间接赡养成本，无论是城镇还是乡村，一般主要依靠老年人的子女，即中青年群体来承担。值得注意的是，新一代老年人对其生活质量的要求会更高，未来的中青年群体所承担的间接赡养成本也将水涨船高。就子女养育而言，由于人口老龄化背景下劳动力资源将更加稀缺，无论是家庭还是社会，都会考虑增加对未成年人的养育，不仅希望他们有幸福的童年，也希望他们长大之后有更强的劳动生产能力和市场竞争能力。为此，家庭需要把物质资源和时间精力更多地投向孩子，这会使中青年人面临更多的压力，同时在同一个家庭中也可能出现老人、孩子、中青年人之间的矛盾冲突。由此可见，在工业化、城镇化、市场化的背景下，家庭养老和育儿的成本都在不断提高，中青年人群在经济和精神两个方面的压力都在增加，因而有许多育龄夫妇选择少生孩子、甚至不生孩子。

国家统计局公布的数据显示，我国 2019 年全年出生 1465 万人，人口出生率为 10.48‰；2018 年全年出生 1523 万人，人口出生率为 10.94‰；2017 年中国全年出生人口 1723 万人，人口出生率为 12.43‰；2016 年出生人口达到 1786 万人，人口出生率为 12.95‰。由此可见，尽管我国已经从 2016 年 1 月 1 日开始正式全面放开二孩，但无论是全年出生人数还是人口出生率都呈

① 朱俊生 2018 年 10 月 28 日，在“加强征管、全国统筹和降低费率 新一轮社会保险改革学术研讨会”上的发言。

现逐年下滑的趋势。国家卫计委 2015 年生育意愿调查的结果显示，74.5%的受访者提出经济负担是不愿意生育的主要因素。从家庭层面考虑，生育成本过高是中青年群体生育意愿下降的重要原因。生育意愿和生育率如果持续下降，将加重人口老龄化的程度，并使许多事情陷入恶性循环。因此，需要通过对中青年人群有效的社会支持，降低他们养老和育儿的成本，提高他们的生育意愿和创造更多社会财富的能力。

5.4.2　完善老龄社会的社会支持体系

改变以老年人为中心的思维，就是要以代际均衡为原则，从整体上设计能够适应未来人口老龄化趋势的社会支持体系。这里的基本思路是，在完善并继续实施针对老年人的社会支持项目的同时，逐步增加对中青幼群体的社会支持，以均衡老中青幼各群体的社会支持力度，并减轻中青年群体的养老和育儿的负担，提升家庭的功能。

基于老龄社会的社会特征和社会支持需求分析，老龄社会的社会支持体系至少应该包括以下项目：基本生活保障、妇幼保健、生育保障、儿童照料、义务教育、学前教育、职业技能教育、高等教育、健康指导服务、医疗保障、就业公共服务、职业伤害保障、老年收入保障、失能者照护服务、精神文化服务、老年人社会参与机制等。其中大部分项目面向全民，已经列入国家基本公共服务清单[①]，由政府组织实施并主导提供相应的保障和服务，这些项目多数运行正常并发挥了良好的作用。基本公共服务范围之外的项目由社会成员自主自愿参与，由企业或社会组织提供保障和服务。基本公共服务范围内的项目，社会成员还可以通过补充性保障的办法，根据自身情况自主向民间组织购买基本公共服务标准之上的更高保障、更优服务。

就当前的现实而言，需要从整体上审视社会支持体系的完备性，逐一审视现行社会支持项目的质量，使之更加有效并能适应人口老龄化的趋势。为此，要增设项目以弥补空白，使项目体系更加完备；加强相对薄弱的项目，以补齐短板；改进有明显缺陷的项目，使之更加科学合理。

1. 建立健全家庭育儿支持体系

家庭是社会的细胞。受人口老龄化和其他多种因素的影响，传统的家庭功能正在削弱。因此，要努力使社会政策更契合变化中的家庭特点，更好地发挥家庭的功能（陈卫民，2012）。就我国现行的家庭社会政策而言，至少需要增设生育津贴制度和儿童津贴制度。实行这两项制度的目的是，降低家庭

① 见《国家基本公共服务体系“十二五”规划》和《“十三五”推进国家基本公共服务均等化规划》。

的育儿成本，提高中青年群体生育意愿，适度均衡老中青幼四个群体的社会支持需求。

生育津贴制度属于生育保障制度的范畴。设置生育保障项目主要是为了解决生育医疗费用和产假期间的收入补偿问题。我国现行生育保险基金针对工薪劳动者而言，农民和其他社会成员缺乏这类社会支持，这不仅导致社会成员之间生育保障权益之不公平，而且在一定程度上影响着社会成员的生育意愿。前些年，城乡居民基本医疗保险制度把生育医疗费用纳入保障范围，作为一个单病种结算项目，这就意味着全体社会成员可以享受生育医疗费用支持了。但是，除了工薪劳动者之外，其他社会成员没有产假，也没有相应的收入损失补偿。从生育保障权益公平和提高社会成员生育意愿出发，需要建立面向全民的生育津贴制度（何文炯等，2014）。

从我国目前的制度安排看，除了义务教育、学前教育和公共儿童活动设施之外，儿童福利主要限于具有特殊困难的儿童。早期主要是孤寡儿童，后来扩展到残疾儿童、困境儿童和留守儿童等，面向全体儿童的普遍性社会支持项目很少。事实上，养育孩子并不只是家庭的事情。在工业化、市场化、城市化的今天，中青年群体的育儿成本持续攀升，他们已经开始难以承受，由此产生了一个严重的恶果：生育意愿大幅度下降。从国际经验看，为了应对生育意愿下降和生育率下滑，许多国家推出了相应的家庭支持政策和补贴措施。例如，新加坡在鼓励生育上出台了包括“婴儿红利计划”、父母税收返还、母亲生育津贴、新生儿保健储蓄补助等诸多政策。瑞典政府针对有 16 岁以下儿童的家庭，实行普遍的现金补贴政策，补贴额度依据家庭孩子数量而定（Earles，2011），除此以外，政府还设立育儿津贴、儿童津贴、看护津贴等，以减轻父母养育儿童的负担。据此，我国需要尽快建立儿童津贴制度（张学成，2019）。

2. 加快发展失能者长期照护服务

随着人口老龄化、高龄化和家庭小型化趋势，中青年群体在老年照护服务方面的负担日益加重。尤其是家有失能老人的中青年，他们承担着财务和精神两个方面的沉重压力，在工作与老人照护之间常常顾此失彼。注意到这一现象及其趋势后，国家和社会开始重视老年照护服务问题。最近 10 多年来，国家鼓励发展老年照护服务，包括发展接受老年人入住的各类养老机构、为居家老年人提供喘息服务的社区服务设施、专业从事照护服务的企业和民间组织，为各类失能老人提供照护服务。2012 年，家庭经济困难老人的照护服务补助制度被列入《国家基本公共服务体系“十二五”规划》，并在部分地区实施。2015 年，国家出台了残疾人两项补贴制度[①]，其中一项是残疾人护理补贴。2017 年开始，有关部门在部分地区进行长期照护保险的试点（何文炯和杨一心，2020）。但总体上看，目前社会化的照护服务供给不足，尤其是专业化的照护服务人员严重缺乏，照护保障制度不健全。因此，必须加快发展针对失能社会成员的社会化、专业化的照护服务，以改善失能者的生活质量，同时减轻中青年群体的负担。从国际上看，英国、德国、荷兰、法国、日本、美国等国家的社会化照护服务支持体系比较成熟，它们通过一系列措施，诸如为照护者提供技能培训、为经济困难家庭提供资金补贴、建立照护保障制度，发展居家照护服务和社区照护服务等，推动家庭照护者社会支持并取得积极的成果（Daly，2012）。这些经验我们可以借鉴。当前，要通过体制机制创新，扩大老年照护服务资源并优化配置（何文炯，2015）。具体地说，一是尊重价值规律，运用市场机制，提升老年照护服务资源动员能力，使更多资源能够进入老年照护服务领域；二是加强长期照护保障制度建设，把残疾人两项补贴中的护理补贴与老年照护服务补助制度整合起来，形成失能人员照护服务补助制度，尽快普遍组织实施，同时稳步推进长期照护保险试点，及时总结经验教训（何文炯和杨一心，2020）；三是在城镇化推进过程中，充分注意小城镇的公共服务设施建设，把农村人口向中小城镇适当集中，以提高公共服务设施的效率，降低基本公共服务的成本。

3. 加强教育培训和就业支持

教育培训是一个传统的公共服务项目，但在人口老龄化的背景下变得更为重要。在老龄社会中，需要通过更有效的人力资本投资，提高劳动生产率，促进经济的可持续发展与繁荣稳定增长。在教育支持方面，一是持续加强义务教育，尽管我国已经全面实现了九年义务教育，但是部分地区的义务教育并未达到合格的要求，尤其是在偏远和经济发展相对滞后的地区，义务教育的质量在区域之间、城乡之间、人群之间还存在着巨大的差距，因此要采取有效措施，全面提高义务教育的质量，以达到提高国民素质的基本要求，同时要按照因材施教的原则，切实加强残疾人教育。二是转变职业技能培训投入机制，逐步由补供方为主转向补需方为主，充分发挥用人单位的主动性，提高职业教育的针对性，全面提高中青年人群的劳动技能，通过长期的和终身的学习机制，不断提高劳动者的素质、能力和市场竞争能力，培养多元化的人才。三是着力提高高等教育质量，深化高校专业与新兴产业的对接和协调，更好地培养高质量的人才以服务于社会经济，为人们的生活和发展提供

---

①《国务院关于全面建立困难残疾人生活补贴和重度残疾人护理补贴制度的意见》（国发〔2015〕52 号）。

更好的经济条件。当前，我国正处于供给侧结构性改革、社会经济转型的重要时期，很多中青年人群面临着就业技能落后、工作经验与岗位需求不匹配、职业发展不顺畅等诸多矛盾。因此，要积极推动中青年人群的职业技能培养，通过劳动技能的训练与搭建就业信息沟通的平台，对符合条件人员提供职业培训补贴和技能鉴定补贴，缓解劳动力供求结构矛盾，提高社会整体的劳动力素质，优化劳动力队伍结构。此外，要关注残疾人就业，营造良好的环境，使他们能够参加相应的社会劳动，更好地融入社会。

4. 改进若干社会支持项目设计

现行社会支持体系中的某些项目，存在明显的设计缺陷，实践中出现了一些问题，应当尽快改进。前面已经讨论了基本养老保险制度和基本医疗保险制度的改进问题，这里不再讨论。前些年，部分地区出台了高龄津贴政策，即政府对 80 周岁以上的高龄老人按月或按年发放津贴，产生了一定的积极效应。但是，应该看到，这是在老年保障体系不健全背景下出现的一项临时性政策。事实上，如果为了解决高龄老人的衣食问题，则应该通过基本养老金制度；如果为了解决老年人的医疗问题，则应该通过医疗保障和公共卫生服务；如果为了解决照护服务问题，则应该通过照护保障制度。因此，要明确高龄津贴这一政策的定位，即究竟为了解决什么问题（何文炯和洪蕾，2012）。此外，各地公共交通部门对老年人普遍实行免费乘车制度，为老年人提供出行方便，但也出现了高峰期间老年人与中青幼争抢资源等问题。为此，需要采用经济杠杆进行调节，以优化公共交通资源配置，并减少代际矛盾，促进社会和谐，例如，在高峰时段老年人也要与中青幼乘客一样支付车费。

5. 适时调整若干重大公共政策

建设老龄社会的社会支持体系，需要良好的环境，需要一系列公共政策与之配套。就当前的情况而论，需要重点改进两项重大公共政策。一是改进税制以增强家庭功能。生育成本过高导致当前中国中青年群体的生育意愿低迷，生育率长期处于较低水平。由于生育成本是一项长期性的支出，一次性或短期的生育补贴很难真正减少家庭的生育负担。因此，有些国家采取了减免个人所得税这一长效性的措施来刺激人口生育（Gauthier，2007）。我国可以借鉴国际经验，结合本国实际，完善相关的纳税规则，例如，考虑以家庭为单位，按照婚姻状况、子女数量、经济负担等划分为不同类型，享受不同的税收待遇。同时可以在个人所得税中对子女基本抚养费用、照护费用等有针对性地进行减免或扣除（何凌云等，2019）。二是实行延迟退休。我国的退休年龄是 20 世纪 50 年代初确定的，随着经济社会发展，尤其是人均寿命大幅度提高，现行的退休政策已经表现出严重的不适应，亟待改变。这一议题已经讨论多年，但一直没有实质性的进展，现在该下决心了（郑功成，2013）。需要指出的是，这不仅是为了改善社会保险的基金状况，更重要的是要充分利用人力资源，增加劳动供给。

5.4.3　推进社会支持体系的多元共治

老龄社会的社会支持体系建设，是全社会共同的伟大事业，因而需要社会各主体的参与，需要有清晰的定位、有机的联系和有效的合作，以构建多元主体协同共治新格局（杜鹏和王永梅，2018）。从最近几年的情况看，这一体系的运行效率还不够理想，其重要表现之一是部分主体的作用还没有充分发挥出来。从福利多元主义的观点看，国家或家庭不再是福利供给的唯一媒介，市场、社会组织、社区等需要更积极地参与福利供给并承担更多的责任（Adalbert，1994），社会福利的来源应多元化，既不能完全依赖市场，也不能完全依赖国家，福利是全社会的产物（彭华民和黄叶青，2006）。我们注意到，福利多元主义兴起的背景是福利国家演进中的危机以及理论界对福利国家的批判（彭华民和黄叶青，2006）。老龄社会的社会支持属于社会福利的范畴。现阶段，我国虽然没有出现普遍性的高福利现象，但确实有某些社会支持项目存在定位偏高、不切实际、权责不清、政府包揽等问题，这是需要纠正的。为此，需要通过深化改革，建立起权责清晰、多元共治、整体协同的社会支持体系。所以，要明确社会各主体在整个社会支持体系中的职责定位，并建立有效的分工合作机制，探索多主体间融合协作（孙鹃娟和蒋炜康，2019），其中的关键是政府定位的准确与清晰。

1. 政府的职责定位

在老龄社会的社会支持体系中，政府应当居于主导地位。但是，政府主导并不意味着一切由政府包揽或者政府垄断，而是由政府做好其应该做的事情。一是主导提供社会支持的若干基本项目。政府依法组织实施若干社会支持项目，旨在保障社会成员的基本权益（何文炯，2019）。从经济学的视角看，这是政府在社会支持体系中的一种介入，这种行为必须是适度的，即项目数量是有限的，基本公共服务所提供的支持只是为了维护社会成员的基本生存、基本发展和基本尊严，其余项目和超过基本公共服务标准的服务则由政府以外的其他社会主体承担或提供。据此，要恪守“保基本”的原则，增强社会成员通过市场化途径获得补充性保障的内在动力（何文炯，2020b）。此外，由政府主导提供的项目，其供给方式也需要创新，例如，可以通过购买服务的方式由企业和社会组织提供，未必都要由政府部门或其下属事业单位直接提供。二是制定社会支持领域的各种规范，承担对其他主体所提供社会支持的监督、管理之责。为此，要引导和支持行业协会等有关方面制定各种服务标准和行为规范，以提高服务质量、提高公信度。三是制定对社会支持供给者的支持性政策。在实际运行中，有不少社会支持项目是难以盈利甚至可能亏本的。为此，政府需要以周密的调查和分析为基础，对社会支持的提供主体进行支持。例如，政府为民办养老机构提供一定的税收优惠和财政补贴，又如通过公建民营的办法，鼓励民间资本进入养老领域，更好地发挥市场机制的作用。当然，从长远看，老年照护服务领域的财政补贴，要逐渐由补供方为主转向补需方为主（张翔和林腾，2012）。

2. 市场主体的职责定位

在老龄社会的社会支持体系中，市场应当成为重要支撑。对于现实社会中面临的诸多难题，需要引入市场灵活的调节机制以弥补政府在养老服务供给上的不足。一方面，市场可以建立与政府之间的合作机制，通过政府资助、购买服务、税收优惠等形式来缓和政府在社会支持供需不平衡上的矛盾，缓解政府应对老龄社会的压力（王珍，2019）。另一方面，市场化的竞争机制能够有效提高社会支持资源的配置与利用，促进各类社会支持机构服务水平的提高，满足社会成员的社会支持需求，并提供更加多样化、多层次、高质量的社会支持。当前的重点，一是通过降低准入门槛，加快发展民办学校、民办培训机构、民办医院和民办养老机构，使民间资源能够尽快进入社会支持领域，同时健全运行规则、制定服务标准、实施有效的监管。二是尊重价值规律，放开价格管制，使社会支持领域的服务价格回归正常，改变服务价格长期扭曲的现象，从而吸引优质劳动力资源进入这一领域。三是加快发展补充性社会支持，鼓励企业和社会组织参与，同时保持社会支持体系中基本项目的保障水平，使社会成员有清晰而稳定的预期，增强中高收入群体自主自愿获取补充性社会支持的内在动力。

3. 社会组织的职责定位

在老龄社会的社会支持体系中，社会组织是不可或缺的重要力量。社会组织可以直接提供公益服务，诸如帮扶、照护、关怀等，可以广泛地参与到居家、社区和机构等的各种养老托幼服务之中，提供生活照料和精神慰藉等服务，满足老年人、残疾人和少年儿童多样化、专业化的社会需求，弥补政府与市场没有顾及的社会空白地带，提升服务对象的生活质量（汪大海和张建伟，2013）。社会组织还可以通过各种爱心捐赠等慈善活动来进行社会捐赠，这是对社会支持资源的有益补充。社会组织所开展的志愿者服务活动，可以在一定程度上降低社会支持的成本，并形成老龄社会中良好的文化氛围。

4. 社区的职责定位

从最近几年的实践看，基层社区在国家治理体系中的地位变得越来越重要。在老龄社会的社会支持体系中，社区也十分重要。社区往往是政府相关政策的落脚点，许多社会支持项目需要通过社区这一平台才能真正落实。反之，社会成员的社会支持需求，最早是从社区反映出来的。例如，通过社区联络机制和社区工作人员的日常走访，能够及时了解和更新老年人的健康状况、各种困难和服务需求，并为老年人提供有针对性的生活照料、家政服务、康复护理和精神慰藉等各方面服务（陈雅丽，2010）。为此，要加强社区的联络机制建设，充分运用现代信息技术手段，及时准确地采集社会成员对社会支持的需求，了解他们对社会支持供给质量的满意程度和改进建议，从而不断提高社会支持的质量和精准度。

5. 家庭的职责定位

在老龄社会的社会支持体系中，家庭处于基础性的地位。由于多种因素的作用，我国面临着家庭功能弱化的风险，必须高度重视，并采取有效措施予以加强。当前的重点：一是明确家庭在养老育儿方面的基本职责。事实上，无论是对老人还是婴幼儿、青少年，亲情的照护服务是最为重要、最为可贵、最为有效的，甚至是不可替代的。因此，我们要坚定不移地支持和鼓励子女的家庭养育和老人的居家养老。二是围绕家庭建设制定一系列政策，以增强家庭的功能。为此，要大力发展社会化的居家养老服务，提高社区对居家老年人的服务能力，要改进税收政策、劳动就业和劳动保护政策，营造文化氛围，提高中青年社会成员对子女养育和长辈照护的责任心和自觉性。

第 6 章　中国老龄社会的治理与政策选择

复旦大学课题组

人口老龄化已经成为中国社会的常态（彭希哲和胡湛，2011）。它是现代社会发展的自然过程，也是人口再生产模式从“传统型”向“现代型”[①]转变的必然结果，可以被看作社会现代化的重要标志之一。从本质上讲，老龄化没有好坏之分，所谓的“问题”或“挑战”不完全来自老年人或者老龄化本身，更多源于变化了的人口年龄结构与现行社会经济架构之间的不匹配所产生的矛盾，因而需要治理模式和公共政策的调整乃至重构以适应之。中国自 2000 年进入传统意义上的老龄社会[②]已超过二十年，无论政府还是民众对老龄化已有直接认识，学界研究亦日趋深化，但整个社会对其应对却仍存在诸多认知误区，并习惯性地将其当成一种不正常的人口和社会态势，相当多的研究也都是在传统的逻辑框架内探讨防止或延缓老龄化的种种途径，这在很大程度上是用 20 世纪的思路和方法来应对 21 世纪的挑战，其治理空间与政策效能已捉襟见肘。

作为一种不可逆转的人口态势，老龄化的影响已渗透入中国社会的方方面面，并始终伴随于“两个一百年”奋斗目标的实现过程。在这样的背景下，应对中国人口老龄化的治理模式无疑要基于整体性的中国思考，在更新观念和创新制度的基础上跳出传统理论与框架的桎梏，以形成新时代的中国方案。

6.1　反思老龄社会治理的研究困境

当前国内外权威机构和学者对中国人口老龄化的趋势预测大致相同（图 6-1），区别仅在于数字上的一些出入。具体而言，中国总人口在未来十多年内仍将继续增长，而老年人口的增长速度快于总人口，其近期增长主要源自 20 世纪五六十年代的出生高峰人群。2015～2050 年，中国老年人口（65+）规模将从

① 传统型人口再生产模式的主要特征是高出生率和高死亡率，而现代型人口再生产模式的主要特征则是低出生率和低死亡率，其结果必然导致人口老龄化。

② 即 60 岁及以上人口比例超过 10%或 65 岁及以上人口比例超过 7%。

1.4 亿人激增至 3.65 亿人左右[①]，预计在 2055～2060 年达到峰值（4 亿人以上），之后的老龄化速度明显放缓，进入所谓“高位平台期”，至 2100 年老年人口比例仍将维持在 30%左右的高水平。2025 年起老年人口自身结构的老化开始凸显[②]，而 2015～2035 年是老龄化增速最快、波动最大的时期，也是社会抚养比相对最低[③]、老年人口结构相对最年轻的时期[④]，尤其 2020 年前后还将出现暂时的“底部老龄化”和“顶部老龄化”同时弱化现象（见图 6-2）[⑤]，应对老龄社会的战略和战术储备应在此期间完成。从目前来看，应对老龄化挑战的主要障碍不全是“未富先老”（陈友华，2012）[⑥]，而主要是“未备先老”或“慢备快老”，现有治理模式及制度安排对这些变化仍缺乏结构化和系统性的反应及适应，相应治理研究亦存有局限。

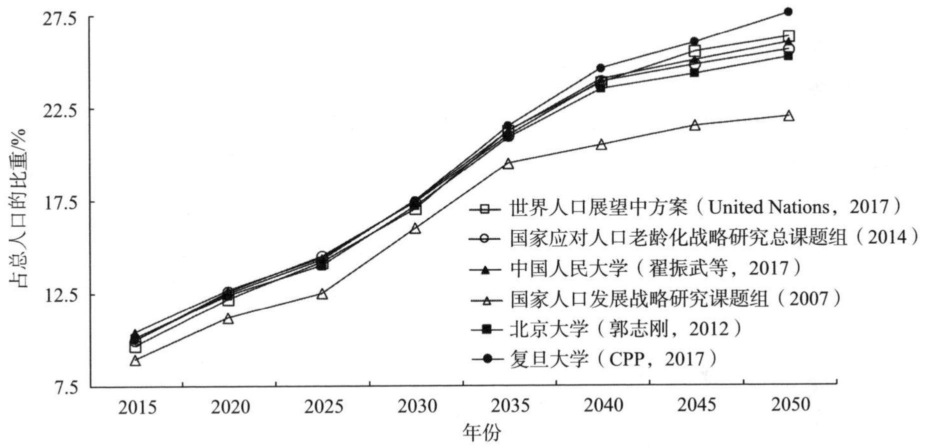

图 6-1　中国人口老龄化趋势预测（65+，2015～2050 年）

① 联合国 2015 年预测 2050 年中国 65 岁及以上老年人口为 3.71 亿人，比例为 27.6%；郭志刚 2012 年预测 2050 年中国老年人口（65+）为 3.54 亿人，比例为 25.2%；国家人口发展战略研究课题组 2007 年预测结果为 3.22 亿人和 22.7%；本章用随机概率预测中位数为 3.65 亿人和 27.6%，80%的概率区间为 3.23 亿～4.06 亿和 25.4%～29.2%。

② 2025 年之后，老年人口结构将开始出现明显的高龄（80+）比例增高、低龄（60～69 岁）比例降低。

③ 2015 年我国的社会抚养比约为 0.44，即每 100 名劳动适龄人口支持 44 名老人和孩子，但至 2050 年前后，社会抚养比将可能增至 1.0 以上。

④ 2016 年 60～65 岁的老年人口约占全部老年人口的 35%，60～70 岁的老年人口约占 59%，20 世纪 50 年代婴儿潮出生人口进入高龄（80+）阶段还有 10 年左右。

⑤ 对不同出生队列人口的分析及预测表明，新进入老年的人口在 2019～2021 年显著减少（对应 1959～1961 年出生人群），而生育政策调整后 0～14 岁少儿比例在此期间仍处于上升期。

⑥ 不少西方国家在尚未达到中国现有人均 GDP 水平时已建立起比较健全的基本社会保障制度。例如，2009～2012 年时中国经济发展水平已与西欧 12 国（法国、德国、英国等）1965 年相当，但这些国家均早于 1960 年建立了基本覆盖全民的社会保障制度。

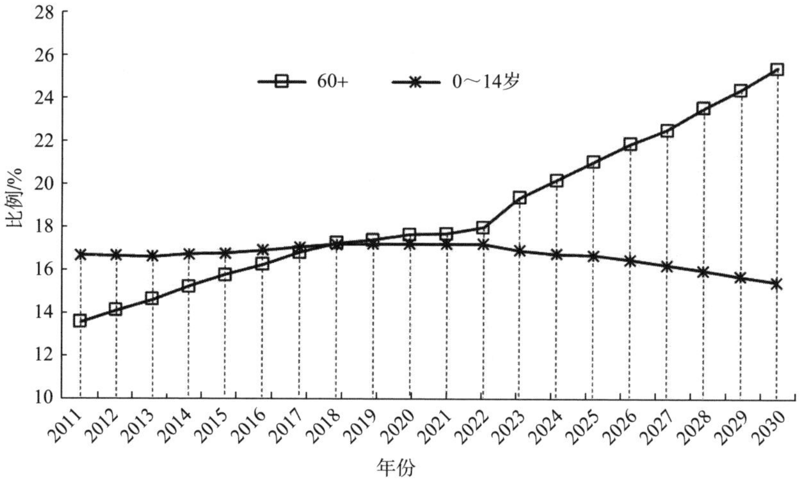

图 6-2　中国老年人口（60+）和少儿人口（0～14 岁）的变化趋势（2011～2030 年）

首先，应对中国人口老龄化的基础治理理论尚未形成。中国人口老龄化的深化进程与建设社会主义现代化强国的时间表基本同步，传统建立在年轻人口占绝对主体基础之上的社会治理模式和制度安排架构都需要根据老龄化的发展态势做出相应调整乃至重构，老龄社会的治理内嵌于新时代的公共治理。2013 年中共十八届三中全会将“推进国家治理体系和治理能力现代化”作为全面深化改革的总目标之一，强调从“社会管理”到“社会治理”的转变①，2017 年党的十九大报告更明确提出“加强和创新社会治理”以打造“共建共治共享的社会治理格局”②。这些理念与方案不仅为中国新时代的公共治理确立了路径，也为老龄社会的治理提供了宏观理论框架。然而，“治理”概念本身具有“问题导向”和“结果导向”的特点（燕继荣，2017；李强，2014；郁建兴和关爽，2014），具体的治理体系将根据现实议题的变化而不断演化，以与社会发展现状不断适配。尽管从中央到地方都已针对老龄工作形成了初步的宏观治理格局，但现有涉老制度与政策安排仍未脱离“政府主导型”和“管控型”（窦玉沛，2014）的社会管理模式，很多基本的理论问题更未解决，例如现行老年和老龄定义是否合理、老龄社会的就业形态和福利模式是否会被颠覆、传统文化在老龄社会中的作用机制等，这使得应对中国人口老龄化的基础治理理论尚未形成，具体的治理体系尚未落实，因而难以实现从一元

①《中共中央关于全面深化改革若干重大问题的决定》，http://www.gov.cn/jrzg/2013-11/15/content_2528179.htm，2013 年 11 月 15 日。

②《习近平：决胜全面建成小康社会 夺取新时代中国特色社会主义伟大胜利——在中国共产党第十九次全国代表大会上的报告》，http://www.gov.cn/zhuanti/2017-10/27/content_5234876.htm，2017 年 10 月 27 日。

主导到多元共治、从查漏补缺到持续发展、从管控维稳到共建共享的治理格局转变。

其次，现有社会认知混沌，存在误判人口及老龄形势的风险。人口老龄化是近年引起社会各界高度关注的一个相对较新的议题，在社会上和研究中，“悲观论”和“政府全能全责论”仍有不少市场，一些似是而非的理论观点也时有涌现，例如，希望仅仅通过提高生育率来遏制老龄化发展，忽视了老龄社会已成为一种不可逆转的常态；断言中国家庭功能及其凝聚力已普遍受损而致使家庭养老功能丧失，对家庭网络在新历史时期的新表现形式视而不见等。更多的研究则习惯性地将老龄化问题看作只是老年人的问题，即如何为现在和未来的老年人口提供经济赡养和公共服务，由此形成的政策建议和相关职能部门也更多关注老年人工作的开展和老龄事业的发展，而非整个老龄社会的应对（吴玉韶，2018）。事实上，这些现象大多缘于传统的概念、工具和框架，与当前社会现实日益脱节，而我们却依然固守，并未及时更新，这种不匹配尤其体现在现行老年及老龄标准上，它们直接决定了涉老政策的内涵和外延。联合国自 20 世纪中叶起所推行的老年定义依赖于单一的生理年龄指标[①]，并由此形成人口老龄化的判定标准，这在很大程度上反映了当时预期寿命的限制和各国政府对养老保障的考量。从确定这些标准至今，人类社会已经历巨大的人口、健康及疾病谱转变（Scherbov and Sanderson，2016），其经济社会关系也产生了重大变革，因而近十年来重新定义老年/老龄化一直是国际学术界关注的前沿。例如，欧洲学者就提出基于“期望余寿”（prospective aging）而不是“已存活年份”来重新审视老龄化（图 6-3）[②]。基于这些新的框架及工具重新判断中国乃至全球人口形势将发现老龄化尽管仍呈上升趋势，幅度却多有缓和，劳动适龄人口比例也大多在 21 世纪后半叶开始回升。尽管对这些新标准的政策可行性仍存在争议，但不难看出，一旦跳出旧概念和旧框架的桎梏，我们对人口老龄化态势将会有一个全新的认识，这不仅源于中国人口再生产模式的变动，也是国家治理模式改进、人民生活方式改变以及科技发展的合力使然，并必然影响到与老龄化相关的国家治理模式和制度政策的设计。

---

① 联合国 1956 年确定将 65 岁及以上人口视为老年人口，此后又根据发展中国家的情况，提出 60 岁与 65 岁两个老年标准。

② 国际应用系统分析研究所（International Institute for Applied Systems Analysis）的 prospective aging 重新定义老年标准为：人口平均期望寿命减去 15 年，即当人口的期望余寿小于或等于 15 年时视为进入老年期，该老年定义将会随着人口预期寿命的持续延长而动态变化。见 Sanderson W C，Scherbov S. 2010. Remeasuring aging. Science, 329（5997）: 1287-1288；Sanderson W C, Scherbov S. 2008. Rethinking age and aging. Population Bulletin, 63(4): 3-16. 以此标准重新判断中国的人口形势将发现，中国的老年起点从 2015～2020 年的 61.5 岁逐步提升至 2045～2050 年的 67.5 岁，其人口老龄化水平尽管仍呈上升态势，幅度却多有缓和，至 2065 年之后才会出现小高峰，届时人口老龄化水平将达到 27.10%，随后便逐步降低，而劳动适龄人口在 21 世纪后半叶即开始小幅回升，并始终维持在 63%～64%的稳定水平。

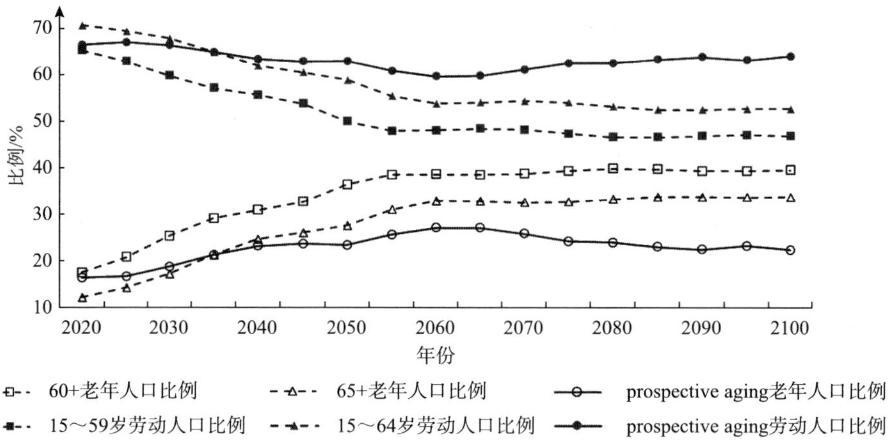

图 6-3　传统标准与 prospective aging 体系的老年/劳动人口比例（2020～2100 年）

再次，现有涉老制度与政策安排研究尚未形成中国方案。治理模式及其相关制度安排有鲜明的国家特征，虽然那些先期进入老龄化的西方发达国家为后进者提供了丰富的经验和“前车之鉴”（Lee and Mason，2011；Pifer and Bronte，1986；Cox and Jakubson，1995；Lindert，2004），但对于中国这样的人口大国，基本国情、社会架构、发展阶段和文化特征等方面的差异使得我们无法生搬硬套其制度及政策模式，何况不少西方国家自己也正因此陷入债务泥潭而至今不拔。如何在尚未实现现代化的条件下应对老龄社会的诸多挑战，中国目前尚无系统的他国经验可以借鉴。近年来我国政府和学界已开展多项大规模老龄研究[①]，不同领域的学者从不同学科出发对中国老龄化议题进行了较为系统的探索，并形成了大量丰硕的学理性成果，其中具体的对策政策研究则相对集中于以生育政策为重点的人口政策调整、与老年人相关的政策调整和单一部门的政策调整等方面（彭希哲和胡湛，2011）。不难想象，这些对策研究仍不同程度地存在着将老龄化视为“问题”或“挑战”的倾向，较多着眼于单项或局部的静态政策问题，尚未形成基于中国思考的整体性框架。正如前文所强调的，人口老龄化已成为中国社会的常态，其进程涉及个体发展的各个阶段和人口结构的各个层次，不可能只因生育政策的调整而得到根本性逆转，也不可能仅仅通过优化老年人福利而消弭其压力，更不可能依靠传统“部门政策”的单打独斗而扭转当前治理困境。与西方发达国家不同，中国是在经济未发达、就业不充分和社会保障未完善的情况下进入老龄社会，这要求中国寻求一种更加多元的应对老龄化的整体性治理模式及政策

① 例如“国家人口发展战略研究”和“国家应对人口老龄化战略研究”等大型决策咨询项目，中国老年健康影响因素跟踪调查、中国健康与养老追踪调查和中国老年社会追踪调查等大型追踪调查项目。

体系（Mason and Lee，2004；Jackson et al.，2009；蔡昉和孟昕，2004；邬沧萍和王萍，2009；田雪原等，2006），而中国独特的政治体制、人口规模、经济体量、文化传统和家庭观念也是我们必须关注的特征，并由此形成整体性应对方案。

最后，现有研究及实践对人口社会变迁过程中的"不确定性"把握不够。治理是一个不断与社会发展现状和制度变迁形势相互适配的动态过程。尽管人口老龄化已成为中国社会的常态，对其基数大、速度快、区域不均衡、高龄老人和失能老人多、空巢化和独居化加剧等规律和现象也正在逐步达成共识，但中国的老龄化毕竟仍在不断发展之中，其治理过程尚有一系列"不确定性"需进一步把握。具体而言，本书认为应特别关注以下四个方面。

（1）劳动力总供给开始下降，就业结构与模式面临结构性转变。我国劳动适龄人口在老龄化的背景下总体呈现下降趋势，目前按传统概念推算的劳动力供给已经出现拐点，潜在劳动力总量将持续缩减且结构趋于老化[①]，但中短期内我国的劳动力供给依然充足，未来 20 年间将始终稳定在 9 亿人以上。随着我国产业结构优化升级的深化，对劳动密集型产业的廉价劳动力需求正逐渐下降，而对资本和技术密集型产业的高端劳动力需求则逐步上升，劳动力供给结构与需求结构的不匹配是未来一段时期内劳动力市场的主要矛盾。与此同时，以人工智能和物联网为代表的科技进步正对劳动就业的传统模式形成冲击，这种"技术性破坏"将在缓解未来劳动力短缺的同时淘汰部分传统职业（Frey and Osborne，2017），并由此产生新的就业方式和职业形态，就业模式的多元化和层叠化[②]将趋于普遍。在此背景下，已无法仅仅依靠加强传统劳动力教育投资和加快农村劳动力转移来应对，而必然涉及对老年人力资源（特别是中高端人才）的开发利用、对某些行业从业人员的转移安置与再教育，甚至劳动力市场的重构等一系列更为复杂的议题。

（2）老龄化的区域差异增加了应对复杂性，但也创造了政策回旋空间。我国人口老龄化的地区差异主要受到本地人口转变和人口迁移流动两大因素的影响，表现为由东向西的梯次特征，城乡差异则体现出明显的"城乡倒置"特征[③]，这与经济社会发展水平的差异和城镇化的加速推进密切相关。根据测

① 15～59 岁的传统概念下劳动年龄人口规模在 21 世纪内预计缩减 3 亿人左右，其中 2 亿人的缩减将发生在近 20 年内，而与此同时，45 岁及以上的劳动年龄人口比例将稳步上升。

② 层叠化是指个体同时具备多种就业身份，可并行且相对独立。例如，互联网经济的发展已使传统正规就业群体中的许多人同时具备了其他非常规就业身份，如利用业余时间开网店、代购、代驾、开网约车等。

③ "六普"资料显示，2000～2010 年，我国城市老龄人口比重从 6.36%升至 7.68%，增加了 1.32 个百分点；乡村老龄人口比重则从 7.10%升至 10.06%，增加了近 3 个百分点。2010 年乡村老龄人口比重比城市高出近三成，十年间乡村老龄人口比重增幅更是高出城市 1.3 倍。无论从老龄化水平还是从老龄化发展速度来看，乡村均远远高于城市。

算,2000～2010年人口的乡—城转移对我国农村人口老龄化的贡献率为43.4%（朱勤，2014），是该阶段农村人口老龄化的主导因素，而这种人口转移又有效降低了城市常住老年人口比重。这些现象在我国新型城镇化战略推进期间会持续发酵,其间的老龄化压力将通过人口流动更多地传导至中西部地区（主要是农村）。尽管这会在全国层面增加应对老龄化的复杂度，但也为城镇（尤其是东南部）有效延长了人口红利窗口期，创造了政策的回旋空间（图6-4）。

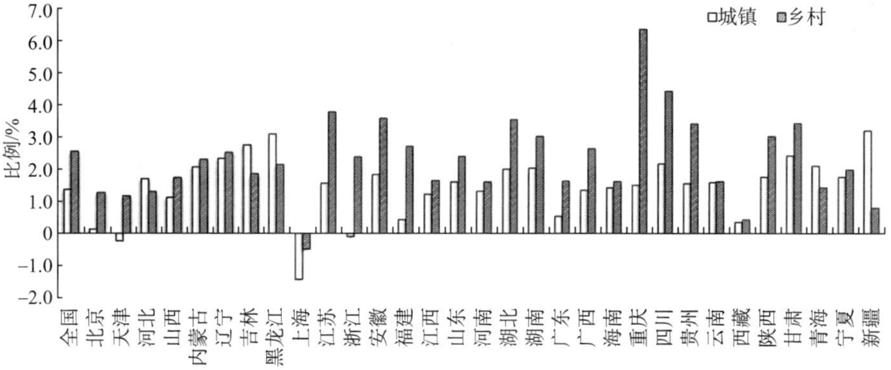

图6-4　2000～2010年老年人口比例变动情况（65+）

（3）家庭模式变迁将增加未来养老制度安排的不确定性，其机遇与风险并存。无论中国还是外国，居家养老都是最主要的养老形式，所有的老年人都或多或少地通过家庭或社区获取养老服务。随着我国家庭户规模的不断缩减①、家庭结构格局的不断简化②、老年人居住模式出现结构转变③、非传统类型家庭大量涌现④，“少子老龄化”⑤的现代家庭在养老抚幼方面的传统功能受到磨损。另外，中国传统家庭伦理和家庭文化仍具有强大的凝聚力，现代科学技术对日常生活方式的影响极大地扩展了家庭的空间联系，家庭成员（主要是亲子）之间的传统互助网络仍以新的形式在继续（彭希哲和胡湛，2015；胡湛和彭希哲，2014），这是中国式养老乃至中国式老龄社会应对战略中不可

① 1982年、1990年、2000年和2010年的家庭户平均规模依次为：4.41人、3.96人、3.44人和3.10人。

② 我国家庭户结构的基本格局已从1982～2000年的“核心户为主、扩展户居次、单身户补充”转变为2000～2010年的“核心户为主、单身户与扩展户居次”，随着单身户/夫妇户的大量增加和多代扩展家庭长期维持较大比重，二代核心家庭户的比例有较大降幅（2000～2010年降幅达到13.7个百分点）。

③ 老年人与子女同住比例近二十年持续下降，“多代同堂”的比重在2000年首次降半数以下，2010年更降至四成左右,而老年夫妇独立居住的比例却是增幅最快的居住类型(1990～2010年提升12个百分点)。

④ 如4-2-1家庭（以及正在出现的8-4-2-2家庭）、纯老家庭（尤其是二代纯老和三人及以上纯老家庭）、隔代家庭、失独家庭、大龄单身家庭、单亲家庭、丁克家庭、同居家庭乃至同性家庭等。

⑤ 1982～2000年我国家庭户的户均老年人数量稳定保持在0.22～0.24人,至2010年陡增至0.41人，与此同时的户均孩子数量却从1982年的1.48人陡降至2010年的0.51人，平均每个家庭少了差不多1个孩子（表6-1）。

或缺的重要支柱。在家庭政策仍系统性缺位的情况下，这些现象将给未来制度安排带来极大的不确定性。

表 6-1　我国家庭户人口结构变化（1982～2010 年）

年龄结构	家庭人口年龄结构/%				家庭户均人口规模/人			
	1982 年	1990 年	2000 年	2010 年	1982 年	1990 年	2000 年	2010 年
0～14 岁	33.6	27.7	22.9	16.6	1.48	1.10	0.79	0.51
15～64 岁	61.5	66.7	70.1	70.1	2.71	2.64	2.41	2.18
65+	4.9	5.6	7.0	13.3	0.22	0.22	0.24	0.41
合计	100.0	100.0	100.0	100.0	4.41	3.96	3.44	3.10

（4）老年人口健康水平不断提升，但其政策价值仍有待挖掘。2010 年，我国男性和女性老年人口（60+）的余寿分别为 20.04 岁和 23.14 岁，生活自理预期寿命为 17.22 年，平均带残存活时间约为 2.53 年（张文娟和魏蒙，2015b），相比 2000 年均稳步提升。不同口径的老年人口失能率区间为 10.48%～13.31%（张文娟和魏蒙，2015b）[①]，其中中重度失能老人比例未超过 3%（1.55%～2.99%）。对此需要特别指出的是，人口寿命提高在带来效益的同时也会产生成本及压力，即“胜利的成本”乃至“胜利的失败”（Zeng et al., 2017）[②]，而现有的制度安排模式尚未对我国老年人口健康水平提升这一现实进行必要的调适，对其效益未有效利用，对其可能带来的压力也未及时反应，这尤其反映出社会保障系统和老年科技发展的滞后性，并可能由此形成所谓“长寿风险”（郭金龙和周小燕，2013）问题。

这些“不确定性”将在相当长的时期内伴随中国老龄社会的治理进程，对其有效把控并合理应对将极具挑战性，并由此形成中国方案中的中国特色。

6.2　应对人口老龄化的治理思路转变

人口年龄结构是社会结构中最基本的结构形式，当其发生重大改变时，必然带来社会、经济乃至文化系统的全方位变化，进而要求制度和政策安排

① 2010 年中国城乡老年人口状况追踪调查数据的老年人口失能率最高，达到 13.31%；2011 年中国老年健康影响因素跟踪调查数据的失能率最低，为 10.48%；2010 年“六普”数据的老年人口失能率为 11.20%。

②“胜利的成本”是指人类寿命提高（即所谓“胜利”）在带来效益的同时也是有成本的，例如健康状况较差的高龄老人存活率提高就会给社会长期照料和家庭生活质量带来严峻考验。一种更悲观的理论则认为，老年人寿命延长同时使虚弱者存活将导致老年人群中残障比例增加，是一种“胜利的失败”。

的相应调整乃至重构。由于人们观念的转变和制度形态的演变都需要过程，因此这种调整往往滞后于人口结构的改变。正是在这个意义上，人口老龄化所带来的挑战并不完全来自老年人或者老龄化本身，而更多源于现有的社会治理模式和公共政策体系不能满足老龄社会的发展需求。目前，中国特色社会主义已进入新时代，在社会主要矛盾转化的同时，社会经济面貌、科学技术水平和人民群众的生产生活方式也发生了全面变革。作为社会发展的重要成果之一，中国的人口老龄化进程正与这划时代的变革相同步，并已经成为中国社会的常态。然而伴随着从“社会管理”到“社会治理”的社会建设路径升级，我国老龄治理格局却囿于其惯性和现实瓶颈及困境，仍未全面实现其治理转型。在这样的背景下，积极应对中国人口老龄化必须跳出在传统逻辑框架内探讨防止或延缓老龄化的路径依赖，不仅要避免局限于“在旧框架内解决新问题”的思路，更要抛掉局部的、静态的治理模式调整或政策调节思路，从而从全局的、动态的视角来重新思考整体性治理的战略布局。立足于中国的现实情境，新时代老龄治理的核心应聚焦于整体性和可持续性，并兼顾其动态适应性和中国属性。因而应尽快形成政府主导下的多元共治格局，从“居高临下”和“单打独斗”转为合作整合，重视全民参与和社会自治，在代际及群际均衡的基础上强调老龄社会的可持续发展，并始终根据社会发展状况而不断调整其治理形态，通过不断提升大众获得感和增进社会和谐最终达成老龄社会的“善治”。

具体而言，综合前文对公共政策视角下中国人口老龄化的反思和对现有治理研究有限的分析，本书认为其新的治理思路中应首先实现如下的转型要点。

6.2.1 从强调“中国特征”向构建“中国优势”转变

系统应对老龄社会对全球社会仍是一个亟待解决的新问题，先期老龄化国家确有许多成功经验可为我国所借鉴，我国学术界和政府部门近年在有关养老问题上的咨政建议和政策举措亦大多以先期老龄化国家的经验为对标或基础，这在我国老龄科学和相关政策研究的发展初期是一个必然选择。然而治理模式转型和制度体系改革是一个持续的过程，各国之间存在某些共同趋势，但更多表现出显著的差异和个性特征，无法简单地模仿引用。老龄化是一个全球性的发展趋势，但中国国情及其所处时代的特殊性，使应对老龄化的中国方案必须基于中国思考。中国有强大而稳定的政府，其组织能力和资源配置能力使得在应对养老金等复杂议题时具备较大的灵活性和创新可能性（例如国有资产划转充实社保基金），这也是我们的制度优势在应对人口老龄化中的集中体现。中国的大国优势与区域多样性也将为老龄社会治理提供宏观战略的施展舞台，并为资源配置提供巨大灵活性和政策腾挪空间。我们还有悠久的养老、孝老、敬老和尊老文化传统，这些传承数千年的中国文化是中华文明得以延续的重要基础，也将奠定中国式养老的价值理念基础，并极大拓展养老资源乃至应对老龄社会的资源格局。不仅如此，家庭始终是中国社会的中坚力量，中国家庭对代际责任和代际公平的诉求会在消化吸收社会转型成本的同时保持社会稳定，这将为我们应对老龄社会提供独特的优势和资源，并关系到当下中国社会能否在老龄化的前提下顺利完成传统与现代的历史转换。应对老龄化的中国治理方案无疑应基于这些“中国特征”，并逐渐将其转换为“中国优势”。

6.2.2 从“碎片化管理”向“整体性治理”转变

应对中国人口老龄化的治理模式和政策体系并不是孤立的策略或对策集合，而是中国整体发展战略中的有机组成部分，它并不外在于“创新驱动发展/区域协调发展/可持续发展”“科教兴国/人才强国”“乡村振兴”等国家战略[①]，也不是与“健康中国”“新型城镇化”乃至“一带一路”等无关的问题，对老龄化的应对治理应更多置入国家整体发展框架中加以思考和布局，这自然需要首先突破传统体制机制的固有制约。

目前以部门为主导而形成的各种与老龄化有关的公共政策及管理不断呈现碎片化（fragmentation）及空心化（hollowing out）的趋势（郑秉文，2009），各类老龄政策在不同部门发展序列中的排位以及政策优先对象的确定都要取决于相关部门对老龄事务的理解，更遑论部门权责交叉和政策摩擦的现象，这会使老龄社会治理模式和公共政策转变的许多基础性工作难以开展，源头性问题难以解决。老龄化的影响已经渗透到中国社会的各个领域，它所呈现的是一套跨越功能边界的非结构化公共事务问题，分工细密、层级分明、专业导向和行政驱动的传统政府管理模式难以实现有效的治理。因而需要从“整体性治理”（holistic governance）的战略视角来调节乃至重构目前我们为解决老龄问题而实施和运作的公共政策和公共管理体系。整体性治理是在 20 世纪末开始崭露头角的公共管理与公共政策理论的新范式（Perri et al.，2002），是在网络化治理、协作治理、合作治理、参与治理等微观治理形态上进一步形成的宏观治理格局。它首先对新公共管理运动所主张的分权、市场化和民营化进行了反思和调整，强调政府进行全面协调的必要性及能力；其次在传统的行政协调上引入新的协作伙伴和工具，丰富了协调对象和方式，并极为重视现代信息技术在治理中的作用；最后还改变了民众作为单纯服务消费者的

① 《习近平：决胜全面建成小康社会 夺取新时代中国特色社会主义伟大胜利——在中国共产党第十九次全国代表大会上的报告》，http://www.gov.cn/zhuanti/2017-10/27/content_5234876.htm，2017 年 10 月 27 日。

角色，将他们转化为积极的公共服务生产者和治理主体，突破了传统公共行政学的本位主义（竺乾威，2008；陈振明和薛澜，2007）。当前我国的大部制改革、区域联动发展、部门间议事协调机制、一站式服务创新和基层民主创新，都部分体现了整体性治理的思路（敬乂嘉和陈若静，2009），但在老龄领域从整体性治理视角开展的研究实践还较薄弱，仅有个别研究显现。

本书认为在当前条件下实现老龄社会的“整体性治理”转型应尤其强调公共政策的跨功能性和跨部门性（或逆部门性）以实施整体战略，并以此为基础统筹不同社会子系统的资源以形成合力。一方面，西方发达国家的大量实践表明，以某一部门为基础制定的公共政策项目在实施过程中，必须有其他部门的配合与支持，才能够达到该政策所要实现的目标（OECD，2002）。实现老龄社会整体性治理的关键在于发现和克服相关公共政策与管理实践中的“隙缝”和“漏洞”，通过放大政策合力效应以形成有效的治理网络，这要求政府通过自我调整乃至重构成为具有引导性、杠杆性和判别性的核心角色，从而形成跨功能、跨部门的治理机构或联合行动。另一方面，整体性治理需要强大的政府、市场和社会（包括家庭和社区），也需要它们之间对相关公共事务的基本认同、信任和亲密无间的合作。人的需要是通过多种渠道或系统来满足的，公共政策要想发挥持久有效的作用，就必须促进和协调各种不同资源共同发挥作用，而不是仅仅依靠某一项目、某一部门或某一社会系统来承担责任（张秀兰和徐月宾，2003）。

此外，在这些多元治理主体整合合作的背景下，本书认为重视并支持家庭将成为中国应对老龄化的一个重点乃至特点（张秀兰和徐月宾，2003；胡湛和彭希哲，2012）。在传统文化的作用下，中国家庭的很多养老资源乃是通过生育资源所转化，并不全是政府的责任，对于中国的老人来说，“花儿女的钱”和“花国家的钱”有着截然不同的含义，而通过家庭获得情感和心理上的满足更是任何专业的社会服务都无法取代的。尽管政府、市场等社会福利提供者将不可避免地承担越来越大的养老责任，但缺少家庭责任的养老政策注定是残缺的政策，既不能使老人获得完整的福利，还会造成社会的过重负担。这些理念已根植于中国的文化土壤，关键在于政府及政策的有效引导与支持。需要特别说明的是，在家庭少子老龄化的趋势下强化家庭的养老责任，并不只是简单地将国家或社会应当承担的责任转嫁给家庭，而是要明确主体边界，扩展或延续家庭的功能，在政府、市场、社区等与家庭合作的框架下，整体统筹这些不同社会系统的作用。换句话讲，不同治理主体对个体的福利支持本就属于不同的形式、不同的层面，它们之间不存在简单的替代关系。

6.2.3　从"贵生贱死"向"优生优死"转变

千百年来中华民族历经沧海桑田，但以孝道为核心之一的传统价值体系发展却未曾中断，并不断演化成为中华传统美德的核心要件。孝道的传承不仅留下了丰厚的伦理遗产，也传下许多动人的文化记忆。尤为可贵的是，孝道在推行的过程中并未走向狭隘化，反而从微观逐渐向宏观涌现，孟子的"老吾老，以及人之老"(《孟子·梁惠王上》）就是对此之良解。孝道尽管始于家庭，但在引导和推行时却未局限于内，而是外化为治理资源，其目的是使整个社会形成良好风尚。随着现代社会的转型和老龄化的深化，我们不应摒弃这一优秀传统，反而更需要构建与之相适应的伦理价值体系以充分彰显我们对于老年人和老龄社会的价值立场。当然，传统孝道中确有与现代社会发展不相适宜的理念和要求，孝道要在老龄社会中发挥价值和功能，重构就成了不可或缺的过程，即在借鉴传统并立足现实的基础上构建与时俱进的现代孝伦理体系（彭希哲和郭德君，2016）。事实上，自近代以来，孝道在家庭及社会生活中的地位不断滑落，这一过程尽管与其在漫长历史中的主导地位和深远影响相比而较为短暂，但若从变化的剧烈程度来讲，则未有如近现代以来变化之大者。正是在这种历史和现实的反差不断扩大之际，我们更需以谨慎冷静的姿态重新审视传统文化，如此方能真正把握传统文化中具有较大恒定性和影响力的要素及工具，这既是老龄社会治理创新中所急需的优质文化伦理资源，也是中华文化复兴乃至于中华民族复兴的应有之义。

贵生轻死的思想在传统生命伦理学中占据了相对主导的地位。事实上，生命的有限性至少在当下仍然无法突破，我们应当理性地看待生命全程，生与死都是生命必须经历的不同环节。尤其作为距离生命终端相对较近的群体，老年人更需在生命的下半场直面死亡，这是无法逃避的现实。但是，现有的政策落脚点和社会注意力仍主要放在"生"上，哪怕"健康老龄化"和"积极老龄化"等宏观政策框架亦不外如是，这对于消解人们对老龄化的疑虑和恐惧自有其重大的积极意义。虽然如此，这毕竟在一定程度上折射出整个社会对于"死"的关注仍然不够，因为完整的生命观不可避免地内含着死亡观。从更深远的意义来讲，死亡意识的培养同时能使人在一个更为完整的视野下把控生命的具体节奏，从而过上一种更有意义的生活。因此，在老龄社会中，若每个人在内心深处拒斥死亡、在理性思考中悬置死亡则显然是不适宜的，从这个角度而言，实现从"贵生轻死"到"优生优死"的转型，使人们能够积极地面对生命、平静地接受死亡，这也应是"积极老龄化"框架的进一步拓展。此外，理性生命观和死亡观的培育并不特定于老年人，而应覆盖不同年龄群体并贯穿人的整个生命周期。将生命观和死亡观的教育和引导置入个体的成长与社会的发展过程之中，才会真正营造起积极应对老龄社会的理性社会氛围，并由此发现乃至创造出若干新的应对资源与工具。生命观与死亡观的完善并不仅仅旨于提升老年人的生活和生命质量，更通过更新社会价值和社会观念而对传统文化伦理进行升级，并反过来重新诠释“老”、诠释“生”乃至于生命全程。

6.2.4 从聚焦于“老年人”向强调“全人口全生命周期”转变

与年轻型的社会一样，老龄社会也是一种正常的社会形态，只是老年人口超过了传统比重而已。应对老龄化的战略思考和治理选择可以粗略地分为两类：一类是在老年人口占较大比重的社会形态下的各类制度与政策安排如何适应和调整，以实现全民共同发展和社会福利最大化；另一类则主要是如何满足老年人口的经济安全、医疗保健、精神慰藉等方面的需求。这两类治理问题亟须整合，因而凸显了“全人口全生命周期”理念的重要性。从某种程度上讲，“全人口全生命周期”理念也是“整体性治理”的应有之义，但强调“全人口全生命周期”是为了强调老龄治理模式及相关政策体系的可持续性和代际公平原则。将老龄化问题过度聚焦于为老年人口提供经济保障和公共服务既易造成不必要的社会恐慌情绪，也不符合代际均衡的发展理念。

一方面，人口老龄化的巨大惯性决定了老龄社会的应对战略不应是一种应急策略，还必须考虑到经济社会的可持续发展。尽管一些聚焦于老年人口的应急措施在缓解短期的现实压力方面非常必要，而从可持续发展的角度出发，老龄战略应充分考虑全年龄段人口的需求与价值，致力于寻求将再分配功能和生产性功能内在整合的发展型政策模式，在降低社会运行成本的同时，平衡短期应急目标与中长期发展战略。

另一方面，“老龄化问题”绝不是“老年人的问题”，未来老年人的健康和医疗保健支出问题在很大程度上需要通过对现在年轻人的健康投资和行为转变来改善，老年人的养老金问题需要通过提高年轻人的劳动生产率和推动老年劳动力的经济参与来缓解，老年照料负担的问题需要给家庭和社会资源合理而有效的投入才能得到良好的解决。人生的不同年龄阶段是相互关联、彼此重叠的，只有将个体发展的各个阶段和人口结构的各个层次联系起来考虑，才能够夯实老龄社会政策设计的基础。世界卫生组织相继提出“健康老龄化”和“积极老龄化”作为应对老龄社会的战略性目标，学界也提出过“生产性老龄化”和“成功老龄化”等战略命题（WHO，2002；Rowe and Kahn，

1987；Rowe and Kahn，1997；林卡和吕浩然，2016）[①]，这都在一定程度上体现了“全人口全生命周期”的理念。

6.2.5　从“以人口变动适应制度”向“以制度变革适应人口”转变

人口对一个国家的社会和经济发展、政治和文化传承均发挥着重要作用，人口众多亦是我国最重要的基本国情之一，但过分强调人口因素对中国社会各项发展所发挥的所谓“主导性或决定性影响”，并由此形成一种“以人口变动适应制度”的治理模式及政策调节逻辑，习惯性地通过干预人口发展来实现制度目标，则显然失之偏颇。事实上，一个国家或地区的人口发展是一个极为复杂的过程，与社会经济系统互构而共生，远不能为线性的因果逻辑所能概括。早在 20 世纪初，不少学者、政府决策者乃至民众就已认识到，“人口不是开启一切社会问题的钥匙”，“不能脱离社会制度抽象地看待人口问题”（俞金尧，1996；王丰和李中清，2002）。然而对待老龄社会治理这一复杂议题，“以人口变动适应制度”的政策调节逻辑当前仍为许多研究者所秉持，例如将调整生育政策、鼓励育龄人群生育作为扭转人口老龄化进程的最重要政策举措就是其典型之一[②]；再以养老金改革为例，现有系统的本质永远是一种靠后代养老的制度安排，因而就业人口的增长或稳定及其就业时间的延长是养老金可持续性的人口学保障，以延迟退休为代表的现有政策调整大多出自此逻辑。随着生育率的长期走低、就业形态与模式的结构性变动，传统概念中的正规就业的增长空间已经越来越有限，而科技发展和生活方式改变也正在缩短人们的有效工作时间，依靠改变人口要素来满足传统制度安排的要求已变得越来越难。前文已强调，人口老龄化是中国社会的常态，我们对其只能适应而无法逆转。现有“以人口变动适应制度”式的政策调节模式，主要源于对老龄社会常态化这一重要前提认识不足，其本质无异于强迫一个老年人口已成为主体之一的社会，不得不在一套以年轻人口为核心而设计的制度架构中继续运行，因而其体制机制常有削足适履的倾向。在新的时代背景下有必要迅速转变思路以使老龄治理模式及政策调节逻辑

---

① “健康老龄化”侧重成长的延续性，强调晚年的生活能力取决于早年生活的积累；“积极老龄化”也译为“活力老龄化”，其框架包含三大行动支柱——“健康”（health）、“保障”（security）和“参与”（participation），并尤其重视参与，它使老龄化问题不再局限于老年人，而成为全民参与的主题；“生产性老龄化”也译为“产出性老龄化”，强调年龄不应影响个体生产性的发挥，鼓励所有年龄阶段的人群积极参与社会经济发展；“成功老龄化”与“健康老龄化”在界定上存在交叉重叠，两者的政策倡导存在差异，“成功老龄化”更强调低疾病率、高体能/智能和积极参与。

② 需要说明的是，根据人口发展态势适时调整生育政策对于应对人口老龄化十分必要，通过改变人们的生育行为可延缓老龄化的速度，平缓由出生数量波动造成的对社会经济的惯性影响，并为未来世代赢得应对老龄化问题的时间，但人口老龄化的进程不可能仅仅因生育政策的调整而得到根本性逆转。

逐渐向“以制度变革适应人口”转型，在适应人口老龄化的过程中，通过政策整合和制度创新及重构来协调这种变化的人口年龄结构与现有制度体系之间的矛盾。

另外，采用“以人口变动适应制度”的治理模式和政策调节逻辑来应对老龄社会在一定程度上也是被既有的思维定式所束缚，还在用工业时代的思维方式来分析后工业时代和信息时代的社会形态，因而对老龄化的判断常常是负面的，其应对之策也主要是短期的和非生产性的。目前社会上广泛存在着对老龄化的过度忧虑与不必要的恐慌，这些现象所基于的假设是：个体或群体一旦超过 60/65 岁，将从“生产者”或“劳动力”立即转化为“被抚养者”或“负担人口”。这种片面关注生理年龄的老年人和老龄化定义，忽视了老龄化的多元性、层次性、阶段性、动态性，以及巨大的个体和群体差异。这不仅始于人们对待“衰老”的粗糙的传统观念，也源于现有涉老政策体系的设计运行仍基于传统的评价指标和政策工具。不仅如此，考虑到我国发展不平衡所呈现的巨大区域差异，传统的老龄化指标无法真实反映老龄化对某一区域的真实影响，更难以体现其应对老龄化所具备的资源和能力。有鉴于此，有必要重新定义和定位“老年人”和“老龄化”，科学反映个体老化和人口老龄化的动态过程，突破现有老龄研究的桎梏、转变传统政策干预的套路，并逐步弱化大众对待老龄化的不必要的悲观态度。只有当公共政策不再机械地将“老年人”和“老龄化”与“负担”和“挑战”相等同，才能真正形成积极应对老龄化的良好环境。在这样的环境中，老年人不仅仅是需要支持和照顾的对象，延长退休年龄不仅仅是为了补充和平衡养老金，老龄化所带来的也不仅仅是负担和挑战，同时蕴含机遇与希望。

6.3 战略部署要点及可能的政策选择

目前国家为应对短期的现实养老压力而出台的一系列政策措施无疑是非常必要的，但考虑到人口老龄化已经成为我国社会的常态，对其全面应对不仅要聚焦于 5～10 年内的应急策略，更需要为中长期发展战略做好铺垫，不宜轻易“舍远求近”。根据新时代我国全面深化改革和大力发展民生的重大需求，本书认为当前老龄战略布局应首先重视以下四个议题。

（1）立足于我国人口态势及老龄化发生发展规律进行战略配置。作为一个人口大国，我国人口发展不仅涉及国计民生，甚至关系到民族兴衰。从人口学的研究视角出发，积极应对中国人口老龄化应遵从人口发展规律，重视以下三个阶段：2020～2025 年前后是未来社会抚养比相对较低、老年人口结构相对最年轻的时期，其间还会出现“底部老龄化”和“顶部老龄化”同时弱化的暂时性现象，这是应对老龄化的战略储备期和政策落地期；2030～2035年前后的社会抚养比相对较低、老年人口结构相对较年轻，但抚养比重点已显著地向老年人口倾斜，且 20 世纪 50 年代“婴儿潮”期间出生人口开始进入高龄阶段，这是应对老龄化的政策适应及强化期；2050～2055 年前后的抚养比将提升至目前水平的两倍以上，高龄化群体庞大，人口老龄化将达到峰值（2055～2060 年），区域均衡问题在这一时期内也需要妥善对待，这是应对人口老龄化的攻坚期，并最终夯实使中国社会在老龄化的前提下继续健康持续发展的基础。

（2）在文化和制度传承的基础上更新理念和创新制度。积极应对人口老龄化的核心在于构建起整个社会的“积极老龄观”。人口老龄化是社会经济发展的必然结果，当前老龄治理面临的许多问题都在于传统以中青年人口为核心的社会所形成的观念、文化和制度政策安排不适应老龄社会的发展，因而在社会经济生活中或有意或无意地形成了对老年人的排斥乃至歧视，这样既使老年人利益受损，又导致老年人力资本的极大浪费。不仅如此，传统观念及文化还习惯性地将“老”与“衰弱”画上了等号，不仅缺乏对生命伦理的现代解读，也不利于老年人自强观的建立和自身能力的发挥，更滋养了孕育“悲观论”和“政府全能全责论”的土壤。因而应在制度和政策安排的层面上确立“年龄平等”的原则，在继续弘扬尊老爱幼的文化传统的基础上重新定义老年与老龄，对教育制度、就业制度、薪酬制度、退休和社会保障制度等进行深刻改革，并在更广泛的政治、经济、社会、文化、军事等方面的变革和发展中强调年龄平等，消除现有治理格局中存在的固有障碍及歧视，实现不同年龄群体之间的公平竞争和共同发展。

（3）在多元共治和可持续发展的基础上构建兼顾整体性和动态性的社会经济支持体系。在目前的经济格局下，老龄化不仅会对社会保障体制、劳动力市场、储蓄、税收、投资、消费和产业结构等形成冲击，而且从长远来看，老龄化使中国人口结构优势趋于减弱，将直接影响到中国未来经济增长的可持续性。在社会层面，老龄化将影响代际关系、城乡与区域结构、家庭模式、住房与迁徙等，并对卫生与医疗保健体系提出新的要求。传统研究及实践较多强调为老年人提供更多的社会和经济支持，但在老龄化常态化的社会背景下必须跳出这一定势，在多元共治和可持续发展的基础上构建兼顾整体性和动态性的社会和经济支持系统，调动并整合政府、社区、家庭、社会组织和企业等不同社会系统主体的作用，在重视社会和经济体系整体均衡的基础上协调不同群体和世代之间的需求和福利平衡，并通过创新的制度和政策安排（尤其是就业政策和产业政策）赋予老龄社会新的活力。

（4）重视并加强对老年人群体演化和未来老龄社会发展的研判。中国社会在人口转变、社会转型和经济转轨并举的特殊时期迎来了老龄化，这一人口年龄结构的重大变化将伴随其实现现代化的全过程。中国未来老年人口的特征和变化规律如何，未来老年群体的内部异质性和行为模式差异如何，未来老龄社会的形态和演化趋势如何，庞大的老年人口规模将如何重塑未来社会经济乃至文化政治格局，这些问题不仅已大大超出了人类现有的历史经验，而且给中国的人口老龄化治理带来了更多变数。不仅如此，以信息技术为代表的科技革命亦正在深度改变现有的生产生活方式、产业格局、社会结构以及政治形态，其对老年人行为模式和老龄政策设计空间的影响应得到战略性重视。一方面，中国的人口老龄化进程与信息技术的飞速发展相同步，这些技术产业发展能够有效提高社会“老而不衰”的程度，不仅可以降低老年人自理的生理门槛，而且可以促进老年人生产方式和社会角色的转变。我国已初步形成了包括医疗健康电子产品制造、系统集成、服务运营等在内的智慧健康养老产业链，未来无疑需要更多的政策扶持。随着人工智能和机器人技术的发展，人口老龄化将激发服务机器人需求的增长，从而有效弥补因劳动力减少而出现养老护理人才缺失与结构失衡等现象。另一方面，科学技术的发展，尤其是人工智能和机器人技术的升级，尽管会缓解老龄社会劳动力减少的困境并有效提升生产力水平，也会对传统就业市场产生结构性冲击，并进而影响整个社会应对老龄化的资源格局。人工智能、物联网、生命科学在改变当今和未来世界的生产和生活方式的同时，也极大地重构着我们应对老龄社会的战略格局和政策工具，对此应未雨绸缪。

此外还需指出，在人类社会走向持续而普遍老龄化的过程中，中国的人口老龄化有着举足轻重的作用和特殊的发展进程。随着中国老龄化的深化，其对人口及劳动力格局的重塑将逐渐转化为对产业结构和经济形态升级的强烈诉求，并进一步对全球产业布局和贸易结构产生影响，届时的老龄化治理将突破国境限制而演变为全球治理问题，进而寻求全球范围内的治理资源，因而中国的老龄社会治理应尽快形成全球视野。

具体而言，联系当前的实际，本书认为以下几个方面是近期战略部署中所不可回避的政策主题。

6.3.1　更新老年定义，扩展政策应对空间并建立理性社会氛围

老龄政策的性质和内涵取决于对老年人及老龄化的界定，以某一年龄为尺度的老年定义的长期执行，使老龄社会的真实影响无法得到有效估计，一些误导性的认识更导致应对老龄化诸多策略失之偏颇。随着人口健康素质的不断改善，工业化和城市化带来产业结构及工作性质的不断转型，目前已有

必要对“老年”和“老龄”进行重新审视，突破传统上聚焦于生理年龄的单一静态标准，形成可准确反映人口动态和社会现实的界定标准和分类依据，并在此基础上调整有关的制度安排和政策体系。学界对此已做尝试（翟振武和李龙，2014）[①]，为缩小“老年人”概念的边界及外延奠定了较好的学术基础。在学界研究的基础上，政府涉老机构以及统计部门应适度跟进，以形成官方定义和指标体系。目前在推迟退休政策大思路已出台的背景下，政府可以首先尝试把“退休年龄”的提法逐步转变为“领取全额养老金的最低年龄”，以将“退休”的概念与“衰老”的意象脱钩，并与相关政策互动，为重新定义老年及老龄化做好铺垫。事实上，随着现代社会的技术发展和生活方式变迁，养老金作为一种公共资源，其配置规则将日趋精确化和精细化，而与此同时人类有效工作时间的提升空间亦日趋萎缩，因而应逐步将“退出劳动力市场”的权利（或部分权利）交由个体选择，以支持老年人口（特别是相对健康年轻的老年人口）相对自主地参与社会发展过程并分享社会发展成果。

更新定义的另一个重要作用是改变人们的传统理念并进行文化升级，推动建立积极老龄化的理性社会氛围。政府、高校、社区和媒体应当积极引导社会公众参与应对老龄化的讨论，消除对于老龄化的过度解读，弱化对老龄社会的不必要的担忧甚至恐惧。当突破原有的理论和传统羁绊，我们将会对老龄社会有全新的认识，而且这种认识会不断深化和更新，由此产生全新的应对策略和可用的应对资源。此外，中国文化中包含的死亡忌讳还导致与衰老和死亡相关的公众参与不足、制度设计趋于保守，学界和政府有必要引导公众正视生命伦理，在关注“优生”的同时也要关注“优死”，高等教育与行业/职业教育中的相关专业应设置涉及生命与死亡伦理的课程，并加强社会宣传教育。

6.3.2　构建常态统筹机制，为推动实现“整体性治理”奠定必要的行政基础

目前国家卫健委已经成为协调我国老龄工作的主导政府部门，但从部委到地方涉及老龄治理的政府机构仍众多，这体现了国家对老龄工作的重视，但也可能导致多头审批、盲目设置、重复建设和无序竞争的局面，还可能使得政策接轨困难，应对老龄化的许多基础性工作难以开展、源头性问题难以

① 例如，通过综合测量生理、心理和社会经济参与指标，编制反映“年轻”状态随年龄变动轨迹的生命表，将“非年轻状态的人”定义为老年人；通过余寿后推对老龄化进行逆向推算，并结合健康状态生命表测算预留健康年限，将“非健康状态的人”定义为老年人；通过编制自理状态生命表，将“非自理状态的人”定义为老年人；通过对老年人认知功能的测量，以及衰退机制和个体差异的研究，探讨缩小“老年人”概念范畴的可能性等。

解决。现有的老龄事务协调机制亟须创新及升级，应进一步充实和提高其效能，为推动并实现老龄社会的“整体性治理”进行必要的统筹。为此，有必要全面梳理我国各级政府、各类机构和各地区在老龄化治理上的资源投入、职权内涵、政策积累和发展目标，建立健全在信息交换与沟通、资源投入和共享、权力与责任调整、决策咨询与参与、政策实施支援体系与网络建设、政策效果评估等方面的跨部门和跨区域协作的行政统筹机制。

以社区养老服务体系建设为例，社区在养老服务供给上具有天然的地缘优势，目前政府已经投入了大量的养老服务资源。然而由于条块分割的体制制约，这些服务管理难以形成部门间的联动与合力，资源浪费与资源短缺并存，资源整合利用效率低，信息碎片化严重（周新宏和朱勤，2017）。同时，由于养老服务行业存在投资大、经营利润空间小、回收周期长等问题，市场主体或社会力量缺乏介入社区养老服务领域的动机动因，养老服务的市场参与和社会参与不充分，服务专业化程度也较低。因而有必要在资源下沉和数据融合的基础上加强社区养老服务平台建设，实现社区养老资源的有效整合和服务供需双方的精准对接，以破除碎片化并增强社区的辐射性，首先要做到的包括：强制性和自主性的信息公开、强制性或法定的决策咨询与过程参与、共享数据库建设、跨部门的标准制定以及协同研究和培训等。这些工作的有效运作需要具备社会工作专业资质的养老服务管理人员，既要熟悉养老相关的政府政策，又要具备较完善的医疗知识储备和基层沟通经验。基于老龄社会对这一专业人才队伍的需求预测，有必要在高等教育培养体系中扩充福利社工培养方向，并在专业设置与培养方向上聚焦社区养老服务。

此外，目前一些城市社区推行的诸如“时间储蓄银行”“老伙伴计划”“为老服务券”“爱心呼唤铃”等社会工作实践，以及一些农村的“村办养老”尝试，大多不需要政府投入很多政策成本和资金成本，对政府服务进行了有益补充，在满足老年人实际需要的同时，有效提高了老龄工作的社会参与度，还有很好的宣传教育功能，具备很大的推广及扶持价值。将下沉在社区的政府投入与民间资源相整合、协同并统一管理，无疑是对“整体性治理”的生动注解。

6.3.3 重新诠释“计划生育”内涵，加快放开生育限制

中国的人口老龄化因计划生育的催生而提前出现（蔡昉和王美艳，2006），当前我国人口变动的主要矛盾已从过去的人口总量过大转向人口结构快速老化，未来人口发展的风险聚焦于生育率和生育意愿的“双低”，且育龄人群持续缩减已成定局。随着老龄化的不断深化，如果生育率继续过低，那么任何制度安排都很难具有持续性。因此，应当对“计划生育”基本国策做全新的

诠释，尽快从“有计划的按政策生育”转型为“有计划的家庭自主生育”。新时代的人口战略不应将“计划生育”狭义化，“计划生育”不等同于“只生一个好”“只生两个好”或“只生三个好”，更不等同于“限制生育”和“控制生育”，它依然是“有计划的”，即在制度层面将强调公民义务转变为尊重公民权利，倡导夫妇根据个体条件、家庭状况以及对社会经济环境的判断而自主地决定其生育计划，包括生育子女的数量和生育间隔。与此同时，还应适时推出生育友好型家庭政策以优化生育养育环境，确立“有责任的家庭养育”这一政策立场，支持家庭更好地承担养育培育子女的责任，阻断贫困和愚昧的代际传递，从而在帮助家庭合理实现其生养计划的同时维持世代更替的相对平衡。在未来的十多年间，中国育龄人群（特别是生育高峰期人群）的数量将快速减少，这为尽快调整生育政策提供了有利的时间窗口。生育政策的进一步调整可以有效地遏制出生人口数的大幅下滑，平缓人口结构的过度波动，同时也将降低政府用于限制生育的行政成本，提高民众对政府政策的获得感。必须指出的是，尽管依靠放开生育数量限制并不能扭转人口老龄化的基本趋势，但可以为中国人口长期均衡发展创造更为有利的条件，并为未来世代赢得应对时间。近期应当尽快启动对《人口与计划生育法》的修订工作，尽快取消有关计划生育“一票否决制”和征收社会抚养费等制度安排，以尽可能地减少限制生育的法规条例。

此外，政府还需要尽快将生育政策调整与家庭政策及相关社会经济政策协调配套起来，以家庭为基础完善生育政策的整体性配套政策措施①，让育龄人群不仅“能生”，而且“敢生”和“想生”，以进一步挖掘生育潜力，真正实现人口政策的中长期目标。不仅如此，生育政策调整的目标之一本就是增加人力资本储备以应对老龄化，良好的家庭功能是形成和发展优质人力资本的首要环境，尤其人力资本在新形势下的新内涵（如社会能力、精神品质等因素）更与家庭有着千丝万缕的联系，生育政策和家庭政策有必要对此给予特别关注。

6.3.4　加强代际转移支付研究，并强化对劳动人口的投资

在未来一个相对较长的时期内，老龄化财政压力的焦点将在很大程度上从筹资上转移到分配上，尤其是代与代之间。我国劳动收入的峰值年龄从 2002 年的 40 岁提前至 2007～2009 年的 30～32 岁（Shen et al.，2016），年轻劳动

---

① 例如，目前政府几乎没有正式的针对 1～3 岁幼儿的公共服务，托幼机构的减少又使 3～6 岁儿童入园率不断降低，这些因素都直接影响家庭的生育意愿。不仅如此，大量独生子女家庭面临较大的脆弱性，其养老风险正随老龄化而不断凸显，亟须政策关注。特别对于失独家庭，应尽快推出相应的税收减免或现金补助计划。

力劳动收入的增幅显著超过中老年劳动力[①]。与此同时，受益于近 30 多年来的经济发展，中老年一代在此过程中积累了一定财富（如房产），这是以下几代人都无法比拟的，这种收入与财富的代际差异将在未来一段时间长期存在，年轻人口依靠父辈家庭的支持在城市中购置房屋就是一个明显的证明。尽管目前年轻人享受了更高的收入，但在财富积累方面不敌他们的父辈。而随着高等教育普及率和城镇化水平的进一步提高，以及科技进步所推动的产业结构升级，在代际和谐的基础上平衡收入与财富的关系，将为未来应对老龄社会财政压力同时创造出空间与时间。

目前世界大多数国家实行的养老保险从实物经济的视角来看都是一种靠后代养老的计划，筹资模式的不同仅区别于未来老年人向年轻人索取物质产品（包括商品和劳务）的方式[②]，养老金增长的物质基础始终是下一代就业人口的增长及其劳动生产率的提高。我国当前的社会保险系统正面临“系统老龄化”[③]，因此亟须开展前瞻性的制度设计研究，以保证我国社会保障体系在深度老龄化的过程中长期持续平衡。毫无疑问，投资人力资本和推动产业升级应成为我国老龄化应对中最重要的制度安排之一，即所谓“以质量换数量”的发展战略。为实现这些目标并为制度创新及变迁提供条件，政府（特别是地方政府）应将已收获的人口红利更多地投资于教育、卫生和福利等直接关乎未来人口劳动生产率的部门，并推动建立真正意义上的终身教育（学习）体系，将教育和学习贯穿于各个年龄阶段的群体以及个体生命周期的各个阶段，使劳动力始终保持与社会经济发展相适应的知识和技能水平，以真正落实“积极老龄化”的战略目标。近期来看的话，一方面需要首先改革现有教育体系，加快落实工程技术和职业类大学的转型，并将相关院校的专业设置和教学内容与未来老龄社会的产业和职业需求相关联；另一方面还应通过公共政策鼓励和推动中低龄老年人口更多参与到生产性的经济社会活动之中，并对整个劳动力市场进行必要的结构优化，以进一步充分享受人口红利的后续效益。

① 其中两个重要因素，一是年轻劳动力接受大学教育比例大幅上升，二是年轻的农村劳动力大量转移至城市进入收入更高的非农行业。

② 在现收现付制下，老年人口通过政府的征税权向年轻人口索取物质产品，其索取权表现为政府以隐性债务形式对老年人口的承诺；在基金积累制下，老年人口则通过其在工作期间进行养老储蓄所积累的货币权利来索取物质产品，其索取权表现为显性的个人账户所提供的货币权利。

③ 即在社会保险参保人群中，待遇享受人群相对增加、缴费人群相对减少的现象。见何文炯：《社会保险的系统老龄化》，“民生·治理”高峰论坛，2018 年 5 月 19 日。

6.3.5　正视就业模式多元化现象，制定适合老龄社会发展的产业规划

随着物联网、大数据、高速铁路、人工智能、机器人等技术的发展以及网络经济与共享经济等经济形态的创新，传统经济活动、经济组织以及就业模式将经历巨大冲击，并可能在未来的 20～30 年重组现有劳动就业市场，这为中老年劳动力的“再就业”和老年产业的发展提供了巨大的发展机遇。事实上，目前与老龄化相关的产业要素已经初现端倪，例如老年金融、老年照料及护理智能化等领域正在创造出大量全新的职业及岗位，有些工作甚至并不属于传统就业概念，而是以今天看来仍“非常规”的形式存续，现有的统计方法及统计口径已无法准确反映当前社会的真实就业形态。

在这样的背景下，公共政策应依据“积极老龄化”行动框架，统筹政府、市场和社会的作用，创造有利的制度和政策环境，积极推动老年产业的快速发展，在此过程中为数量巨大的中老年劳动力提供适合老年人体力和脑力特征、能利用老年人所拥有的人力和社会资本的就业岗位，并避免卷入同年轻劳动力的竞争中。鼓励老年人口推迟退休，或在退休以后能够继续通过灵活就业和志愿者服务等方式最大限度地参与社会经济的发展。需要指出的是，尽管老年人力资源开发成本较低，但发展适合老年人就业的产业仍然需要对老年人（尤其是年轻老年人）进行必要的教育投资和技能培训，以提升老年劳动力的就业能力。这不仅是学习型社会的应有之义，也是中国从人力资源大国发展成人力资本强国的重要举措，我们的全民教育体制应当也完全能够为此进行必要的改革。

6.3.6　强调“医养护结合”，优先并重点解决失能失智老人的长期照护

从中长期来看，人口老龄化造成的最大压力不是老年人的生活费用，而是医疗费用[①]。自 2015 年底[②]以来，“医养结合”的议题日趋升温。然而对于老年人口中的绝大部分而言，最为迫切需要的并不是以诊断、治疗和手术为主的医疗服务，而是日常生活照料和非治疗性康复护理（如延缓慢性病发展或维持生理机能等），即“长期照护服务”。尤其当前我国老年人口的年龄结构仍非常年轻[③]，20 世纪 50 年代“婴儿潮”期间出生人口进入高龄（80+）阶

① 2009～2014 年退休的医保参保人数从 5527 万人增至 7255 万人，同期的医保费用支出从 2865 亿元增至 7083 亿元、医疗总支出则从 1.6 万亿元增至 3.5 万亿元，医疗费用的增幅远大于参保人数增幅。

② 2015 年国务院办公厅转发卫生计生委、民政部、发展改革委、财政部、人力资源社会保障部、国土资源部、住房城乡建设部、全国老龄办、中医药局《关于推进医疗卫生与养老服务相结合的指导意见》。

③ 2016 年我国 60～65 岁老年人口比例为 35%，70 岁以下低龄老年人比例为 59%，80 岁及以上高龄老人比例仅 11%。

段还有 10 年左右，这是完善我国养老服务体系的重要“窗口期”。在此期间，国家应在“健康中国”的大战略中着重发展老年长期照护服务，强调“医养护结合”，将其定位于“社会服务”而非“医疗服务”。西方发达国家的大量实践已表明，除了必需的医疗服务之外，通过“社会服务”和“医疗服务”的不同途径提供同样的公共服务内容，前者费用平均比后者降低 30%（唐钧，2015），这在医疗服务资源紧缺的中国更是如此。

还需要指出的是，我国目前养老制度安排的一个误区是过于追求面面俱到，缺乏重点突破。本书认为当前长期照护服务的重点对象应首先聚焦于失能失智老人，尤其是中重度失能失智老人①。老年人失能失智状态的出现和中重度失能失智老人的生存期都有较稳定的规律，且老年人在生命最后阶段的生活需求相对稳定和有限，这都为提高政策命中率和有效性奠定了基础。政府应着力推动机构、社区和家庭等多元化服务主体参与长期照护体系的运作，根据老年人失能失智水平设计不同的照护模式与之对应；充分考虑不同类型家庭的支付能力，灵活使用补贴、税收优惠以及政府直接购买服务等政策工具，将潜在需求转化为有效需求；并特别关注农村地区（尤其是中西部）的失能失智老人照护问题。

6.3.7 在重构家庭政策的基础上引导并支持现代家庭建设

支持家庭应当成为我国老龄化应对中的一个特色以及重点。这样做不仅能在短期内收效，而且有助于政策体系的可持续发展。然而遗憾的是，我国现有的家庭政策及项目存有诸多缺陷，并大体上呈现“去家庭化”与“再家庭化”相博弈的矛盾特征（彭希哲和胡湛，2015），不仅不能适应在家庭规模小型化、形式多样化、功能网络化等基本条件下的“现代家庭建设”，更不利于家庭在应对老龄化中发挥作用。前文已提及需尽快将生育政策调整与家庭政策完善协调起来并强化家庭的人力资本积累功能，除此之外，老龄社会的家庭政策重构还可考虑以下切入点。

在明确主体边界的基础上尝试将家庭整体作为基本福利对象。我国现有社会政策大多以“个人”为基本单位，即便是养老保险、医疗保险等对家庭功能进行补充的保障政策，也主要以个人就业为准入门槛，且在家庭成员之间不得转移，无法为老年人和未就业/非正规就业的家庭成员提供有效保障，因而很难有效支持家庭承担应有的养老责任。考虑到中国的老龄化现状，国家

① 目前对于老年人失能状态的评价尚无统一标准，但一般而言都以基本生活能力为基础进行判定，如吃饭、控制大小便、在室内走动、上下床、上厕所、穿衣、洗澡等，有 1～2 项无法完成为轻度失能、3～4 项无法完成为中度失能、5 项及以上无法完成为重度失能。从实践来讲，中重度失能者大多卧床不起，需要实时看护。中度失能的经验性判断即卧床不起，重度失能则指丧失自主进食等多项基本自理能力。

应在厘清政府、市场、社会和家庭的责任边界的基础上，制定推行以家庭或家庭户为单位的社会政策，并尤其给予承担养老或育儿责任的家庭更多关注。

为承担养老责任的家庭提供直接援助。政府应在经济上支持承担养老责任的家庭，为其提供直接援助或税收优惠。对有养老需求的中低收入家庭给予直接的资助，将是在新型城镇化过程中平衡新农村发展的一个重要方面。同时，第一代独生子女已经到了兼具养老和育儿需求的阶段，政府理应为这一群体提供支持，同时还可消除更多的伦理诟病。

扶持家庭服务业，并将其与社区建设、社会组织培育紧密结合。当代中国家庭的很多功能必须依赖其亲属网络才能完成。大量调查已表明，目前“儿童照护服务”和“老年居家陪护服务”等均供需失衡，尤其是多数城市青年夫妇都不得不依靠老年父母帮带孩子，这不仅凸显家庭服务缺位，还极大制约了老年人力资本有效开发，甚至在一定程度上导致了推行“延迟退休年龄”政策的困难。政府应着力扶持和规范家庭服务业，论证“政府购买服务”的可操作性，研究家庭服务业专业化和职业化发展的策略，总结各地已有实践，测试政策和项目的抗压性、宽容性、可持续性和加总效应，并由此逐步建立效果评估体系，适时推广完善。此外，政府应以社区为依托，把增强家庭功能的家庭服务作为目前“社区建设”的重要切入点之一，支持引导各种社会组织将帮助不同类型家庭行使责任作为其重要功能。

6.3.8　善用人口红利，并加强基本公共服务供给的区域均衡研究

按照经典的人口红利理论，收获人口红利的机会窗口还在中国开启着，并将一直延续至 2030 年左右才会最终关闭。尽管我国尚处于收获人口红利的最后窗口期，但城乡和地区间人口转变进程及经济发展水平的差异令这两类地区常常面临无法同时满足收获人口红利所需条件的困境，从而使得机会窗口开启的时间在城乡和地区间依次推移，并主要以农村年轻劳动力向城市的流动作为桥梁来兑现人口红利。基于此，本书认为为了有效促进城乡、地区收获人口红利条件的形成，政府应当在新型城镇化和户籍制度改革等基础上进一步鼓励有序的人口流动与迁移，而不应当将劳动力人口重新固化在每一地区。就具体的地区而言，利用各地老龄化程度的差异，采取相应的错位发展策略，有可能使得各地区均可延长人口机会窗口的开启时期，最大限度地收获人口红利，并为未来解决农村人口负债问题积累资源[①]。

① 为有效错位解决不同地区及城乡的人口负债问题，需尽快推进社会保险统收统支式的全国统筹。以基本养老保险为例，各地区社会保险的系统老龄化程度不一，2016 年负担系数轻的广东省在职职工是退休人员数量的近 10 倍，而负担系数较重的黑龙江省在职职工已不到退休人员数量的 2 倍。提高统筹层次有助于解决各地区抚养负担畸轻畸重的矛盾，缓解财政压力，并利于各地区未来劳动力成本的统一。

需要特别指出，传统人口红利的收获条件是充分就业和足够多的年轻劳动力，尽管我们已开始不再完全具备这些条件，但全球范围内还有很大比重的人口红利。随着改革的深化和发展的继续，中国国力正日益增强，市场体量又使其具有足够的就业机会，通过利用有利的国际贸易和政治经济环境，以及“一带一路”等“走出去”政策部署，中国将在全球化的背景下收获新的人口红利。在过去的30多年中，发达国家借助对外直接投资等方式从我国的人口红利中获益巨大。在未来的几十年中，我们有理由认真思考如何才能从对发展中国家大量年轻人口的有效利用中获益，并同时带动当地经济发展实现双赢。目前年轻劳动力资源丰富的国家大多在非洲和拉丁美洲，与西方国家相比，中国在这些地区的长期投入已形成了相对有利的环境。在一个全球化的时代，尽管存在贸易保护主义的回潮，但全球经济日益融合，对经济利益和发展资源的争夺在一定意义上也就是各国为应对老龄社会而进行资源配置的过程。中国有必要也完全可能突破国内经济资源的限制，在全球化的高度思考我们的老龄社会应对战略。

此外，未来随着中国人口红利的逐渐衰减，人口老龄化与基本公共服务供给的区域差异将可能在不同区域的不同时期产生叠加效应，使其面临人口加速老化、基本公共服务供需矛盾突出的双重挑战。因此，有必要深入探讨人口老龄化与人口流动及城镇化互动发展时期的规律，以及区域基本公共服务供需矛盾的阶段性特征，由此统筹分析与设计基本公共服务供给的区域协调与整合机制，进而形成操作化政策工具。这既是一种针对现有可能存在的资源错位的纠偏机制，也可以作为一种规范与引导未来基本公共服务资源有序流动的优化配置机制，从而努力把握和适应区域人口年龄结构变动和公共服务资源供需矛盾的规律与节奏，通过积极稳妥的制度安排前瞻性地应对人口老龄化挑战，促进区域均衡发展。

6.3.9 老龄社会的应对不能离开对不平等现象的持续关注

尽管目前学界对于各类不平等现象（如收入、性别等）在老龄化背景下到底趋于恶化还是趋于弱化尚无定论，但对于这一动态议题无疑需要特别关注，并尤其重视当前的弱势儿童和性别平等问题。

在全生命周期的视角下，老龄社会的治理应致力于创造条件使所有人得到全面发展，尤其是年轻一代。现有政策仍较多关注如何通过调整生育政策鼓励年轻育龄夫妇多生，但对如何提高已出生少年儿童的健康素质的关注则相对较少。中国现有的几千万留守儿童、残疾儿童的生存和发展状况均堪忧，如果不能尽快改变这一状况，对我国应对人口老龄化的挑战将是一个不利因素。儿童发展不仅依赖于社会经济和家庭收入的快速增长，更需要系统性的公共干预以及更大的社会公平（森，2012）。应当始终坚持儿童优先的原则，坚持儿童成长早期干预的基本方针，以健康和教育为战略重点，以困难家庭为主要扶持对象（Zeng et al.，2017），加强政府部门、政策和资源的统筹整合。对于西部地区残障儿童、留守和流动儿童，首要解决的是其生存问题；对于东部地区儿童，考虑更多的则是如何使其更好地发展。不同地区与不同的儿童群体，需要有不同取向的政策主题与项目设置，从而适应儿童生存和发展的实际需要。从看重生育到关注养育，逐步完成从“多生”到“善养”的过渡，从而实现政府、社会和家庭对儿童发展的全程关怀和全面保障。这在进一步调整完善我国生育政策的过程中将更为急迫和重要。

在老龄社会的应对中还需要关注女性群体的权益，社会分配的不均等往往与性别不平等问题相互交织。由于女性在生理寿命方面的优势，目前我国各地女性平均预期寿命大多较男性长 5 岁左右，而高龄女性的身体状况和寡居模式又加重了老年女性对公共服务和社会支持系统的依赖，但相关的公共政策对此却基本保持了所谓性别中立。有研究发现，目前我国男性在医疗与养老公共转移支付方面相对于女性有绝对优势，特别是在老年（65+）时期，男性享受的医疗与养老转移支付远高于女性（Shen et al.，2016），这主要源于相对更多的老年男性曾在城镇正规部门就业，因而能享受相对慷慨的城镇职工医疗保险与城镇职工养老保险。不仅如此，当前老年生活困难群体正在趋于以女性为主，这在农村地区尤甚，部分农村中老年生活困难女性的生存状况较为恶劣，已成为地下宗教势力渗透的重要目标，这一问题亟待关注。因此，在制度和政策设计时应加强社会性别的研究，避免女性长寿的生理优势转化为老年生活困难的社会劣势。值得欣喜的是，在青少年时期（尤其是在 18～22 岁年龄段），女性享受的教育转移支付已开始反超男性，这主要得益于女性高等教育入学率已逐渐超过男性。随着女性在人力资本积累方面的优势逐渐显现，劳动力市场上的性别差异有望进一步缩减，但公共政策对此仍需特别关注并予以推动，以保障未来医疗与养老转移支付的性别差异得以大幅缩减乃至消弭。

6.4　结语与展望

综上所述，中国人口老龄化的应对绝不是一种应急策略，必须更加注重多元主体的整合参与和经济社会的长远发展，在保证治理模式和公共政策可持续性的基础上，将短期目标和中长期发展战略结合起来。有鉴于此，在前述治理模式转型和公共政策应对要点的基础上，笔者认为还应进一步凝聚其共识。

首先，人口老龄化给中国社会带来挑战的同时亦蕴藏机遇。中国在应对人口老龄化上具备“后发优势”，与西方发达国家不同，我们是在信息化、网络化的时代背景下进入老龄社会，尤其随着中国特色社会主义进入新时代，中国乃至全球的社会经济形态和结构已和西方发达国家进入老龄社会的时代截然不同，这一方面为中国积极应对老龄化提供了空前的契机与资源，另一方面也使传统制度和政策操作的空间越来越小，必须深化改革不断创新，而这些改革与创新亦将进一步挖掘和利用老龄社会的潜在机遇。

其次，中国人口老龄化的治理模式需基于“中国思考”形成“中国方案”。中国的老龄化有其独特的社会、经济和文化背景，其发展进程也有别于其他国家的经验，其治理模式应立足于中国社会、经济和环境的现实，在全球化、市场化、信息化、新型城镇化的时代背景下，按照推进国家治理体系和治理能力现代化的要求，基于“中国思考”提出适合中国实践的社会改革和制度重构方案，并逐步将“中国特征”转化为“中国优势”。

再次，中国当前老龄社会治理需要新理念、新文化和新制度，需要始终将整体性和可持续性作为其治理格局的核心。老龄化的问题不等于老年人的问题，甚至老龄化本身亦并不构成所谓“问题”，只是现有社会结构和制度安排对人口年龄结构的变化仍缺乏必要的反应、适应和调整。传统建立在年轻人口占绝对主体基础之上的社会治理模式和制度安排架构都需要根据老龄化的发展态势做出相应调整及重构。每一个个体、家庭、社区、组织，乃至整个市场、社会和政府都必须在适应这种人口学变化的前提下更新或改变原有的生产生活方式、资源配置方式和制度安排结构，原有治理理念和治理模式涉及重新选择，传统文化和制度安排亦需要升级。而考虑到当前的现实情境，应将整体性和可持续性作为其治理格局转型的切入点和落脚点。“可持续性”已毋庸赘述，而“整体性”则有三层含义，一指治理主导者——政府自身的政策整合和机构联动机制，二指政府、市场、社会、家庭等不同主体的多元共治格局，三指不同群体和不同世代的共同参与，三者相辅相成，互构而共生。

最后，正如本书所不断强调的，作为一种全新且难以逆转的人口和社会形态，人口老龄化已成为新的基本国情。历史一次次地证明，机遇往往与挑战共存。中国人口老龄化演进的过程与实现社会主义现代化强国的进程在时间上基本同步，“中国梦”的实现将以老龄化为时代背景之一，随着其间全球社会经济形势的快速变化和现代科学技术的迅猛发展，中国的政治体制、经济体量、人口规模、区域差异、文化传统、家庭伦理等基本国情为我们应对人口老龄化提供了丰沛的资源禀赋和多元化的治理路径。笔者坚信，未来的中国老龄社会必将是一个“不分年龄人人共建共治共享”[①]的社会，只有在这样的社会治理格局下才能使每一个体都能够保持身心健康、享有生活保障，并充分参与社会经济发展过程，从而真正化解“人民日益增长的美好生活需要和不平衡不充分的发展之间的矛盾”[②]。

① 联合国于 1995 年针对全球社会发展问题制定了“不分年龄人人共享的社会”的行动纲领，1999 年又将其作为“国际老年人年”的宣传主题，它呼吁不同年龄的人与人之间和谐相处。2017 年中国共产党十九大报告明确提出要“打造共建共治共享的社会治理格局”，高度重视社会治理问题。本书针对老龄社会治理将两种提法予以结合。

② 习近平.决胜全面建成小康社会 夺取新时代中国特色社会主义伟大胜利——在中国共产党第十九次全国代表大会上的报告，http://www.gov.cn/zhuanti/2017-10/27/content_5234876.htm，2017 年 10 月 27 日。

参考文献

白重恩，吴斌珍，金烨. 2012. 中国养老保险缴费对消费和储蓄的影响. 中国社会科学，(8)：48-71，204.

蔡昉. 2004. 人口转变、人口红利与经济增长可持续性——兼论充分就业如何促进经济增长.人口研究，(2)：2-9.

蔡昉. 2010. 人口转变、人口红利与刘易斯转折点.经济研究，45(4)：4-13.

蔡昉，孟昕. 2004. 人口转变、体制转轨与养老保障模式的可持续性. 比较，(10)：179-206.

蔡昉，王德文. 1999. 中国经济增长可持续性与劳动贡献.经济研究，(10)：3-5.

蔡昉，王美艳. 2006."未富先老"对经济增长可持续性的挑战. 宏观经济研究，(6)：6-10，51.

陈蓉，王美凤. 2018.经济发展不平衡、人口迁移与人口老龄化区域差异——基于全国287个地级市的研究. 人口学刊，40(3)：71-81.

陈卫，段媛媛. 2017. 中国老年人的空巢时间有多长?. 人口研究，41(5)：3-15.

陈卫民. 2012. 我国家庭政策的发展路径与目标选择. 人口研究，36(4)：29-36.

陈雅丽. 2010. 城市社区服务供给体系及问题解析——以福利多元主义理论为视角. 理论导刊，(2)：13-15.

陈友华. 2012. 关于人口老龄化几点认识的反思. 国际经济评论，(6)：110-123，7.

陈振明，薛澜. 2007. 中国公共管理理论研究的重点领域和主题. 中国社会科学，(3)：140-152，206.

窦玉沛. 2014. 从社会管理到社会治理:理论和实践的重大创新. 行政管理改革，(4)：20-25.

杜旻. 2013. 我国流动人口的变化趋势、社会融合及其管理体制创新.改革，(8)：147-156.

杜鹏，王武林. 2010. 论人口老龄化程度城乡差异的转变. 人口研究，34(2)：3-14.

杜鹏，王永梅. 2018. 改革开放40年我国老龄化的社会治理——成就、问题与现代化路径. 北京行政学院学报，(6)：13-22.

杜鹏，翟振武，陈卫. 2005. 中国人口老龄化百年发展趋势. 人口研究，29(6)：90-93.

段成荣，杨舸，张斐，等. 2008. 改革开放以来中国流动人口变动的九大趋势. 当代中国人口，25(4)：32-39.

段迎君. 2011. 通货膨胀、工资增长与养老金待遇调整. 中国物价，(1):43-46.

郭重庆. 2013. 人口政策与应对老龄化策略. 生育政策调整与中国发展. 北京：社会科学文献出版社：22-26.

郭金龙，周小燕. 2013. 长寿风险及管理研究综述. 金融评论，5(2)：111-122，126.

郭志刚. 2012. 重新认识中国的人口形势.国际经济评论，(1)：96-111，6.

郭志刚，王丰，蔡泳. 2014. 中国的低生育率与人口可持续发展. 北京：中国社会科学出版社.

国家人口发展战略研究课题组. 2007. 国家人口发展战略研究报告(上). 北京：中国人口出版社.

国家人口发展战略研究课题组. 2007. 国家人口发展战略研究报告(中). 北京：中国人口出版社.

国家人口发展战略研究课题组. 2007. 国家人口发展战略研究报告(下). 北京：中国人口出版社.

国家卫生健康委员会. 2018. 中国流动人口发展报告 2018. 北京：中国人口出版社.

国家应对人口老龄化战略研究总课题组. 2014. 国家应对人口老龄化战略研究总报告. 北京：华龄出版社.

何凌云，肖秋驰，马青山. 2019. 部分国家促进生育财税政策的经验及借鉴. 税务研究，12：60-64.

何文炯. 2012. 加强社会医疗保险精算. 中国医疗保险，(2)：30-34.

何文炯. 2015. 老年照护服务：扩大资源并优化配置. 学海，(1)：88-93.

何文炯. 2017a. 保障适度与制度可持续. 中国社会保障，(12)：43.

何文炯. 2017b. 老有所养：更加平衡、更加充分. 国家行政学院学报，(6)：92-98，163.

何文炯. 2019. 中国社会保障：从快速扩展到高质量发展. 中国人口科学，(1)：2-15，126.

何文炯. 2020a. 数字化、非正规就业与社会保障制度改革. 社会保障评论，4(3)：15-27.

何文炯. 2020b. 养老保险全国统筹，要完善哪些环节. 瞭望，(37)：1-5.

何文炯. 2020c. 新中国 70 年：国民社会保障权益的进步与展望. 西北大学学报(哲学社会科学版)，50(1)：120-130.

何文炯，洪蕾. 2012. 高龄津贴：制度定位与财务可行性. 学术研究，(7)：38-45，159-160.

何文炯，王淇尧，杨一心，等. 2011. 职工基本医疗保险最低缴费年限研究.社会保障研究，(6)：32-39.

何文炯，徐林荣，傅可昂，等. 2009. 基本医疗保险“系统老龄化”及其对策研究. 中国人口科学，(2)：74-83，112.

何文炯，杨一心. 2011. 社会医疗保险筹资若干问题辨析. 中国医疗保险，(3)：34-37.

何文炯，杨一心. 2020. 失能老人照护服务补助制度研究. 社会政策研究，(2)：26-39.

何文炯，杨一心，刘晓婷，等. 2010. 职工基本医疗保险纵向平衡费率研究. 保险与风险管理研究动态，(9)：30-39.

何文炯，杨一心，王璐莎，等. 2014. 中国生育保障制度改革研究. 浙江大学学报(人文社会科学版)，44(4)：5-18.

胡安宁. 2017. 老龄化背景下子女对父母的多样化支持：观念与行为. 中国社会科学，(3)：77-95，205-206.

胡晓茜，高奇隆，赵灿，等. 2019. 中国高龄老人失能发展轨迹及死亡轨迹. 人口研究，43(5)：43-53.

胡湛，彭希哲. 2012. 家庭变迁背景下的中国家庭政策. 人口研究，36(2)：3-10.

胡湛，彭希哲. 2014. 中国当代家庭户变动的趋势分析——基于人口普查数据的考察. 社会学研究，29(3)：145-166，244.

胡湛，彭希哲. 2018. 应对中国人口老龄化的治理选择. 中国社会科学，(12)：134-155，202.

胡湛，宋靓珺，郭德君. 2019. 对中国老龄社会治理模式的反思. 学习与实践，(11)：81-91.

黄匡时，陆杰华. 2014. 中国老年人平均预期照料时间研究——基于生命表的考察. 中国人口科学，(4)：92-101，128.

敬乂嘉，陈若静. 2009. 从协作角度看我国居家养老服务体系的发展与管理创新. 复旦学报

(社会科学版)，51(5)：133-140.
兰庆庆. 2018. 全面二孩政策下的女性平等就业问题研究——基于政策均衡的理论视角. 重庆：重庆大学.
李成，米红，孙凌雪. 2018. 利用 DCMD 模型生命表系统对“六普”数据中死亡漏报的估计. 人口研究，42(2)：99-112.
李春华，吴望春. 2017. 代际互动对老年人死亡风险的影响——基于 CLHLS 2002—2014 年数据. 人口学刊，39(3)：78-87.
李建新. 2007. 老年人口生活质量与社会支持的关系研究. 人口研究，31(3)：50-60.
李魁. 2010. 劳动力负担对东亚经济起飞的影响——来自 1969～1996 年历史数据的经验分析. 中国人口科学，(4)：67-76，112.
李强. 2014. 怎样理解“创新社会治理体制”. 毛泽东邓小平理论研究，(7)：43-48，91-92.
李婷. 2017. 中国老年人生理年龄的测量. 人口研究，41(6)：3-15.
李文星，徐长生，艾春荣. 2008. 中国人口年龄结构和居民消费：1989—2004.经济研究，43(7)：118-129.
李希如. 2019. 人口总量平稳增长，城镇化水平稳步提高. http://www.stats.gov.cn/tjsj/sjjd/201901/t20190123_1646380.html[2019-01-23].
梁建章，黄文政. 2018. 人口创新力：大国崛起的机会与陷阱. 北京：机械工业出版社.
林卡，吕浩然. 2016. 四种老龄化理念及其政策蕴意. 浙江大学学报(人文社会科学版)，46(4)：136-143.
刘昌平，邓大松，殷宝明. 2008. “乡-城”人口迁移对中国城乡人口老龄化及养老保障的影响分析.经济评论，(6)：31-38.
刘娜，李小瑛，颜璐. 2021. 中国家庭育儿成本——基于等价尺度福利比较的测度. 人口与经济，(1)：50-67.
刘爽. 1998. 中国的城镇化与区域人口老龄化. 西北人口，19(3)：12-16.
刘晓婷，侯雨薇. 2016. 子女经济支持与失能老年人的非正式照料研究——基于 CLHLS 的分析. 浙江大学学报(人文社会科学版)，46(4)：144-157.
陆杰华，郭冉. 2016. 从新国情到新国策:积极应对人口老龄化的战略思考. 国家行政学院学报，(5)：27-34，141-142.
陆杰华，李月，郑冰. 2017. 中国大陆老年人社会参与和自评健康相互影响关系的实证分析——基于 CLHLS 数据的检验. 人口研究，41(1)：15-26.
陆旸，蔡昉. 2013. 调整人口政策对中国长期潜在增长率的影响. 劳动经济研究，1(1)：35-50.
吕晓莉，李志宏. 2014. 人口老龄化与社会代际矛盾及其治理. 中国青年研究，(1)：30-35，40.
马克思. 2004. 资本论. 第三卷. 北京：人民出版社.
毛中根，孙武福，洪涛. 2013. 中国人口年龄结构与居民消费关系的比较分析. 人口研究，37(3)：82-92.
聂晓璐，王红英，孙凤，等. 2013. 2000—2012 年中国社区人群老年期抑郁情绪检出率——系统综述和更新的 meta 分析. 中国心理卫生杂志，27(11)：805-814.
彭华民，黄叶青. 2006. 福利多元主义:福利提供从国家到多元部门的转型. 南开学报（哲学社会科学版），(6)：40-48.
彭希哲. 2017. 发挥中国优势应对人口老龄化. http://news.cnstock.com/paper,2017-11-16,910751.htm[2017-11-16].

彭希哲，郭德君. 2016. 孝伦理重构与老龄化的应对. 国家行政学院学报，(5)：35-41，142.
彭希哲，胡湛. 2011. 公共政策视角下的中国人口老龄化. 中国社会科学，(3)：121-138，222-223.
彭希哲，胡湛. 2015. 当代中国家庭变迁与家庭政策重构. 中国社会科学，(12)：113-132，207.
覃健，何敏，张志勇，等. 2011. 广西巴马长寿人群 ACE 基因多态性与环境因素的交互作用. 中国老年学杂志，31(12)：2163-2166.
青连斌. 2014. 居家养老是适合我国国情的养老方式. http://opinion.people.com.cn/n/2014/1226/c1003-26278528.html[2014-12-26].
《人口研究》编辑部. 1998. 百年回眸:马尔萨斯人口论的再评价. 人口研究，22(1)：24-34.
森 A. 2012. 为何要特别担忧儿童发展. 中国发展研究基金会研究参考，第 24 号(总 146 号).
沙勇. 2016. 人口老龄化趋势下的基本公共服务供给探究——以江苏省为例. 江苏社会科学，(2)：236-241.
施小明，毛琛，殷召雪，等. 2020. 中国老年健康生物标志物研究. 北京：科学出版社.
宋保庆，林筱文. 2010. 人口年龄结构变动对城镇居民消费行为的影响. 人口与经济，(4)：11-17.
宋晓梧. 2017. 企业社会保险缴费成本与政策调整取向. 社会保障评论，1(1)：63-82.
孙鹃娟. 2017. 中国城乡老年人的经济收入及代际经济支持. 人口研究，41(1)：34-45.
孙鹃娟，蒋炜康. 2019-08-09. 积极探索适合我国的老龄化社会治理方案. 中国社会科学报，004.
孙鹃娟，李婷. 2018. 中国老年人的婚姻家庭现状与变动情况——根据 2015 年全国 1%人口抽样调查的分析. 人口与经济，(4)：99-107，123.
唐钧. 2015. 中国老年服务的现状、问题和发展前景. 国家行政学院学报，(3)：75-81.
田北海，马艳茹. 2019. 中国传统孝道的变迁与转型期新孝道的建构. 学习与实践，(10)：101-111.
田雪原，王金营，周广庆. 2006. 老龄化——从“人口盈利”到“人口亏损”. 北京：中国经济出版社.
同春芬，汪连杰. 2015. 福利多元主义视角下我国居家养老服务的政府责任体系构建.西北人口，36(1)：73-78，84.
汪大海，张建伟. 2013. 福利多元主义视角下社会组织参与养老服务问题——“鹤童模式”的经验与瓶颈. 华东经济管理，27(2)：118-122.
王丰，李中清. 2002. 摘掉人口决定论的光环——兼谈历史人口研究的思路与方法.历史研究，(1)：55-61.
王广州. 2018. 中国人口预测方法及未来人口政策.财经智库，3(3)：112-138，144.
王华丽，吕晓珍. 2021. 老年人认知功能下降对死亡的影响. 曾毅，等. 中国健康老龄影响因素与有效干预基础研究. 北京：科学出版社.
王华丽，吕晓珍，张明. 2021. 睡眠时间对认知功能损害发生的影响. 曾毅，等.中国健康老龄影响因素与有效干预基础研究. 北京：科学出版社.
王钦池. 2014. 中国人口政策长期存在的必要性及其改革预期. 改革，(4)：35-45.
王燕，徐滇庆，王直，等. 2001. 中国养老金隐性债务、转轨成本、改革方式及其影响——可计算一般均衡分析. 经济研究, 36(5): 3-12, 94.
王瑜, 汪三贵. 2014. 人口老龄化与农村老年贫困问题——兼论人口流动的影响. 中国农业大学学报(社会科学版), 31(1): 108-120.
王珍. 2019. 城市居家养老服务中政府行为研究. 武汉: 华中科技大学.
卫一夫, 利嘉伟, 罗英, 等. 2015. 养老准备指数及洞察报告.首席财务官, 11(21): 52-53.
邬沧萍, 彭青云. 2018. 重新诠释"积极老龄化"的科学内涵. 中国社会工作, (17): 28-29.
邬沧萍, 王琳, 苗瑞凤. 2004. 中国特色的人口老龄化过程、前景和对策. 人口研究, (1): 8-15.
邬沧萍, 王萍. 2009. 积极应对人口老龄化. 求是, (7): 55-57.
巫锡炜, 刘慧. 2019. 中国老年人虚弱变化轨迹及其分化: 基于虚弱指数的考察. 人口研究, 43(4): 70-84.
吴玉韶. 2018. 积极应对人口老龄化的几点认识. 上海论坛: "应对老龄化的挑战: 创新无极限"高端圆桌. 2018 年 5 月 26 日.
习近平. 2017. 决胜全面建成小康社会 夺取新时代中国特色社会主义伟大胜利——在中国共产党第十九次全国代表大会上的报告, http://www.gov.cn/zhuanti/2017-10/27/content_5234876.htm[2017-10-27].
夏翠翠, 李建新. 2018a. 健康老龄化还是病痛老龄化-健康中国战略视角下老年人口的慢性病问题. 探索与争鸣, (10): 115-121, 144.
夏翠翠, 李建新. 2018b. 社会经济地位对中老年人口慢性疾病患病的影响分析——以心脑血管疾病和慢性呼吸系统疾病为例. 人口学刊, 40(3): 82-92.
肖明智. 2012. 人口老龄化背景下中国经济发展和养老金账户研究. 长沙: 湖南大学: 1-18.
熊茜, 钱勤燕, 王华丽. 2016. 社区养老服务体系的构建——基于居家老人需求状况的分析. 山东大学学报(哲学社会科学版), (5): 60-68.
燕继荣. 2017. 社会变迁与社会治理——社会治理的理论解释. 北京大学学报(哲学社会科学版), 54(5): 69-77, 2.
杨胜慧, 郭未, 陈卫. 2012. 中国老年人口的自理预期寿命变动——社会性别视角下的差异分析. 南方人口, 27(6): 31-40.
杨一心. 2010. 职工医疗保险历史债务研究. 杭州: 浙江大学.
姚远. 2003. 非正式支持理论与研究综述. 中国人口科学, (1): 69-74.
俞金尧. 1996. 马尔萨斯人口理论的社会文化基础. 历史研究, (6): 115-129.
余央央, 封进. 2017. 我国老年健康的动态变化及对健康老龄化的含义. 世界经济文汇, (3): 1-16.
郁建兴, 关爽. 2014. 从社会管控到社会治理——当代中国国家与社会关系的新进展. 探索与争鸣, (12): 7-16.
袁志刚, 宋铮. 2000. 人口年龄结构、养老保险制度与最优储蓄率. 经济研究, (11): 24-32, 79.
曾毅. 2010. 老年人口家庭、健康与照料需求成本研究. 北京: 科学出版社.
曾毅. 2017. 马尔萨斯人口论仍然是错的. 科学通报, 62(21): 2335-2345.
曾毅, 冯秋石, Hesketh T, 等. 2017. 中国高龄老人健康状况和死亡率变动趋势. 人口研究, 41(4): 22-32.
曾毅, 顾大男, Purser J, 等. 2014. 社会、经济与环境因素对老年健康和死亡的影响——基于中国 22 省份的抽样调查. 中国卫生政策研究，7(6)：53-62.
曾毅，胡鞍钢. 2017. 整合卫生计生服务与老龄工作，促进亿万家庭福祉. 人口与经济，(4)：36-42.
曾毅，王正联. 2010. 我国 21 世纪东、中、西部人口家庭老化预测和对策分析. 人口与经济, (2)：1-10，37.
翟振武，陈佳鞠，李龙. 2017. 2015～2100 年中国人口与老龄化变动趋势. 人口研究，41(4)：60-71.
翟振武，李龙. 2014. 老年标准和定义的再探讨. 人口研究，38(6)：57-63.
张川川，赵耀辉. 2014. 老年人就业和年轻人就业的关系：来自中国的经验证据. 世界经济，37(5)：74-90.
张浩，李建新. 2018. 老年人的低体重指数与其死亡风险的关系. 人口与经济，(3)：81-91.
张文娟，Feldman M W，杜鹏. 2019. 中国高龄老年人的生活自理能力变化轨迹及队列差异——基于固定年龄与动态年龄指标的测算. 人口研究，43(3)：3-16.
张文娟，纪竞垚. 2018. 中国老年人的养老规划研究. 人口研究，42(2)：70-83.
张文娟，魏蒙. 2015a. 中国老年人的失能水平到底有多高？——多个数据来源的比较. 人口研究，39(3)：34-47.
张文娟，魏蒙. 2015b. 中国老年人的失能水平和时间估计——基于合并数据的分析. 人口研究，39(5)：3-14.
张翔，林腾. 2012. 补“砖头”、补“床头”还是补“人头”——基于浙江省某县养老机构的个案调查. 社会保障研究，(4)：39-48.
张秀兰，徐月宾. 2003. 建构中国的发展型家庭政策. 中国社会科学，(6)：84-96，206-207.
张秀兰，徐月宾，梅志里（Midgley）. 2007. 中国发展型社会政策论纲. 北京：中国劳动社会保障出版社.
张学成. 2019. 从补缺到适度普惠：中国儿童津贴制度构建的设想.社会福利(理论版)，(9)：24-29.
张友琴. 2002. 城市化与农村老年人的家庭支持——厦门市个案的再研究. 社会学研究，(5)：112-118.
赵怀娟，陶权. 2013. 失能老人家庭照护的现状及影响因素分析——对 W 市 305 名照护者的调查. 老龄科学研究，1(3)：44-50.
浙江省老龄事业发展战略研究课题组. 2013. 发展中的老年保障事业：制度与政策——浙江省老龄事业发展战略研究报告. 杭州：浙江大学出版社.
郑秉文. 2009. 中国社会保障制度 60 年：成就与教训. 中国人口科学，(5)：2-18，111.
郑功成. 2013. 积极理性看待渐进式延迟退休. http://finance.china.com.cn/roll/20131127/2002691.shtml[2013-11-27].
郑真真，封婷. 2018. 中国健康老龄发展趋势和影响因素研究. 老年人健康和生活满意度的自我评价及其影响因素. 北京：科学出版社.
郑真真，周云. 2019. 中国老年人临终生活质量研究. 人口与经济，(2)：44-54.
中国共产党第十八届中央委员会. 2013. 中共中央关于全面深化改革若干重大问题的决定. http://www.gov.cn/jrzg/2013-11/15/content_2528179.htm[2013-11-15].
钟水映，赵雨，任静儒. 2015. 我国地区间“未富先老”现象研究. 人口研究，39(1): 63-73.
周小川. 2020. 养老金改革考验我们经济学的功底和智慧. 金融研究，(1)：1-8.

周新宏，朱勤. 2017. 一门式社区为老服务体系的构造——兼论福利社工的社区嵌入. 江源论坛：中国社区居家养老服务模式专题研讨会.
周怡. 2018. “大家在一起”：上海广场舞群体的“亚文化”实践——表意、拼贴与同构. 社会学研究，33(5)：40-65，243.
周云，彭书婷，欧玄子. 2018. 农村老年人临终照料研究. 老龄科学研究，6(12)：13-26.
朱勤. 2014. 城镇化对中国城乡人口老龄化影响的量化分析. 中国人口科学，(5): 24-35,126.
朱勤，魏涛远. 2016. 中国人口老龄化与城镇化对未来居民消费的影响分析. 人口研究，40(6)：62-75.
朱勤，魏涛远. 2017. 老龄化背景下中国劳动供给变动及其经济影响：基于 CGE 模型的分析. 人口研究，41(4)：8-21.
竺乾威. 2008. 从新公共管理到整体性治理. 中国行政管理，(10)：52-58.
庄绪荣，张丽萍. 2016. 失能老人养老状况分析. 人口学刊，38(3)：47-57.
Abajobir A, Abate H, Abbafati C, et al. 2017. Global, regional, and national comparative risk assessment of 84 behavioural, environmental and occupational, and metabolic risks or clusters of risks, 1990–2016: a systematic analysis for the Global Burden of Disease Study 2016. The Lancet, 390(10100): 1345-1422.
Adalbert E. 1994. Payments for Care: a Comparative Overview(Public Policy and Social Welfare). Beatty: Avebury.
Becker G S. 1960. An Economic Analysis of Fertility. Universities-National Bureau Demographic and Economic Change in Developed Countries. New York: Columbia University Press: 209-240.
Becker G S, Glaeser E G, Murphy K M. 1999. Population and economic growth. American Economic Review, 89(2): 145-149.
Bloom D E, Canning D, Fink G. 2010. Implications of population ageing for economic growth. Oxford Review of Economic Policy, 26(4): 583-612.
Boserup E. 1965. The Condition of Agricultural Growth: The Economics of Agrigarian Change under Population Pressure. Chicago: Aldine.
Cai Y, Wang F, Li D, et al. 2014. China’s age of abundance: when might it run out? The Journal of the Economics of Ageing, (4): 90-97.
Christensen K, Thinggaard M, Oksuzyan A, et al. 2013. Physical and cognitive functioning of people older than 90 years: a comparison of two Danish cohorts born 10 years apart. The Lancet, 382 (9903): 1507-1513.
Chunn J L, Raftery A E, Gerland P. 2010. Bayesian probabilistic projections of mortality. The annual meeting of the Population Association of America.
Coale A J, Hoover E M. 1958. Population Growth and Economic Development in Low-income Countries: A Case study of India’s Prospects. Bombay: Oxford University Press.
Comfort A. 1969. Test-battery to measure ageing-rate in man. The Lancet, 294(7635): 1411-1415.
Cox D, Jakubson G. 1995. The connection between public transfers and private interfamily transfers. Journal of Public Economics, 57(1): 129-167.
Daly M. 2012. Making policy for care: experience in Europe and its implications in Asia.

International Journal of Sociology and Social Policy, 32(11/12): 623-635.

Dixon P B. 1982. ORANI, a Multisectoral Model of the Australian Economy. New York: North-Holland Pub. Co.

CPP. 2017. China's Population Prospects Database. http://cpp.fudan.edu.cn[2021-03-10].

Dixon P B, Parmenter B, Sutton J, et al. 1982. ORANI: A Multisectoral Model of the Australian Economy, Contributions to Economic Analysis 142.Amsterdam: North-Holland Publishing Company: xviii + 372.

Dixon P B, Rimmer M T. 2002. Dynamic General Equilibrium Modelling for Forecasting and Policy: a Practical Guide and Documentation of MONASH. Amsterdam: North-Holland Publishing Company: xiv+338.

Earles K. 2011. Swedish family policy-continuity and change in the Nordic welfare state model. Social Policy & Administration, 45(2): 180-193.

Ehrlich P. 1968. The Population Bomb. New York: Ballantine Books.

Frey C B, Osborne M A. 2017. The future of employment: how susceptible are jobs to computerisation. Technological Forecasting and Social Change, 114: 254-280.

Gao M Y, Kuang W H, Qiu P Y, et al. 2017. The time trends of cognitive impairment incidence among older Chinese people in the community: based on the CLHLS cohorts from 1998 to 2014. Age and Ageing, 46(5): 787-793.

Gauthier A H. 2007. The impact of family policies on fertility in industrialized countries: a review of the literature. Population Research and Policy Review, 26(3): 323-346.

GBD 2013 Mortality and Cause of Death Collaborators. 2015. Global, regional, and national age-sex specific all-cause and cause-specific mortality for 240 causes of death,1990-2013: a systematic analysis for the global burden of disease study 2013. The Lancet, 385 (9963): 117-171.

Headey D D, Hodge A. 2009. The effect of population growth on economic growth: a meta-regression analysis of the macroeconomic literature. Population and Development Review, 35(2): 221-248.

Hernandez M L, Blazer D G. 2006. Genes, Behavior and the Social Environment, Moving Beyond the Nature/Nurture Debate. Washington: National Academies Press: 187-189.

Hu X Q, Gu S Y, Sun X S, et al. 2019. Cognitive ageing trajectories and mortality of Chinese oldest-old. Archives of Gerontology and Geriatrics, 82: 81-87.

Jackson R, Howe N. 2008. The Graying of the Great Powers: Demography and Geopolitics in the 21st Century. Washington: CSIS Publications.

Jackson R, Nakashima K, Howe N. 2009. China's Long March to Retirement Reform: The Graying of the Middle Kingdom Revisited. Washington: CSIS Publications.

Ji J S, Zhu A N, Bai C, et al. 2019. Residential greenness and mortality in oldest-old women and men in China: a longitudinal cohort study. The Lancet Planetary Health, 3(1): 17-25.

Johnson N. 2014. Mixed Economies of Welfare: A Comparative Perspective. London: Routledge.

Jones B F. 2010. Age and great invention. Review of Economics and Statistics, 92(1): 1-14.

Korinek A, Stiglitz J E. 2017. Artificial intelligence and its implications for income distribution and unemployment. NBER Working Papers: 1-45.

Lee R, Mason A. 2011. Population Aging and the Generational Economy: A Global Perspective. Cheltenham: Edward Elgar Publishers.

Lehman H C. 1953. Age and Achievement. Princeton: Princeton University Press.

Lei X Y, Sun X T, Strauss J, et al. 2014. Depressive symptoms and SES among the mid-aged and elderly in China: evidence from the China Health and Retirement Longitudinal Study National Baseline. Social Science & Medicine, 120: 224-232.

Liang J, Wang H, Lazear E P. 2018. Demographics and entrepreneurship. Journal of Political Economy, 126 (S1): 140-196.

Lindert P H. 2004. Growing Public: Social Spending and Economic Growth Since the Eighteenth Century. New York: Cambridge University Press.

Luo S. 1988. Reconstruction of life tables and age distributions for the population of China, by Year, from 1953 to 1982. Philadelphia: University of Pennsylvania.

Lv X Z, Li W Y, Ma Y, et al. 2019. Cognitive decline and mortality among community-dwelling Chinese older people. BMC Medicine, 17(1): 63.

Malthus T R. 1993. An Essay on the Principle of Population. New York: Oxford Press.

Mankiw N G, Weil D N. 1989. The baby boom,the baby bust,and the housing market. Regional Science and Urban Economics, 19(2): 235-258.

Mason A, Lee R. 2004. Reform and Support Systems for the Elderly in Developing Countries: Capturing the Second Demographic Dividend. Berkeley: International Seminar on the Demographic Window and Health Aging: Socioeconomic Challenges and Opportunities.

Mason A, Lee R. 2006. Reform and support systems for the elderly in developing countries: Capturing the second demographic dividend. GENUS, LXII (2): 11-35.

Mason A, Naohiro O. 2001. Population, labor force, saving and Japan's future. Japan's New Economy: Continuity and Change in the Twenty-First Century: 48-74.

Meadows D H, Meadows D L, Randers J, et al. 1972. The Limits to Growth: A Report for the Club of Rome's Project on the Predicament of Mankind. New York: Universe Books.

Midgley J, Tang K L. 2001. Social policy, economic growth and developmental welfare. International Journal of Social Welfare, 10(4): 244-252.

Modigliani F. 1966. The life cycle hypothesis of saving, the demand for wealth and the Supply of Capital. Social Research. 33 (2): 160-217.

Modigliani F, Brumberg R H. 1954. Utility analysis and the consumption function: an interpretation of cross-section data. Kurihara K K. Post-Keynesian Economics, New Brunswick: Rutgers University Press: 388-436.

Murad A. 2012. Aging and the macroeconomy: long-term implications of an older population. Financial Analysis Journal, 69(4): 106-107.

National Research Council. 2012. Aging and the Macroeconomy: Long-Term Implications of an Older Population. Washington D. C. : The National Academies Press.

Norman R. 1975. Notes on Stationary Populations. Population Index, 54(1): 3-28.

OECD. 2002. Governance for Sustainable Development: Five OECD Case Studies. Washington: OECD Publishing.

O'Reilly P, Caro F G. 1994. Productive aging: an overview of the literature. Journal of Aging & Social Policy, 6(3): 39-71.

Perri 6, Leat D, Seltzer K, et al. 2002. Towards Holistic Governance: The New Reform Agenda. London: Palgrave Macmillan.

Peterson E W F. 2017. The role of population in economic growth. SAGE Open, 7(4): 1-15.

Pifer A, Bronte L. 1986. Our Aging Society: Paradox and Promise. New York: W.W. Norton.

Prince M, Patel V, Saxena S, et al. 2007. No health without mental health. The Lancet, 370(9590): 859-877.

Prince M, Wimo A, Guerchet M, et al. 2015. World Alzheimer Report 2015: The Global Impact of Dementia: An Analysis of Prevalence, Incidence, Cost and Trends. London: Alzheimer's Disease International.

Robine J M, Michel J P. 2004. Looking forward to a general theory on population aging. The Journals of Gerontology Series A: Biological Sciences and Medical Science, 59A: 590-597.

Robinson C W, Ross A J. 2007. The Global Family Planning Revolution: Three Decades of Population Policies and Programs. Washington: The World Bank: 11-496.

Romer P M. 1986. Increasing returns and long-run growth. Journal of Political Economy, 94(5): 1002-1037.

Romer P M. 1990. Endogenous technological change. Journal of Political Economy, 98(5): 71-102.

Rowe J W, Kahn R L. 1987. Human aging: usual and successful. Science, 237(4811): 143-149.

Rowe J W, Kahn R L. 1997. Successful aging. The Gerontologist, 37(4): 433-440.

Sabin P. 2014. The Bet: Paul EHrlich, Julian Simon and Our Gamble over the Earth's Future. New Haven: Yale University Press.

Sanderson W C, Scherbov S. 2010. Remeasuring aging. Science, 329(5997): 1287-1288.

Scherbov S, Sanderson W C. 2016. New approaches to the conceptualization and measurement of age and aging. Journal of Aging and Health, 28(7): 1159-1177.

Schultz P. 2001. Population Matters: Demographic Change, Economic Growth, and Poverty in the Developing World. Oxford: Oxford University Press.

Schulz J H. 2001. The Economics of Aging. 7th. MA: Auburn House.

Shen K, Wang F, Cai Y. 2016. Patterns of inequalities in public transfers by gender in China, The Journal of the Economics of Ageing, 8: 76-84.

Simon J L. 1981. The Ultimate Resource. Princeton: Princeton University Press.

Simonton D K. 1988. Age and outstanding achievement: what do we know after a century of research? Psychological Bulletin: 104(2): 251-267.

Simonton D K. 1991. Career landmarks in science: individual differences and interdisciplinary contrasts. Developmental Psychology, 27(1): 119-130.

Smith A. 1776. Wealth of Nations. London: W. Strahan and T. Cadell.

Smith A. 2002. Wealth of Nations. Oxford: Bibliomania.

Solow R M. 1957. Technical change and the aggregate production function. The Review of Economics and Statistics, 39(3): 312-320.

Stephen O, Radnor Z, Nasi G. 2013. A services-dominant theory of public management. American Journal of Public Administration, 43(2): 135-158.

Tyers R, Golley J. 2010. China's growth to 2030: the roles of demographic change and financial reform. Review of Development Economics, 14(3): 592-610.

United Nations. 1956. The Aging of Populations and its Economic and Social Implications. New York: United Nations Publication.

United Nations. 2017. World Population Prospects. https://www.un.org/en/development/desa/population/events/pdf/other/21/WPP2017_press.briefing_presentation.slides_FINAL.pdf [2017-10-25].

United Nations. 2019. World Population Prospects 2019. https://population.un.org/wpp/Publications/Files/WPP2019_Volume-I_Comprchensive-Tables.pdf [2019-12-13].

UNPD. 2013. World Population Prospects: The 2012 Revision. http://esa.un.org/unpd/wpp/unpp/panel_population.htm#8695 [2013-11-15].

Unützer J, Patrick D L, Simon G, et al. 1997. Depressive symptoms and the cost of health services in HMO patients aged 65 years and older: a 4-year prospective study. JAMA, 277(20): 1618-1623.

Vaupel J W. 2010. Biodemography of human ageing. Nature, 464 (7288): 536-542.

Waidmann T, Bound J, Schoenbaum M. 1995. The illusion of failure: trends in the self-reported health of the US elderly. The Milbank Quarterly, 73 (2): 253-287.

WHO. 2002. Active Ageing: A Policy Framework. Geneva: WHO.

WHO. 2012a. Knowledge Translation Framework for Ageing and Health. Geneva: World Health Organization.

WHO. 2012b. Dementia: A Public Health Priority. Geneva: World Health Organization.

Yang Y, Lee L C. 2009. Sex and race disparities in health: cohort variations in life course patterns. Social Forces, 87(4): 2093-2124.

Zeng Y, Chen H S, Ni T, et al. 2016b. Interaction between the FOXO1A-209 genotype and tea drinking is significantly associated with reduced mortality at advanced ages. Rejuvenation Research, 19(3): 195-203.

Zeng Y, Feng Q S, Hesketh T, et al. 2017. Survival, disabilities in activities of daily living, and physical and cognitive functioning among the oldest-old in China: a cohort study. The Lancet, 389(10079): 1619-1629.

Zeng Y, Hesketh T. 2016. The effects of China's universal two-child policy. The Lancet, 388 (10054): 1930-1938.

Zeng Y, Nie C, Min J X, et al. 2016a. Novel loci and pathways significantly associated with longevity. Scientific Reports, 6: 21243.

Zeng Y, Nie C, Min J X, et al. 2018. Sex differences in genetic associations with longevity. JAMA Network Open, 1(4): 181670.

Zeng Y, Zheng Z Z. 2020. Longitudinal survey and interdisciplinary research on healthy aging. China Population and Development Studies, 3(4): 293-296.

Zhang C C, Lei X Y, Strauss J, et al. 2016. Health insurance and health care among the mid-aged and older Chinese: evidence from the national baseline survey of CHARLS.

Health Economics, 26(4): 431-449.

Zhou M G, Wang H D, Zhu J, et al. 2016. Cause-specific mortality for 240 causes in China during 1990–2013: a systematic subnational analysis for the Global Burden of Disease Study 2013. The Lancet, 387(10015): 251-272.

Zhou Y. 2016.Care issues at the end-of-life in China.Development and Society, 45(2): 231-254.

Zhu A, Yan L J, Shu C, et al. 2020. APOE ε4 modifies effect of residential greenness on cognitive function among older adults: a longitudinal analysis in China. Scientific Reports, 10(1): 82.

Zuo X J. 1989. Population Paradoxes in China-Population Viewed as Producers and consumers. Ann Arbor: University Microfilms International.